DR. BENJAMIN HARDY
Die Selbstfindungs-Falle

AF721697

GOLDMANN

Buch

»Finde dich selbst und werde glücklich!«, so lautet das Gebot der Stunde. Wenn wir nur herausfänden, wer wir *wirklich* sind, dann sei der Erfolg – im Beruflichen wie im Privaten – zum Greifen nah. Der bekannte Psychologe und Motivationstrainer Benjamin Hardy hat selbst erlebt, wie ihn die Suche nach seinem »wahren Ich« blockiert und in der Vergangenheit festgehalten hat. Gestützt auf psychologische Forschungserkenntnisse dekonstruiert er das starre Konzept einer angeblich unveränderlichen Persönlichkeit und liefert leicht umsetzbare Strategien für den persönlichen Wandel. So können wir zu jedem Zeitpunkt unseres Lebens neue Akzente setzen und uns aus negativen Glaubensspiralen befreien – um letztlich zu der Person zu werden, die wir tatsächlich sein wollen.

Autor

Dr. Benjamin Hardy ist Psychologe und Motivationstrainer. Sein Blog und seine Beiträge bei *medium.com* werden weltweit millionenfach gelesen. Hardy ist selbst das beste Beispiel seiner Arbeit: Er hat sich aus widrigen Verhältnissen herausgekämpft, Psychologie studiert, seinen Doktor gemacht und seine Traumata bewältigt. Heute lebt er mit seiner Frau und sechs Kindern in Orlando.

Dr. Benjamin Hardy

DIE SELBSTFINDUNGS-FALLE

Warum die Suche nach dem »wahren Ich« deine persönliche Entwicklung verhindert und wie du dein Potenzial freisetzt

Aus dem Amerikanischen von Annika Tschöpe

GOLDMANN

Die englische Originalausgabe erschien 2020 unter dem Titel »Personality Isn't Permanent« bei Portfolio, einem Imprint der Penguin Random House LLC.

FSC www.fsc.org
MIX
Papier aus verantwortungsvollen Quellen
FSC® C014496

Penguin Random House Verlagsgruppe FSC® N001967

1. Auflage
Deutsche Erstausgabe August 2022

Umschlag: Uno Werbeagentur, München
Umschlagmotiv: FinePic®, München
Redaktion: Antonia Zauner
Satz: Satzwerk Huber, Germering
Druck und Bindung: GGP Media GmbH, Pößneck
Printed in Germany
EB · IH
ISBN 978-3-442-17941-1

Für Lauren.

Danke, dass du entgegen jeder Vernunft auf mich gesetzt hast und weiterhin auf mich setzt.

Besonders vernünftig ist das immer noch nicht.

Ich liebe dich auf ewig.

Auf dass unsere Zukunft stets heller strahlt als unsere Vergangenheit.

Inhalt

> Ein Gemälde ist niemals fertig – es hört lediglich an interessanten Stellen auf.[1]
>
> *– Paul Gardner*

EINFÜHRUNG

Wie ein Persönlichkeitstest mir beinahe das Leben ruinierte

Meine Frau Lauren, die ich über alles liebe und mit der ich fünf wunderbare Kinder habe, hätte mich beinahe nicht geheiratet ... *wegen eines Persönlichkeitstests.*

In meiner Studienzeit war das »Color Code«-Modell weit verbreitet, bei dem die Persönlichkeit vier verschiedenen Farben zugeordnet wird. Rot sind die von Ehrgeiz und Eigennutz angetriebenen Macher-Typen, Blaue dagegen hören auf ihr Herz und sind kooperativ. Der weiße Typ neigt zur Innenschau und Passivität, während Gelbe hauptsächlich Spaß wollen und den Mittelpunkt jeder Party bilden.[2]

Lauren war Typ Rot. Als sich herausstellte, dass ich zu den »Weißen« gehörte, hatte ihre Familie große Bedenken. Laurens erster Ehemann, ein egozentrischer, gewalttätiger Typ, war ebenfalls »rot« gewesen, und ihre Eltern fürchteten deshalb, mit mir würde ihre Tochter nun bewusst das andere Extrem wählen oder Lauren sei vielleicht ängstlich darauf bedacht, um jeden Preis eine traumatische Erfahrung wie in ihrer ersten Ehe zu vermeiden.

Wie so viele andere auch glaubten Laurens Angehörige an die Aussagekraft der Farbcodes. Der Test bestimmte ihre Sicht auf ihre Mitmenschen – alle wurden einem Typ zugeordnet.

»Sie als Rote wird Typ Weiß auf der Nase herumtanzen«, war ihre Sorge. »Lauren braucht einen richtigen Kerl, keinen ›Weißen‹.«

Auch Lauren machte sich ähnliche Gedanken. Konnten Rot und Weiß wirklich miteinander auskommen? Weiße machen nur selten Karriere. Weiße können sich nicht behaupten. Weiße sind Träumer, die keine langfristigen Ziele verfolgen.

Zu meinem großen Glück gab Lauren mir trotzdem eine Chance. Wir lernten uns näher kennen, und nachdem wir eine Weile eine tolle Beziehung geführt hatten, gab sie mir trotz ihrer Vorurteile gegenüber Typ Weiß und trotz der anfänglichen Bedenken ihrer Eltern das Ja-Wort.

Mittlerweile können wir darüber lachen – Lauren und ich sind glücklich verheiratet, haben fünf Kinder und können zusammen vierzehn Jahre psychologische Ausbildung vorweisen. All das ändert jedoch nichts an folgender Tatsache: *Ein Persönlichkeitstest hätte um ein Haar unser gemeinsames Leben verhindert.*

Ich bin längst nicht der Einzige, bei dem ein Persönlichkeitstest zu einer falschen Einschätzung oder ungerechten Benachteiligung geführt hat. Höchstwahrscheinlich waren auch Sie schon Opfer dieser Epidemie. Der »Color Code« ist nur ein Beispiel für die unzähligen Persönlichkeits-Schemata, die in der modernen Kultur allgegenwärtig sind. Unter den üblichen Verdächtigen findet man den Myers-Briggs-Typenindikator, das DISC-Modell, den Winslow-Persönlichkeitstest, NEO, HEXACO, den Birkman-Test, das Enneagramm und den Rorschach-Test.

Die Liste ließe sich ewig fortsetzen und wird auch in Zukunft noch wachsen. Fast hat man den Eindruck, dass tagtäglich Hunderte neue Tests ersonnen werden.

Die »Persönlichkeit« ist zu einer regelrechten Manie geworden, sodass Facebook im Jahr 2019 Persönlichkeitstests und andere Apps mit »minimalem Nutzen« verbieten musste[3], weil über 87 Millionen Menschen persönliche Daten im Austausch für die Auswertung eines Persönlichkeitstests preisgegeben hatten.

Natürlich können solche Tests durchaus interessant, unterhaltsam und amüsant sein. Allerdings haben sie auch eine dunkle Seite, und schon allein die Vorstellung, dass es verschiedene »Persönlichkeiten« gibt, kann Menschen in ihrer Entfaltung einschränken oder schlimmstenfalls sogar ihr Leben ruinieren.

Nach gängiger Auffassung ist die Persönlichkeit unser wahres und authentisches Ich, das »angeboren« und weitgehend *unveränderlich* ist. Daraus folgt, dass wir fleißig Informationen und Erfahrungen sammeln – also den richtigen Persönlichkeitstest finden müssen, um unsere »verborgene« Persönlichkeit zu »entdecken«.

Wenn wir dann diese hochwichtige Entdeckung gemacht haben, können wir unser gesamtes Leben auf diese Persönlichkeit abstimmen. Dieses Leben ist uns von Geburt an vorbestimmt, auch wenn wir es uns selbst nicht in dieser Form ausgesucht hätten. Davon abzuweichen wäre Irrsinn und würde katastrophale Folgen nach sich ziehen.

All das gründet sich auf die Überzeugung, dass *jeder Mensch mit einer »vorprogrammierten« Persönlichkeit geboren wird, die sich nicht ändern lässt.*

In Wirklichkeit jedoch möchten die allermeisten ihre Persönlichkeit ändern, wie eine aktuelle Studie der Universität von Illinois beweist. Über neunzig Prozent der Befragten sind nach eigenen Angaben mit mindestens einem Aspekt ihrer Persönlichkeit unzufrieden und würden diesen gerne verbessern.[4]

Obwohl diese Menschen den Wunsch nach Veränderung haben, wurde ihnen eingeredet, das sei nicht möglich. Viele bekannte psychologischen Schulen vertreten die Auffassung, die Persönlichkeit sei angeboren, unveränderlich und vorbestimmt.

Das liegt in erster Linie daran, dass sich die Psychologie vornehmlich auf die Vergangenheit konzentriert. Viele Persönlichkeitstheorien gehen von der Grundannahme aus, *das Verhalten in der Vergangenheit sei der beste Prädiktor für zukünftiges Verhalten.* Diese Ansicht gründet sich auf den weit verbreiteten »kausalen Determinismus«, also die Vorstellung, dass alles, was geschieht oder existiert, seine Ursache in früheren Umständen oder Ereignissen hat.[5] Aus dieser Perspektive wird der Mensch durch frühere Ereignisse *verursacht* und muss sich seinem Schicksal fügen wie ein Domino, sobald der erste Stein in der Reihe gefallen ist.

Das Wort »verursacht« klingt hierbei ein wenig drastisch: nicht »beeinflusst« oder »gesteuert«, sondern ausdrücklich »verursacht«. Wenn wir von der Vergangenheit »verursacht« werden, können wir weder entscheiden noch beeinflussen, wer wir sind oder was wir tun. Vielmehr sind wir gezwungen, die uns zugewiesene Persönlichkeit zu akzeptieren. Unser aktuelles Ich ist ein Dominostein, der durch vergangene Erfahrungen umgestoßen wird. Wir können die Vergangenheit nicht ändern, wir können nur *herausfinden* und besser verstehen, wer wir *wirklich* sind.

Deshalb versuchen so viele Menschen, sich selbst zu entdecken oder zu »finden«. Sie wollen ihr »Ich« ermitteln. Die Vorstellung, man könne sich selbst und seine Persönlichkeit nach seinen eigenen Vorstellungen gestalten, erscheint den meisten geradezu absurd, wie ein Wunschtraum.

Aber stimmt das wirklich? Ist die Persönlichkeit tatsächlich starr und unveränderlich?

Nein, das ist sie nicht. Und dafür gibt es zahlreiche Beweise, insbesondere viele neue Erkenntnisse.[6]

Wenn du bereits den Versuch gestartet hast, dein Leben entscheidend zu verändern, damit aber nicht recht weiterkommst oder den Mut verloren hast, ist dieses Buch genau das richtige für dich. Es liefert den Beweis, dass die »Persönlichkeit« *keine Rolle spielt*. Mehr noch, sie ist *nicht* der wesentliche Aspekt deines Seins, sondern vielmehr *oberflächlich* und kurzlebig, die Begleiterscheinung von etwas, das weit über die Persönlichkeit hinausgeht.

Der wesentliche Aspekt des Menschseins ist die Fähigkeit, Entscheidungen zu treffen und zu diesen Entscheidungen zu stehen. Für Viktor Frankl war dies die letzte der menschlichen Freiheiten: »Den eigenen Weg zu wählen.«[7] Das bedeutet mindestens zweierlei: Dass man entscheidet, welches Geschehen man sich wünscht, und dass man entscheidet, wie man auf das tatsächliche Geschehen reagiert. Die Wahl des eigenen Weges macht den Menschen aus – und je stärker du deine Entscheidungen beeinflusst, desto besser kannst du steuern, wie dein Leben verläuft.

Es ist nicht immer leicht, Entscheidungen zu treffen und »den eigenen Weg zu wählen«. Deine Entscheidungsfreiheit wird durch verschiedene Zwänge eingeschränkt und stark beeinflusst. Die wichtigste Rolle spielen dabei das soziale und kulturelle Umfeld sowie deine persönliche emotionale Entwicklung. Je höher deine emotionale Entwicklungsstufe, desto weniger wirst du durch deine Vergangenheit definiert und durch deine Lebensumstände eingeschränkt.[8]

Dann bist du nicht mehr starr, sondern *flexibel.* Du kannst Gefühle annehmen, statt sie zu vermeiden oder zu unterdrücken, und dich so verändern.

Du kannst mutig das Leben führen, das du *wirklich* willst – so »unmöglich« oder schwierig es dir oder deinen Mitmenschen derzeit erscheinen mag. Du kannst dich mit allen Gefühlen, Erfahrungen und Mühsalen auseinandersetzen, die dir begegnen. Indem du lernst und Erfahrungen sammelst, wirst du dich als Person verändern. Deine Lebensumstände werden sich wandeln.

Richte dich von nun an nicht mehr nach albernen Persönlichkeitstests oder »Typen«, sondern entscheide frei, wer du sein und werden willst.

Wer du wirst, ist eine Entscheidung, die *nur du selbst* treffen kannst. Das wusste auch Albus Dumbledore, der weise Zauberer aus den Harry-Potter-Büchern von J. K. Rowling. Als Harry Potter Rat suchte, weil er nicht verstand, warum der Sprechende Hut ihm Haus Slytherin vorgeschlagen hatte, erklärte Dumbledore: »Viel mehr als unsere Fähigkeiten sind es unsere Entscheidungen, Harry, die zeigen, was wir wirklich sind.«[9]

Harry Potter wurde nicht als Gryffindor »geboren«. Er hatte nicht von Natur aus diese Persönlichkeit. Er hat sich dafür entschieden, ein Gryffindor zu sein. Diese Entscheidung und die folgenden Erfahrungen haben seine Persönlichkeit geprägt.

Obwohl Dumbledore nur erfunden ist, macht seine Erklärung sehr deutlich, was es mit der Persönlichkeit auf sich hat. Wir entscheiden selbst, wer wir sind und wer wir werden. Diese Entscheidung treffen wir allerdings nur selten *vollkommen frei*. Man hat uns eingetrichtert, eine solche Entscheidung sei nicht möglich. Tatsächlich kann die Vorstellung, dass man für seinen Weg selbst verantwortlich ist, durchaus furchteinflößend sein.

Damit sind Ängste und Risiken verbunden, sodass viele Menschen ihr Schicksal lieber in die Hand des Sprechenden Hutes legen. Sie lassen sich Entscheidungen, Möglichkeiten und Identität von außen diktieren, denn in emotionaler Hinsicht ist es viel einfacher, sich auf eine bestimmte Schublade zu beschränken – »Ich fühle mich unwohl damit, also ist es wohl nicht das Richtige für mich« –, selbst wenn diese Schublade Freiheit, Vorstellungskraft und Kreativität einschränkt.

Kreativität ist eine riskante Angelegenheit. Sie erfordert Verletzlichkeit und Mut – und erhöht die Wahrscheinlichkeit von Fehlern und Misserfolgen. Bei kreativen und mutigen Handlungen steht das Ergebnis nicht von Vornherein fest. Außerdem ist Kreativität oft unberechenbar und kann auf unerwartete Wege führen. Daher ist es kein Wunder, dass die Kreativität mit zunehmendem Alter meist nachlässt – wir wünschen uns Zuverlässigkeit und Vorhersehbarkeit. Wir lassen uns gerne sagen, was wir können (und was *nicht*), und vermeiden damit die Risiken, die wir eingehen, wenn wir *unser Ich* und unsere Erfahrungen aktiv *gestalten*.

Wenn du selbst entscheidest, wer du sein und wie du leben möchtest, steht dir alles offen. Du kannst von der Norm abweichen. Du kannst Erfahrungen machen, die nicht nur andere

Menschen, sondern auch dich selbst verblüffen werden. Du wirst immer wieder staunen: »Passiert das gerade wirklich?«

Ja, es passiert wirklich. Fantastisch, oder?

Du entwickelst dich weiter und handelst mutig und gezielt. Du lässt dich durch die Vergangenheit nicht einschränken. Du gewinnst immer mehr Vertrauen in deine Fähigkeit, dir etwas vorzustellen und dann zu erleben, wie es Wirklichkeit wird. Du suchst Kontakt zu anderen Menschen, die ihr Leben ebenfalls selbst gestalten und entwerfen, statt passiv Vorgaben zu erfüllen.

Du musst dich nicht auf das beschränken, was andere dir zugestehen oder zutrauen. Wenn du selbstbewusster und kreativer oder extrovertierter und organisierter sein willst, kannst du das schaffen. Wenn du nicht mehr schüchtern, sondern eine kraftvolle, mutige und inspirierende Führungspersönlichkeit sein willst, bist du dazu in der Lage.

Meine Freundin Stacy Salmon hat mir anvertraut, dass ihr diese Wahrheit mit dreizehn Jahren in der Sonntagsschule vermittelt wurde. Stacy war damals ein schüchternes, ängstliches und unbeholfenes Kind. An jenem Tag erklärte die Lehrerin der Klasse, sie alle könnten werden, wer sie sein wollten, und die Eigenschaften entwickeln, die sie bei anderen bewunderten.

Stacy war von dieser Vorstellung schwer beeindruckt und trat ab sofort *nicht mehr schüchtern* auf. Sie versteckte sich in der Öffentlichkeit nicht mehr hinter ihren Eltern und täuschte kein Gähnen mehr vor, wenn jemand sie ansprechen wollte. Seit jenem Tag, der mittlerweile über zwanzig Jahre zurückliegt, arbeitet sie unermüdlich daran, sich weiterzuentwickeln, von anderen zu lernen und als Mensch zu wachsen. Auch jetzt, mit Mitte dreißig, ist es Stacy nach wie vor wichtig, zu wachsen, zu lernen und die Fähigkeiten zu entwickeln, die sie sich wünscht oder an anderen bewundert. Sie ist kein schüchternes Mädchen mehr, sondern selbstbewusst und zielstrebig.

Das ist die Wahrheit über die Persönlichkeit. Sie ist nicht angeboren, sondern antrainiert. Sie kann und wird sich verändern. Sie kann und sollte selbst gewählt und gestaltet werden. Die Wahl des eigenen Wegs ist ein Hauptzweck unseres Lebens, doch Entscheidungen und Konsequenzen machen oft Angst. Deshalb schrecken viele Menschen davor zurück, verzichten darauf, ihren eigenen Weg zu wählen, und nehmen sich damit die Möglichkeit, zu wachsen, zu lernen und sich zu verändern.

Alle, die im Leben Großes erreicht haben, mussten sich von den Menschen, die sie waren, zu den Menschen entwickeln, die sie geworden sind. Mussten innerlich ein neues Bild entwerfen und sich selbst davon überzeugen, dass sie es schaffen konnten. Mussten mutig anders handeln, als es die aktuelle Persönlichkeit und die Lebensumstände vorgaben, um ihr Vorhaben umzusetzen und die zu werden, die sie geworden sind.

Für Außenstehende mag es so wirken, als wären äußerst erfolgreiche oder einflussreiche Leute irgendwie »anders« oder »besonders«.[10] Dabei sehen sich diejenigen, die wirklich etwas geleistet haben, als ganz normale Menschen und führen den Verlauf, den ihr Leben genommen hat, auf ihre Entscheidungen zurück.

Um ein neuer Mensch zu werden, musst du ein neues Ziel haben – ein Ziel, auf das es sich hinzuarbeiten lohnt. Dein Ziel ist der Grund, warum du neue Eigenschaften und Fähigkeiten entwickelst und prägende Erfahrungen gestaltest. Ohne ein sinnvolles Ziel hat der Versuch, sich zu verändern, keinen Sinn, erfordert ein untragbares Maß an Willenskraft und ist zum Scheitern verurteilt.

Die Vergangenheit ist kein Prolog

An Menschen, die sich verändern und ihr Leben umgestalten, ist nur eine Sache »besonders«, nämlich wie sie die Zukunft sehen. Sie lassen sich nicht von der Vergangenheit definieren. Wenn sie etwas Neues finden, das ihnen erstrebenswert erscheint, dann halten sie an ihrer Vision fest. Sie lassen sich auch von Rückschlägen und Mühen nicht daran hindern, mutig ihr Ziel zu verfolgen. Mit jedem Schritt wächst ihre Zuversicht, während ihre Identität immer mehr an Flexibilität gewinnt. Sie lassen sich immer weniger einschränken und befreien sich letztendlich von dem, was früher war.

Du kannst die Geschichte deines Lebens selbst schreiben. Du musst dich nicht durch deine Vergangenheit definieren lassen. Deine frühere Identität und deine bisherigen Leistungen spielen keine Rolle.

»Was vorbei ist, ist Prolog.«[11] Das sagt Antonio, eine machthungrige, manipulative Figur in William Shakespeares *Der Sturm,* um zu betonen, dass er und Sebastian durch alles, was bisher geschehen ist – die »Vergangenheit« –, zu dem veranlasst wurden, was sie als Nächstes tun werden, nämlich einen Mord begehen. Es scheint, als hätten sie keine andere Wahl. Sie sind Dominosteine, keine Akteure.

Die Vergangenheit dient oft als Ausrede für Gewohnheiten und Ansichten, die uns am Wachsen hindern. Außerdem erklären Menschen wie Sebastian damit ihr früheres oder aktuelles Fehlverhalten. Wer der Vergangenheit die Schuld gibt, ist selbst aus dem Schneider. Er trägt keine Verantwortung für sein Handeln, weil er keine Wahl hatte.

In diesem Buch wirst du jedoch immer wieder feststellen, dass deine Vergangenheit *kein* Prolog ist und nicht definiert, wer du bist. Du wirst nicht durch deine Vergangenheit »verursacht«.

Deine Persönlichkeit ist nicht in Stein gemeißelt.

Die erfolgreichsten Menschen der Welt gründen ihre Identität und ihr persönliches Narrativ auf ihre Zukunft, *nicht auf ihre Vergangenheit.* Elon Musk zum Beispiel erzählt oft, dass er seinen Lebensabend auf dem Mars verbringen möchte.[12] Bislang kann der Mensch noch nicht zum Mars fliegen. Dennoch sagt Musk, er wolle auf dem Mars sterben. Das ist das Ziel, das seine Identität, sein Handeln und seine Entscheidungen prägt.

Man mag von Elon Musk halten, was man will, doch er konzentriert sich darauf, wohin er *gelangen will*, und damit ausschließlich auf die Zukunft, nicht auf die Vergangenheit. Aufmerksamkeit, Energie und Narrativ sind bei ihm auf die Zukunft ausgerichtet, die er sich gestaltet. Er erzählt nicht aus alten »PayPal-Zeiten«. Er lässt sich nicht durch das einschränken, was er früher getan hat oder womit er gescheitert ist. Sofern er nicht ausdrücklich nach der Vergangenheit gefragt wird, erwähnt er sie gar nicht.

Das haben erfolgreiche Menschen gemeinsam: *Sie werden die Person, die sie sein wollen, indem sie ihr Leben auf ihre Ziele ausrichten, statt die Vergangenheit zu wiederholen,* und mutig als ihr zukünftiges Ich handeln, statt wiederzukäuen, was sie früher waren.

Dieses Buch zeigt dir, wie du der Mensch werden kannst, der du sein willst, ganz gleich, wer du bisher warst. Du wirst erfahren, warum man so leicht in ungesunden Mustern stecken bleibt, und wissenschaftlich fundierte, praxistaugliche Strategien kennenlernen, die dir helfen zu entscheiden, was du willst, und dein Lebensziel dann umzusetzen.

In *Zen und die Kunst, ein Motorrad zu warten* schreibt Robert Pirsig: »Stahl kann jede Form annehmen, die man will, wenn man geschickt genug ist, und jede Form bis auf die, die man will, wenn einem dieses Geschick fehlt.«[13]

In diesem Buch erfährst du, wie die Persönlichkeit geformt wird und wie du sie selbst gestalten kannst und solltest. Du wirst lernen, deine Persönlichkeit so zu konzipieren und zu schmieden, dass genau der Mensch entsteht, der du sein willst. Ganz konkret wird *Die Selbstfindungs-Falle* dir helfen:

- Die Mythen rund um die Persönlichkeit aufzudecken, die das Potenzial der meisten Menschen einschränken,
- dich gezielt für das Leben zu entscheiden, das du führen willst, ganz gleich, wie sehr es sich von deiner Vergangenheit oder Gegenwart unterscheidet,
- emotional flexibel zu werden, damit du dich nicht mehr von deiner Vergangenheit definieren lässt,
- Traumata umzudeuten und zu erkennen, dass dir im Leben nichts widerfährt, sondern alles *für dich* geschieht,
- das Selbstbewusstsein zu entwickeln, das du brauchst, um deinen eigenen Lebenszweck zu definieren,
- ein Netzwerk »empathischer Zeugen« zu schaffen, die dich aktiv ermutigen, deinen Weg weiterzugehen,
- dein Unterbewusstsein zu fördern, damit du Süchte und einschränkende Verhaltensmuster überwindest,
- dein Umfeld so umzugestalten, dass es dich Richtung Zukunft lenkt, statt dich in der Vergangenheit zu halten.

Kurz gesagt, dieses Buch liefert dir wissenschaftliche Hintergründe und strategische Vorgehensweisen, mit denen du erreichst, dass du künftig nie wieder in einer Identität oder einem Verhaltensmuster stecken bleibst. Es zeigt dir den direktesten, einfachsten und effektivsten Weg zu Veränderung und Wachstum. Dabei handelt es sich um einen bewährten wissenschaftlichen Prozess, den du erlernen und praktisch anwenden kannst, damit du dich nicht mehr von deiner Vergangenheit hemmen oder definieren lässt.

Eines musst du dir klarmachen: du kannst dich gezielt für eine bessere Zukunft entscheiden und diese gestalten. Das ist kein Wunschtraum. Du musst dich mit unbequemen Wahrheiten auseinandersetzen, denen du bisher aus dem Weg gegangen bist, und dein Leben in die Hand nehmen.

Im Augenblick kannst du deine Träume nicht verwirklichen, weil versteckte Traumata dich in der Vergangenheit gefangen halten und Selbstvertrauen sowie Vorstellungskraft blockieren. Sicher, ein Trauma kann aus einem erschütternden Erlebnis entstehen, durch das sich das ganze Leben ändert. Viel häufiger jedoch erfolgt die »Traumatisierung« durch kleine Vorfälle und Bemerkungen, die deine Sicht auf dich selbst und deine Möglichkeiten einschränken und für ein starres Selbstbild sorgen.

Das darfst du nicht hinnehmen, sondern musst dagegen angehen.

Darüber hinaus hast du ein soziales Umfeld, das deine aktuelle oder auf der Vergangenheit beruhende Identität und damit einhergehende Verhaltensweisen unterstützt, statt dich zu Weiterentwicklung und Veränderung anzuhalten.

Dieses Buch wird dich dazu motivieren, Verantwortung für dich selbst zu übernehmen. Wer sein Leben nach Persönlichkeitstests oder anderen externen Messgrößen ausrichtet, macht es sich zu einfach. Für Heranwachsende mögen Orientierungshilfen und Wegweiser sinnvoll sein, aber eigene Entscheidungen zu treffen, für sich einen Sinn im Leben zu finden und sich selbst und andere dadurch weiterzubringen sind grundlegende Aspekte der persönlichen Reife.

Wenn du das allgegenwärtige Konzept der Persönlichkeit für bare Münze nimmst, hast du deine Entscheidungsfreiheit bereits verwirkt. Dann gibst du die Verantwortung für deine Vergangenheit sowie deine Zukunft aus der Hand. Statt Veränderungen anzustreben, schränkst du dein Potenzial für Veränderungen ein. Statt dich darauf zu konzentrieren, wie du dein Leben verbessern könntest, willst du lediglich herausfinden oder verstehen, warum du gehemmt oder eingeschränkt bist. Statt dich selbst zu verbessern, begnügst du dich damit, das zu akzeptieren, was du »wirklich« bist.

Tief im Inneren weißt du, dass das alles Unsinn ist. Tief im Inneren willst du mehr. Du willst daran glauben, dass du dein Leben verändern kannst – sogar radikal verändern. Vielleicht hast du die Hoffnung aufgegeben, dass dir das gelingen wird.

Doch wenn du dein Leben wirklich maßgeblich und gezielt verändern willst, erfährst du in diesem Buch, wie du dazu vorgehen musst.

Warum auf Dr. Benjamin Hardy hören?

Als ich versuchte, meine jetzige Frau für mich zu gewinnen, arbeitete nicht nur der Farbcode gegen mich. Laurens beste Freundin hatte zufällig jemanden geheiratet, der mit mir zur Schule gegangen war und ihr jetzt dringend von mir abriet. Aus gutem Grund.

Jemanden, der so ist, wie ich in der Highschool war, würde ich auch nicht als Ehemann empfehlen. Aber mittlerweile war ich nicht mehr der Mensch von damals. Nach meinem Empfinden lebte ich nicht einmal mehr im gleichen Universum.

In der Highschool war ich hochgradig traumatisiert und orientierungslos. Meine Eltern hatten sich scheiden lassen, als ich elf war, und mein Vater litt darunter so sehr, dass er schwer drogenabhängig wurde. Innerhalb weniger Jahre wurde seine Wohnung zu einem dunklen, seltsamen Ort, an dem er mit zahlreichen anderen Drogensüchtigen hauste. Meine jüngeren Brüder und ich wohnten bei meinem Vater, bis unsere Sicherheit und Gesundheit dort ernsthaft in Gefahr war. Zu Beginn meiner Highschool-Zeit zogen wir dauerhaft zu meiner Mutter, die uns sehr liebte, aber wenig Zeit hatte, da sie gemeinsam mit ihrer Schwester eine Firma führte und noch weitere Familienmitglieder unterstützen musste.

Ich war der älteste von drei Jungen, die ein vollkommen unstrukturiertes und ungewisses Leben führten. Mir war, als hätte ich keinen festen Boden unter den Füßen und könnte mich auf nichts und niemanden verlassen. Natürlich suchte ich die Gesellschaft anderer Jugendlicher, die ebenfalls traumatische Erlebnisse hinter sich hatten und ähnlich orientierungslos waren. Wir hatten keine bösen Absichten, haben andere aber häufig schikaniert und gehänselt und bekamen häufig Ärger wegen diverser Kleinigkeiten. Mehr als alles andere fehlten uns Stabilität und Halt. Wir spielten den ganzen Tag Online-Spiele, fuhren Skateboard oder Snowboard und waren nicht produktiv.

Den Schulabschluss schaffte ich mit Ach und Krach. Ich hatte so viele Fehlstunden, dass ich zum Ausgleich dafür einen Baum auf dem Schulgelände pflanzen und gemeinnützige Arbeit leisten musste. Im Jahr nach der Highschool wohnte ich bei meinem Cousin, schlief auf seiner Couch und vertrödelte meine Zeit. Ich hatte keinen Job und das Community College nach zwei Wochen abgebrochen. Alles war mir zu viel. Mir fehlten die richtige Arbeitseinstellung, ein Plan für die Zukunft und das Selbstbewusstsein sowie die Fähigkeit, Lehrbücher zu verstehen. *World of Warcraft* war mein Zufluchtsort.

Mit etwa zwanzig Jahren beschloss ich, meinen Heimatort zu verlassen und Missionsdienst zu leisten. Ich hatte die Nase voll davon, wie mein Leben lief, und wollte einen Neuanfang. Diese zweijährige Erfahrung änderte für mich alles. Ich wurde ein anderer Mensch, mit neuen Fähigkeiten und einer starken Vision für meine Zukunft.

Während der Missionsarbeit hatte ich zum ersten Mal im Leben das Gefühl, der sein zu können, der ich sein wollte. Weder meine Vergangenheit noch mein Umfeld schränkten mich ein. Ich verfolgte ein ganz bestimmtes Ziel und hatte eine ganz bestimmte Aufgabe, sodass ich mir eine neue Identität mit neuem Verhalten und neuem Schwung schaffen konnte. Schon am allerersten Tag nahm ich mir fest vor, der beste Missionar zu sein, der ich sein konnte – ein Vorbild und eine Führungsperson. Das war die perfekte Gelegenheit, mich neu zu erfinden.

Und genau das habe ich getan.

Ich lernte, wie ich mein Trauma verarbeiten und umdeuten konnte. Das gelang mir, indem ich über hundert Bücher las, stapelweise Tagebücher füllte und mit einfühlsamen und motivierenden Freunden und Vorgesetzten offen über meine schmerzhafte Vergangenheit sprach – vor allem aber, indem ich anderen half, ihr Leben zu verbessern. Zwei Jahre lang unterstützte ich andere Menschen dabei, ihre Probleme zu überwinden, und sah und erlebte Dinge, die meine Sicht auf die Welt und das Leben im Allgemeinen völlig veränderten.

Ich erkannte, wie endlich das Leben ist und in welchem Maß viele Menschen vor den Realitäten der Welt verschont bleiben.

Das hat mich aufgerüttelt.

Bei meiner Rückkehr nach Hause war mir klar, wie sehr ich mich verändert hatte, und ich spürte, dass meine Freunde und Angehörigen diese Veränderung nicht nachvollziehen konnten. Deshalb entschied ich mich für ein College, das keiner meiner alten Freunde von der Highschool besuchte, damit niemand meine Vorgeschichte kannte und ich nicht in der Wahrnehmung meines früheren Ichs gefangen sein würde.

Das College schaffte ich in drei Jahren mit links, heiratete meine Traumfrau und wurde zu einem renommierten Promotionsstudiengang in Organisationspsychologie zugelassen. Das Studium begann ich im Herbst 2014 und verdiente im ersten Jahr 13.000 Dollar als wissenschaftliche Hilfskraft.

Im Januar 2015 nahmen Lauren und ich drei Pflegekinder bei uns auf – Kaleb, Jordan und Logan. Im selben Jahr fing ich an, online zu bloggen, um meine Erkenntnisse zu psychologischen Themen und persönlicher Veränderung weiterzugeben. Meine

Arbeit kam auf Anhieb gut an und erreichte innerhalb weniger Monate Millionen von Menschen. In den nächsten drei Jahren, von 2015 bis 2018, war ich auf Medium.com, damals eine der größten Online-Plattformen, der führende Autor.

Im Februar 2018, nach jahrelangen Auseinandersetzungen vor Gericht, konnten wir Kaleb, Jordan und Logan endlich adoptieren. Nicht einmal einen Monat nach der Adoption wurde Lauren mit Zwillingen schwanger, die im Dezember desselben Jahres geboren wurden. Somit stieg unsere offizielle Kinderzahl in einem einzigen Kalenderjahr von null auf fünf. Es war der reinste Wahnsinn. Aber für dieses Leben hatten wir uns entschieden und würden es wieder tun. Unsere gemeinsame Vision und unser gemeinsames Ziel bereiteten den Weg für eine sehr steile Wachstumskurve – nicht einfach, aber unglaublich erfüllend und bedeutungsvoll.

Anfang 2019 erwarb ich meinen Doktortitel, und nach wie vor lesen jeden Monat Millionen von Menschen online meine Texte. Aus dem Wrack, das auf einem fremden Sofa schlief, ist der Inhaber eines erfolgreichen Unternehmens mit siebenstelligem Umsatz und der Vater von fünf Kindern geworden. Das gelang mir, indem ich umsetzte, was ich in diesem Buch erläutern werde.

Durch meine Arbeit und meine Ausbildung habe ich gelernt, dass Menschen sich ändern können und tatsächlich ändern, doch der überzeugendste Beweis für das Konzept hinter diesem Buch ist *mein eigenes Leben.* Ich will nicht als Guru vor großem Publikum auftreten. Ich bin ein ganz normaler Mensch mit einem bewegten Leben, das ihn ständig verändert. Ich möchte dir helfen, das ebenfalls zu erreichen – was immer das für dich bedeuten mag.

Wie deine Vergangenheit aussah, spielt wirklich keine Rolle. Was ein blöder Persönlichkeitstest sagt oder was ehemalige Mitschüler über dich denken, ist vollkommen unerheblich.

Was zählt, ist, wer du sein willst.

Was zählt, sind die Entscheidungen, die du triffst.

Wenn du dich jemals gefragt hast, ob du dich wirklich ändern kannst, so lautet die Antwort: *Ja!*

Ganz gleich, wer du gewesen bist – dieser Mensch musst du nicht mehr sein. Du wirst bald feststellen, dass du nicht dieser Mensch bist und es auch in Zukunft nicht sein wirst. Deine Persönlichkeit verändert sich im Laufe der Zeit, ob du es willst oder nicht. Aber wenn du die Veränderung bewusst anstrebst, wird sie gewaltig und planvoll sein, nicht zufällig. Im Rückblick auf ihr Leben und ihre Karriere erklärte die Schauspielerin Lily Tomlin: »Ich wollte immer jemand werden, aber mittlerweile ist mir klar geworden, dass ich konkreter hätte sein müssen.«

Irgendjemand wirst du, so viel steht fest. Die Frage ist: *Wer wirst du sein?* Und wie exakt und gezielt wirst du an der Entstehung dieses Menschen mitwirken?

Je spezifischer die Vision, desto klarer der Weg und desto stärker die Motivation. Du legst dein Ziel fest und arbeitest dann mit Leib und Seele darauf hin. Dann wirst du dich im Laufe der Zeit verändern.

Du selbst entscheidest, wer du wirst. Nicht irgendein Persönlichkeitstest und auch nicht deine Vergangenheit.

Wer willst du sein?

Dieses Buch verrät dir den effektivsten Weg, wie du dich ganz gezielt und strategisch zu dem Menschen entwickelst, der du sein willst. Wenn ich alles richtig gemacht habe, wirst du bei der

Lektüre dieses Buches eine ganze Menge Emotionen erleben. Emotionen sind das Tor zu Veränderung und Wandel. Wenn sich beim Lesen Widerstand regt, fass dir ein Herz. Du bist kurz davor zu erkennen, wer du wirklich bist.

Bist du bereit für die Wahrheit über die Persönlichkeit?

Schnall dich an. Du wirst etwas erfahren, das du noch nie zuvor gehört hast. Etwas, das dein Leben verändern könnte.

KAPITEL 1

Die Mythen über die Persönlichkeit

> Der Mensch ist ein unfertiges Etwas, das sich fälschlicherweise für fertig hält.[14]
>
> *– Daniel Gilbert, PhD*

Im Jahr 2012 stand Vanessa O'Brien mitten im Dschungel des Sugapa-Tals knietief im Schlamm. Sie hatte vor, gemeinsam mit einer kleinen Forschungsgruppe die Carstensz-Pyramide zu besteigen, mit 4.884 Metern über dem Meeresspiegel der höchste Berg auf der Insel Neuguinea.

Während sie ihre 1,90 Meter durch den Schlamm quälte, obwohl ihr harte Äste ins Gesicht schlugen und ihr die Haut zerkratzten, über riesige Bäume kletterte, mühsam versuchte, die Balance zu halten, und doch sofort wieder kopfüber im Schlamm landete, weinte Vanessa.

Sie weinte nicht nur, sondern erlebte einen kompletten emotionalen Zusammenbruch und eine schwere Identitätskrise.

Bei diesem Zusammenbruch verlor Vanessa ihre psychische Stabilität. Ihre Sicht auf die Welt und sich selbst geriet aus den Fugen. Die Gedanken, die sie heimsuchten, waren für einen erfolgsgewöhnten Menschen wie sie ungewöhnlich düster:

Meine Situation wird sich niemals bessern.

Alles wird nur noch schlimmer.

Jeder Schritt kommt mir vor wie ein Schritt zurück.

Alles, was ich tue, ist falsch.

Warum schaffe ich das nicht?

Was zum Teufel?!

Was Vanessa erlebte, war schlicht so schwierig, so schmerzhaft und so frustrierend, dass sie ihr Bezugssystem verlor. Alles, an das sie bislang geglaubt hatte, wirkte nun falsch. Ihre Identität war nicht mehr so eindeutig wie bisher. Die Welt und das Leben erschienen konfus.

Sie empfand nur noch Schmerz und Qualen.

Ihr Ego und ihre Identität bekamen einen tiefen Riss. Dieses Erlebnis – das mit der erfolgreichen Gipfelbesteigung endete – hatte zur Folge, dass sie sich als Mensch veränderte.

Oliver Wendell Holmes Jr. sagte einst: »Ein Geist, der durch neue Erfahrungen erweitert wurde, kann niemals wieder auf seine frühere Größe reduziert werden.«

Bei Vanessa O'Brien erweiterten sich Geist und Identität nicht durch ein einziges Ereignis, sondern über ein ganzes Jahrzehnt hinweg.

Die meiste Zeit ihres Lebens galt Vanessa als Typ-A-Persönlichkeit. 2009 war sie erfolgreich in der Finanzbranche tätig, arbeitete an ihrer Karriere und empfand ihre Welt als »sehr berechenbar«. Ihr Leben ging einen recht geregelten Gang.

Vanessa war im Grunde nur mit ihrer Arbeit und dem nächsten Karrieresprung beschäftigt. Abwechslung gab es höchstens in dem zweiwöchigen Urlaub, den sie alljährlich mit ihrem Mann mit Sightseeing und Tauchen verbrachte.

Machen wir einen Sprung ins Jahr 2019: Vanessas Persönlichkeit hat sich komplett gewandelt. Ihr Leben passt nicht mehr in den engen Rahmen ihrer karriereorientierten Ziele. Motiviert wird sie jetzt nicht mehr durch »Karriere« oder »Ziele«, sondern durch »Sinn«.

Hättest du dich 2009 mit Vanessa unterhalten, hätte sie dir vermutlich viel über ihre Karriere erzählt, aber keine persönlichen Fragen gestellt. Sofern du nicht in der Finanzbranche tätig gewesen wärst, hättet ihr kaum ein gemeinsames Gesprächsthema gefunden. Du wärst für Vanessa wahrscheinlich uninteressant gewesen. Ihre Arbeit war ihr Leben, und sie war so beschäftigt, dass sie dir nicht viel Zeit gewidmet hätte.

Im Jahr 2019 dagegen würdest du von Vanessa viel über den Zustand des Planeten hören. Sie würde von schmelzenden Gletschern berichten, über das Potenzial des Menschen und darüber, dass wir nicht nur unser Leben verändern können, sondern auch die Verantwortung haben, unseren Planeten zu retten.

Bei diesem Gespräch würde Vanessa viele Fragen über dich stellen. Sie würde sich dafür interessieren, was dir wichtig ist und was dich antreibt. Deine Fragen würde sie bereitwillig und offen beantworten, ohne Eile, sondern ganz im Hier und Jetzt. Vanessa würde inspirierend und vollkommen ausgeglichen wirken.

Bei einem Persönlichkeitstest im Jahr 2009 hätten sich Vanessas Antworten ausschließlich um sie selbst und die einzige Sache gedreht, die ihr im Leben wichtig war: ihre Karriere. Dementsprechend hätte sie eine hohe Punktzahl für Gewissenhaftigkeit und Extrovertiertheit erzielt, bei Offenheit für neue Erfahrungen, Umgänglichkeit und Neurotizismus dagegen sehr schlecht abgeschnitten.

Persönlichkeitstests sind in der Regel Selbsteinschätzungen. Und vermutlich hätte Vanessa sich für emotional stabil gehalten, da sie sich kaum jemals aus ihrem Wohlfühlbereich herauswagte. Schließlich bezeichnete sie ihr Leben und ihren Alltag selbst als sehr vorhersehbar. Darüber hinaus hätte sich Vanessa wahrscheinlich auch für extrovertiert gehalten, da man soziale Kompetenzen braucht, um die Karriereleiter zu erklimmen.

2019 dagegen ist Vanessa nicht mehr egozentrisch, sondern achtet viel mehr auf andere. Früher wollte sie im Rampenlicht stehen und der Star sein, jetzt übernimmt sie bei einer großen Klettertour lieber die Nachhut und sorgt dafür, dass alle im Team sicher nach oben kommen. Anders als die linear denkende, auf Karriere bedachte Vanessa von 2009 folgt die Vanessa von 2019 keinem ausgetretenen Pfad in die Zukunft, sondern würde diese eher als »ungewiss« beschreiben.

Das soll nicht heißen, dass sie keine Ziele oder Ambitionen hat. Ihre Ziele sind sogar größer und ihre Absichten klarer denn je. Allerdings sind diese Ziele nicht fest vorgezeichnet. Vanessa bewegt sich jetzt nicht mehr auf einer eintönigen, geradlinigen Route, sondern überschreitet auf ihrem ganz persönlichen Weg, den sie sich selbst bahnt, zahlreiche Grenzen.

Sie wagt sich in Regionen vor, die weder sie selbst noch sonst jemand je zuvor betreten hat. Sie stellt sich ständig neuen Herausforderungen und probiert vieles zum ersten Mal im Leben aus. So schreibt sie zum Beispiel gerade ihre Autobiografie, in der sie detailliert schildert, wie sie von einer Karrierefrau zur weltberühmten Bergsteigerin wurde, die mehrere Guinness-Weltrekorde hält. Sie engagiert sich in mehreren Organisationen als Leiterin oder Mitarbeiterin und bereist die Welt, um Vorträge zu halten.

Ihr faszinierendes und aufregendes Leben ist nicht immer eitel Sonnenschein. Die ständige Beschäftigung mit neuen und ungewöhnlichen Tätigkeiten und Aktivitäten liefert ihr ein viel breiteres Spektrum an Emotionen. Manche Tage sind extrem aufreibend, kompliziert und anstrengend. An anderen Tagen jedoch, zum Beispiel in den Bergen, erlebt sie schiere Begeisterung, tiefe Erfüllung und unbeschreibliche Glückseligkeit.

Würde Vanessa also im Jahr 2019 einen Fünf-Faktoren-Persönlichkeitstest machen, würde sie ganz andere Antworten geben. Da sie nicht mehr nach eindeutigen Karrierezielen strebt, sondern sich neuen Herausforderungen stellt, um über sich hinauszuwachsen, würde sie höhere Werte bei Neurotizismus, Offenheit für neue Erfahrungen und Umgänglichkeit erzielen, dafür niedrigere bei Gewissenhaftigkeit und Extrovertiertheit.

Wie bereits erwähnt beruhen Persönlichkeitstests *auf Selbsteinschätzung*. Unsere Sicht auf uns selbst orientiert sich an dem Kontext, unserem aktuellem Schwerpunkt und Gefühlszustand und ändert sich damit ständig.

Vanessas Leben ist bei Weitem nicht mehr so vorhersehbar und konstant wie früher, und dadurch ist sie als Mensch offener und anpassungsfähiger geworden. Ihr übergeordnetes Ziel verhilft ihr zu Aktivitäten, Projekten, Beziehungen und Situationen, die sie nicht im Voraus planen kann. Aber sie ist entschlossen – sogar fest entschlossen –, es zu erreichen, und nimmt daher alles in Kauf, was sie diesem näherbringt.

Was Vanessa tun kann und tatsächlich tut, wird durch ihr *Ziel* bestimmt, nicht durch ihre Persönlichkeit. Und dass sie so eifrig auf ihr Ziel hinarbeitet, hat ihre Persönlichkeit drastisch verändert und wird sie weiter verändern.

Peter Diamandis, Zukunftsforscher, Autor und Gründer von XPRIZE, meint: »Ein einzelner Mensch, der von einem Ziel angetrieben wird, kann die Welt verändern. Und du kannst die Welt verändern. Davon bin ich fest überzeugt.«

Diamandis bezeichnet ein solches Ziel als »MTP« oder »Massively Transformative Purpose«. Dahinter steckt ein einfacher Gedanke: Dein Ziel ist so groß und inspirierend, dass sich dein gesamtes Leben wandelt, während du darauf hinarbeitest. Du selbst wählst dieses Ziel und legst es fest. Du engagierst dich dafür. Du machst es publik. Du veränderst dafür dich selbst und dein Leben. Du verbesserst dadurch die Welt. Diamandis ist der Auffassung, man solle sich ein persönliches sowie ein berufliches oder unternehmerisches MTP setzen, und diese Ansicht teile ich.

Die Vanessa aus dem Jahr 2009 hätte sich keinen einzigen Tag im Leben der Vanessa von 2019 vorstellen können. Was für die Vanessa 2019 »normal« ist, wäre ihr 2009 unglaublich *unangenehm* und wahrscheinlich sogar unattraktiv oder uninteressant erschienen. Die Vanessa aus dem Jahr 2019 kann sich kaum noch in ihr früheres Ich hineinversetzen. Dennoch hat sie Verständnis, ist ihm dankbar und blickt mit Demut in die Zukunft.

Heutzutage möchte Vanessa nur noch für andere da sein, ihnen helfen und mit ihnen im Einklang leben. Sie ist viel freundlicher, nimmt mehr Rücksicht auf andere Menschen, ist flexibler und geduldiger und legt mehr Wert auf das, was für sie das große Ganze bildet. Auf meine Frage, wie sie sich ihr *zukünftiges Ich* vorstelle, erwiderte sie, sie sehe sich als Philanthropin.

Wie kam das zustande? Wie ist Vanessa O'Brien von einem selbstverliebten Typ-A-Arbeitstier zu einer abenteuerlustigen

Philosophin und Philanthropin geworden, die den Planeten retten möchte?

Wie wurde aus einer Frau, die große körperliche Herausforderungen scheute, die erste Amerikanerin und Britin (aufgrund ihrer doppelten Staatsbürgerschaft hält sie beide Titel) auf dem K2, mit 8.611 Metern über dem Meeresspiegel der zweithöchste Berg der Welt und schwieriger zu besteigen als der Everest?[15]

Wie gelang es ihr, 2018 von der Scientific Exploration Society als »Explorer of the Year« und 2019 von der New Yorker Kongressabgeordneten Carolyn Maloney als »Fearless Girl« ausgezeichnet zu werden?

Wie konnte sie innerhalb von 295 Tagen – schneller als jede Frau vor ihr[16] – den jeweils höchsten Gipfel aller Kontinente besteigen und sich damit den Guinness-Weltrekord sichern?

Wie kam es, dass sie jetzt freundlicher, rücksichtsvoller, philosophischer und bewusster mit sich selbst und der Realität umgeht?

Würde man Vanessa mit ehemaligen Kollegen aus der Finanzwelt zusammenbringen, wären diese entsetzt, was sie in den letzten zehn Jahren getan und wie sie sich verändert hat.

Aber worauf ist das zurückzuführen?

Tatsächlich gibt es einige entscheidende Faktoren.

Vanessas Wandlung begann mit dem Börsencrash im Jahr 2008. Angesichts der veränderten Rahmenbedingungen beschlossen sie und ihr Mann, in einem anderen Land einen Neuanfang zu machen. Der schlimme Crash und die darauffolgende Unsicherheit hatten zur Folge, dass sie sich kritisch fragte, was ihr wirklich wichtig war. Sie stellte fest, dass sie ein neues Ziel brauchte, etwas, das ihrem Leben einen Sinn geben würde.

Mit Unterstützung von Freunden wählte sie ein ambitioniertes Ziel: die Besteigung des Mount Everest. Die Qualen und Anstrengungen, die sie auf dem Weg zu diesem Ziel erdulden musste, sowie mehrere schmähliche Misserfolge veränderten ihre Identität, ihre Persönlichkeit und ihre Sicht auf die Welt, sodass sich neue Ziele und Ambitionen ergaben.

In den folgenden zehn Jahren nahm Vanessa kontinuierlich immer größere und anspruchsvollere Projekte in Angriff und machte dabei Erfahrungen, die ihre Identität, ihre Perspektive und ihr Ziel wandelten. Oft genug deckten sich ihre Erlebnisse nicht mit ihren Erwartungen, sodass sie ihre früheren Ansichten überdenken musste. Sie drückt das so aus: »Diejenigen, von denen man am meisten erwartet, geben oft am wenigsten, und diejenigen, von denen man am wenigsten erwartet, am meisten.«

Vanessa hat ihre Vergangenheit hinter sich gelassen. Ihr Ego, das sich einst nach Gehalt, Titel und materiellen Besitztümern richtete, wurde zerstört. Sie hat ein massiv transformatives und sinnvolles Ziel im Leben gefunden. Jetzt konzentriert sie sich auf die Zukunft und darauf, so viel Gutes zu tun, wie sie nur kann. Was andere von ihr denken, schert sie wenig.

Aufgrund dieser extremen Veränderungen würde man Vanessa in der Persönlichkeitspsychologie als *Ausreißer* bezeichnen oder vielleicht sogar eine Persönlichkeitsstörung diagnostizieren. Dabei ist sie eigentlich gar nicht so anders als du oder ich. Ja, sie hat unglaubliche, außergewöhnliche Dinge getan, aber deshalb sollte man nicht glauben, sie sei irgendwie von Natur aus anders oder eine verrückte Ausnahme von einer Regel.

Sie ist nicht »besonders« oder »anders«, sondern eigentlich ganz gewöhnlich. Nur hat sie sich entschieden, außergewöhnlich zu werden, und entlarvt damit den Irrglauben, dass unsere Persönlichkeit angeboren und starr ist und ein Leben lang Bestand hat. Die Wissenschaft von der Persönlichkeit und unsere eigenen Leben zeigen, dass sich die Wirklichkeit ganz anders darstellt, als man gemeinhin glaubt.

Ein so radikaler Wandel wie bei Vanessa O'Brien ist eher selten, da sich nur wenige absichtlich den körperlichen und emotionalen Strapazen aussetzen, die Vanessa auf sich genommen hat. Eine Änderung der Persönlichkeit werden wir jedoch alle erleben *und haben sie bereits erlebt.*[17]

Die Persönlichkeit ist nicht starr, sondern verändert sich, ganz gleich, ob man diese Veränderung bewusst herbeiführt oder nicht.

In der Psychologie ist bekannt, dass ein und derselbe Persönlichkeitstest zu unterschiedlichen Zeiten oder unter unterschiedlichen Umständen unterschiedliche Ergebnisse liefern kann.

Die Persönlichkeit ist also weitaus dynamischer und formbarer als bisher angenommen. Das wird durch immer mehr wissenschaftliche Erkenntnisse belegt, aber dennoch sehen viele psychologische Fachleute und die breite Öffentlichkeit die Persönlichkeit oft noch so wie in den 1960er, 70er und 80er Jahren – als feste und unveränderliche *Eigenschaft.* Viele Baby-Boomer sind in einer Kultur aufgewachsen, die bestimmte »Wesenszüge« unterscheidet, und halten immer noch an der Auffassung fest, man sei bei der Geburt in gewisser Weise »programmiert«. Diese Kultur der Wesenszüge lässt sich auch an den Führungskräften dieser Zeit erkennen – weiß, männlich, groß gewachsen und dergleichen. Zudem äußert sie sich häufig in Form von Rassismus.

Neue wissenschaftliche Erkenntnisse und eine im Wandel befindliche Welt beweisen dagegen: Der Mensch kann sich ändern und ändert sich.

Sogar ganz erheblich.

Und in einer Welt, in der Zugang zu Informationen, Reisen, Kontakten und Erfahrungen leichter ist als je zuvor, sind viele der Einschränkungen früherer Generationen Geschichte. Heute sind die Entscheidungsmöglichkeiten weitaus größer, oft sogar zu groß. Und damit steigt die Verantwortung für unsere Entscheidungen und die Entwicklung, die wir als Individuen und Gesellschaften durchmachen.

Dieses Kapitel soll daher die allgegenwärtigen schädlichen Mythen entlarven, die sich um die Persönlichkeit ranken, nämlich:

1. Die Persönlichkeit lässt sich in »Typen« einordnen.
2. Die Persönlichkeit ist angeboren und starr.
3. Die Persönlichkeit beruht auf deiner Vergangenheit.
4. Die Persönlichkeit muss entdeckt werden.
5. Die Persönlichkeit ist dein wahres und »echtes« Ich.

Diese weit verbreiteten Ansichten mögen in prägenden Lebensjahren hilfreich sein, sind letztendlich jedoch destruktiv. Sie bewirken eine engstirnige und starre Sicht auf sich selbst und haben zur Folge, dass man sich auf eine irreführende Jagd nach dem »wahren« Ich macht, die ohne Entscheidungen auskommt und für die meisten Menschen in die Mittelmäßigkeit führt.

Als Mensch bist du dafür verantwortlich, dich durch deine Entscheidungen und das von dir gewählte Umfeld selbst zu gestalten. Und du wirst feststellen, dass du das bereits tust, wenn auch unbewusst.

Nachdem ich die fünf Mythen entlarvt und mit wissenschaftlichen Erkenntnissen und gesundem Menschenverstand widerlegt habe, werde ich dir in Kapitel 2 verdeutlichen, was es mit der Persönlichkeit wirklich auf sich hat, sodass du nicht nur deine Persönlichkeit, sondern auch deine Vergangenheit und Zukunft selbst in die Hand nehmen kannst. Im weiteren Verlauf des Buches erfährst du dann, wie du der Mensch wirst, der du sein willst.

Mythos Nr. 1: Die Persönlichkeit lässt sich in »Typen« einordnen

> Einen rein Introvertierten oder rein Extravertierten gibt es nicht. So jemand wäre im Irrenhaus.[18]
>
> – *Dr. Carl Jung*

Es gibt zwei Arten von Menschen auf der Welt: Die einen glauben, dass es zwei Arten von Menschen auf der Welt gibt, die anderen glauben das nicht.

Nach dem Myers-Briggs-Test gibt es jedoch sogar *sechzehn* verschiedene Personentypen.

Nein, Moment, laut NEO-Persönlichkeitsinventar existieren lediglich *sechs* unterschiedliche Typen.

Und ich persönlich kenne auf der ganzen Welt nur vier verschiedene Kategorien: Hufflepuffs, Gryffindors, Slytherins und Ravenclaws.

Was sagt uns das?

Gibt es zwei Arten von Menschen auf der Welt? Gibt es vier? Sind es sechs? Oder sind es sechzehn?

Dass bestimmte »Typen« existieren, ist der erste Mythos, der sich um Persönlichkeiten rankt. Persönlichkeitstypen *gibt es nicht.* Sie sind kein Ding der Realität, sondern gesellschaftliche oder psychologische Konstrukte, welche die Komplexität eines Menschen auf oberflächliche, diskriminierende, entmenschlichende und furchtbar ungenaue Weise darstellen.

Das Konzept der Persönlichkeitstypen hat keinerlei wissenschaftliche Grundlage, und die meisten populären Persönlichkeitstest werden von Leuten erstellt, die sich nicht anmaßen dürften, andere Menschen zu definieren.

In dem 2018 erschienenen Buch *The Personality Brokers: The Strange History of Myers-Briggs and the Birth of Personality Testing*[19] erklärt Dr. Merve Emre, dass mit Persönlichkeitstests mittlerweile zwei Milliarden Dollar umgesetzt werden und der Myers-Briggs-Test am weitesten verbreitet ist. Interessanterweise hatten sowohl Katharine Briggs als auch ihre Tochter, Isabel Myers, keinerlei Ausbildung in Psychologie, Psychiatrie oder Testverfahren und auch niemals in einem Labor oder einer akademischen Einrichtung gearbeitet. Da Frauen zur damaligen Zeit nur eingeschränkt Zugang zu Universitäten hatten, erarbeiteten die beiden ihr System nicht in einem Labor oder an einer Universität, sondern zu Hause.

Katharine Briggs entwickelte ihre Theorien Anfang des 20. Jahrhunderts anhand ihrer Erfahrungen als Ehefrau und Mutter, nicht auf der Grundlage wissenschaftlicher oder psychologischer Erkenntnisse. Ihr war aufgefallen, dass sie und ihr

Gatte auf Lebensereignisse unterschiedlich reagierten und eines ihrer Kinder zurückhaltender war als das andere, und diese sozialen Nuancen wollte sie systematisch erfassen.

Briggs behauptete, man solle nicht versuchen, sich zu ändern, da die unterschiedliche Reaktion auf Lebensereignisse dem Menschen angeboren und unveränderlich sei. Es handele sich um eine vorprogrammierte *Disposition*, die erkannt und angenommen werden müsse, andernfalls würden sich erhebliche psychische Qualen einstellen.

Ganz gleich, wer du bist oder wie du mit dem Leben umgehst, dein Verhalten sollte als »normal« akzeptiert werden, so Briggs. Wenn du schüchtern bist, sollten deine Mitmenschen das im Umgang mit dir berücksichtigen. Wenn du ein nervöses Wrack bist, sollte man dich rücksichtsvoll behandeln. Wenn du freundlich und mitfühlend bist, sollten andere jederzeit entsprechendes Verhalten von dir erwarten.

Nach diesem Denkmuster zeigt dein Verhalten einfach »wer du bist«, sodass du dich dafür nicht schämen solltest. Du solltest auch nicht versuchen, dich zu ändern, und wärst dazu überhaupt nicht in der Lage. Selbst wenn du durch deine Wesenszüge eingeschränkt wirst, kannst du nichts dagegen tun. Lebe einfach mit den Einschränkungen, die Gott oder deine DNA dir mitgegeben haben.

Persönlichkeitstests, die nach Typen unterscheiden, mögen unterhaltsam sein, sind aber unwissenschaftlich – und reden uns Einschränkungen ein, die in Wirklichkeit gar nicht existieren. Sie stellen den jeweiligen Menschen ungenau und übermäßig vereinfacht dar, mit vagen, pauschalen Verallgemeinerungen, in denen sich jeder wiederfinden kann. Die extreme

Vereinfachung gaukelt psychologische Kenntnisse vor, die gar nicht vorhanden sind. Dr. Adam Grant, Wirtschaftsprofessor und Organisationspsychologe von der Wharton School, erklärte dazu: »Der Myers-Briggs-Test ist, als würde man fragen: Was gefällt dir besser, Schnürsenkel oder Ohrringe? Daraus wird dann eine Erkenntnis abgeleitet, obwohl die Frage an sich überhaupt keine Aussagekraft hat ... So entsteht die Illusion von psychologischen Fachkenntnissen.«[20]

Eine ganze Generation von Persönlichkeitsgurus in den sozialen Medien kann dir restlos jede Frage zu deinem Leben beantworten, sei es, mit wem du ausgehen, wen du heiraten oder ob du Kinder haben solltest, welcher Beruf für dich geeignet wäre oder ob du erfolgreich und glücklich sein wirst – und all das nur auf Grundlage deiner Ergebnisse bei einem einzigen Test. Das *wirkt* wissenschaftlich, ist in Wirklichkeit jedoch Aberglaube, der sich als Wissenschaft tarnt.

In der Sozialwissenschaft wird eine Theorie anhand von vier Gütekriterien beurteilt[21]: Sind die Kategorien (1) zuverlässig, (2) valide, (3) unabhängig und (4) umfassend? Für den Myers-Briggs-Typenindikator lauten die Antworten nein, nein, nein und nochmal nein. Der Myers-Briggs-Tests gibt in Wirklichkeit keinen Aufschluss über die Persönlichkeit, sondern über die unglaubliche Macht des Marketings. Darin ist Myers-Briggs wirklich großartig.

Obwohl sich die Psychologie nach wie vor uneins ist, ob sich die Persönlichkeit verändern kann oder nicht, gilt es als unbestritten, dass Persönlichkeitstests wie Myers-Briggs aus den vier genannten Gründen nicht ernst genommen werden sollten und dass es keine »Persönlichkeitstypen« gibt, wie sie derartige Tests und die Populärpsychologie propagieren.[22]

Wenn man sich absichtlich und gezielt als bestimmten »Typ« Mensch definiert oder *sich selbst* in eine bestimmte Kategorie einordnet, kann das durchaus sinnvoll sein. Jeff Goins zum Beispiel wollte schon immer Schriftsteller werden, hatte aber nichts dafür getan. Als er sich dann jedoch als »Schriftsteller« bezeichnete, verlieh ihm diese Identifikation den Antrieb, mit dem Schreiben zu beginnen und schließlich erfolgreicher Autor zu werden.

Kategorien können unseren Zielen dienen, doch der umgekehrte Fall ist nicht ratsam. Wenn ein Ziel nur der Kategorie dient, wird die Kategorie deine ultimative Realität, und du gestaltest dein Leben so, dass es diese Kategorie bestätigt oder fördert. Du würdest dann sagen: »Ich arbeite auf dieses Ziel hin, weil ich extrovertiert bin.« Statt dir Ziele zu setzen, die deine Persönlichkeit erweitern und verändern würden, planst du auf Basis deiner aktuellen Persönlichkeit.

Die Persönlichkeit sollte sich aber nach den Zielen richten, nicht die Ziele nach der Persönlichkeit. Der Unternehmer, Risikokapitalgeber und Autor Paul Graham schrieb: »Je mehr Bezeichnungen man sich gibt, desto dümmer wird man.«[23] Wer sich aus eigenem Antrieb als »introvertiert« oder sogar »extrovertiert« bezeichnet, macht sich offiziell »dümmer« – es sei denn, eine dieser Bezeichnungen trägt dazu bei, ein bestimmtes Ziel zu erreichen.

Die Forschung zeigt, dass Kategorien oder Diagnosen in der Therapie hilfreich sein können, um eine geeignete Behandlung zu ermitteln. Allerdings sollte man diese Kategorien den Betroffenen nur in den seltensten Fällen mitteilen, denn sonst werden sie ein wichtiges Element ihrer Identität und schränken die Fähigkeit zur Veränderung stark ein.[24]

Kategorien erzeugen einen Tunnelblick. Wenn du dich in eine Kategorie fügst, kannst du »blind« für die vielen Situationen werden, in denen diese Kategorie nicht auf dich zutrifft.[25] Die Harvard-Psychologin und Achtsamkeitsexpertin Dr. Ellen Langer sagte dazu: »Wenn etwas als anerkannte Wahrheit präsentiert wird, kommen alternative Denkweisen gar nicht erst in Betracht. ... Wer depressiv ist, glaubt meist, ständig depressiv zu sein. Achtet man jedoch genau auf Veränderungen, wird man feststellen, dass das nicht der Fall ist.«

Die »Persönlichkeit« ist so nuanciert und komplex, dass sie nicht einfach verallgemeinert oder einer bestimmten Kategorie zugeordnet werden kann. Sie ist kein isoliertes Merkmal, das von Kontext, Kultur, Verhalten und tausend andere Faktoren nicht berührt wird. Die Persönlichkeitspsychologin Dr. Katherine Rogers erklärt: »Wir wissen, dass sich die Persönlichkeit nicht an Typen festmachen lässt. ... Was Myers und Briggs über meine Persönlichkeit sagen, ist nicht vertrauenswürdiger als mein Horoskop.«[26]

Dr. Rogers hat völlig recht. Und das ist unglaublich positiv! Sobald du dich nicht mehr als bestimmter »Typ« definierst, zum Beispiel »introvertiert« oder »extrovertiert«, wirst du viel offener. Dir stehen weitaus mehr Möglichkeiten und Alternativen zur Verfügung. Du erlangst mehr Verantwortung und Handlungsfähigkeit. Du kannst tun, was du willst, ganz gleich, wie du dich derzeit siehst.

Obwohl Persönlichkeitstests, die nach Typen unterscheiden, so unwissenschaftlich sind, erfreuen sie sich in der Popkultur und auch in der Wirtschaft nach wie vor großer Beliebtheit. Die Existenz vieler Menschen hängt von ihren Antworten in einem solchen Test ab. Unzählige Karrieren sind gescheitert oder ins

Stocken geraten, weil jemand nicht die richtige »Farbe« oder den richtigen »Typ« für eine Stelle hatte.[27]

Du bist kein fest definierter »Typ« von Mensch. Je nach Situation und Umfeld *bist du anders.* Deine Persönlichkeit ist dynamisch, flexibel und kontextabhängig. Außerdem verändert sie sich im Laufe deines Lebens weit mehr, als du dir derzeit vorstellen kannst.

In verschiedenen Phasen und Abschnitten deines Lebens wirst du unterschiedliche Persönlichkeiten zeigen. Im Laufe eines einzigen Tages kannst du Dutzende von verschiedenen Persönlichkeiten zur Schau stellen. Der Podcaster Jordan Harbinger sagte einst in einem Interview: »Vor dem ersten Kaffee bin ich INTJ. Nach dem Kaffee bin ich ENTJ.«

Du solltest die Persönlichkeit nicht als »Typ« betrachten, dem du entsprichst, sondern als Kontinuum von Verhaltensweisen und Einstellungen, das flexibel, formbar und kontextabhängig ist. Die wissenschaftlich fundierteste Theorie der Persönlichkeit gliedert diese in die sogenannten »fünf Faktoren«:[28]

1. Deine Bereitschaft, Neues zu lernen und zu erleben (Offenheit für neue Erfahrungen),
2. wie organisiert, motiviert und zielgerichtet du bist (Gewissenhaftigkeit),
3. dein Grad an Aktivität und Verbundenheit, wenn du mit anderen Menschen zusammen bist (Extraversion),
4. wie freundlich und optimistisch du anderen Menschen gegenüber auftrittst (Verträglichkeit),
5. wie gut du mit Stress und anderen negativen Gefühlen zurechtkommst (Neurotizismus).

Keiner dieser fünf Faktoren ist ein »Typ«. Vielmehr sind wir alle je nach Vorlieben, Erfahrungen und Lebenslage *irgendwo auf einem Kontinuum* all dieser Faktoren angesiedelt. In verschiedenen Situationen und unter verschiedenen Umständen wirst du unterschiedliche Werte erzielen – manchmal bessere und manchmal schlechtere.

So hat die Forschung zum Beispiel starke Übereinstimmungen zwischen dem Persönlichkeitsprofil eines Menschen und seiner gesellschaftlichen Rolle festgestellt.[29] Ist in einer bestimmten Rolle gewissenhaftes oder extrovertiertes Verhalten erforderlich, so zeigt die jeweilige Person ein deutlich höheres Maß an Gewissenhaftigkeit oder Extrovertiertheit.

Sobald sie jedoch diese Rolle verlässt und eine andere annimmt, in der Gewissenhaftigkeit oder Extrovertiertheit weniger gefragt sind, sinken ihre Werte bei diesen »Wesenszügen«. Längsschnittstudien zeigen, dass sich die Persönlichkeit eines Menschen oft durch die gesellschaftlichen Rollen erklären lässt, die er im Laufe seines Lebens innehatte und wieder aufgegeben hat. Die Rolle in der Gesellschaft ist damit ein konkreter Prädiktor für die Persönlichkeit und wird häufig analysiert.[30]

Obwohl wir in unseren Augen gleich bleiben, ändern sich unser Verhalten und unsere Einstellungen sehr häufig. Unser Verhalten bleibt nicht gleich, sondern *unsere Sicht auf unser Verhalten* lässt es gleich wirken.

Wir konzentrieren uns selektiv auf die Aspekte, mit denen wir uns identifizieren, und lassen alles andere außer Acht. Die vielen Fälle, in denen wir aus der Rolle fallen, nehmen wir dabei nicht wahr oder übersehen sie sogar absichtlich.

Jüngsten Untersuchungen zufolge ist der Wunsch, wandelbarer und flexibler zu sein und die Persönlichkeit konkret zu verbessern, weit verbreitet. Nicht einmal 13 Prozent der Befragten waren mit ihrem aktuellen Ich zufrieden.[31] Insgesamt wünschten sie sich mehr Offenheit, Gewissenhaftigkeit und Extrovertiertheit und eine höhere Stressresistenz.

Neue wissenschaftliche Erkenntnisse beweisen allen, die sich aus einem bestimmten Grund weiterentwickeln wollen, dass solche Veränderungen tatsächlich möglich sind. Eine Studie von Dr. Nathan Hudson und Chris Fraley aus dem Jahr 2015 zeigt, dass die Persönlichkeit durch Zielsetzung und nachhaltiges persönliches Bemühen gezielt verändert werden kann.[32] Und die Forschungsarbeit von Dr. Christopher Soto und Jule Specht weist nach, dass sich die Persönlichkeit schneller ändert, wenn man ein sinnvolles und erfüllendes Leben führt.[33]

Jeder der fünf Faktoren wird sich im Laufe deines Lebens verändern, ob du es willst oder nicht. Allerdings bist du in der Lage, sämtliche Faktoren ganz gezielt zu ändern. Vanessa O'Brien fasste den Entschluss, den Mount Everest zu besteigen, und durch dieses Ziel wurde sie offener für neue Erfahrungen.

Dabei ist anzumerken, dass die Wahrscheinlichkeit einer Veränderung, zumindest auf kurze Sicht, von der aktuellen Forschung zur Persönlichkeitsflexibilität eher zurückhaltend gesehen wird. Das heißt jedoch nicht, dass tiefgehende Veränderungen ein Ding der Unmöglichkeit sind, wie dieses Buch zeigen wird. Dass der Mensch *im Allgemeinen* keine großen und bewussten Veränderungen erlebt, ist vielmehr auf emotionale Gründe und Lebensumstände zurückzuführen, die beide beeinflusst werden können.

Bewusste Veränderung ist emotional anstrengend – sie ist nicht gerade angenehm und kann sogar unfassbar schmerzhaft sein. Wenn du dich vor emotionalen Erfahrungen, neuen Sichtweisen und einer gezielten Umstellung deines Verhaltens und deiner Umgebung scheust, darfst du keine großen Veränderungen erwarten (zumindest nicht auf kurze Sicht). Der Schlüssel zum persönlichen Wandel ist psychologische Flexibilität, nicht das starre Festhalten an deiner derzeitigen Identität oder Sichtweise. Radikale Veränderungen stellen sich dann ein, wenn man unermüdlich auf ein zukünftiges Ziel hinarbeitet und Gefühle zulässt, statt sie zu vermeiden.

Extreme Veränderungen sind durchaus möglich. Alle fünf Faktoren sind bestimmte Verhaltensweisen und im Grunde allesamt *Fertigkeiten*, die man erlernen kann. Du kannst lernen, offener für neue Erfahrungen zu werden, und genauso lernen, weniger offen zu sein. Du kannst lernen, organisierter und zielstrebiger zu werden. Du kannst lernen, dich introvertierter oder extrovertierter zu verhalten. Du kannst lernen, besser mit verschiedenen Personentypen zurechtzukommen, und ein höheres Maß an emotionaler Intelligenz erwerben, statt reaktiv zu handeln.

Die Einstufung eines Menschen in eine Kategorie oder einen Typus ist auch deshalb so fatal, weil derartige Kategorien oft als angeboren und unveränderlich betrachtet werden. Wer davon ausgeht, ein Mensch könne sich nicht ändern, definiert ihn über seine Vergangenheit. Eine frühere Tat legt ihn auf einen bestimmten Typ fest, der so etwas immer wieder tun wird – dass er sich geändert haben könnte, wird dann gar nicht in Betracht gezogen.

Der französische Roman *Die Elenden* von Victor Hugo[34] macht hervorragend deutlich, welche Folgen diese Sichtweise mit sich bringt. Erzählt wird die Geschichte von zwei Männern: Javert, dem selbstgerechten Polizisten, der glaubt, dass sich der Mensch nicht ändern kann, und Jean Valjean, einem ehemaligen Verbrecher, der sein Leben ändert und sich einem höheren, hehren Ziel verschreibt. Javert kann nicht akzeptieren, dass Valjean wirklich ein anderer geworden ist. Er vertritt die Ansicht, frühere Taten dürfe man niemals vergeben, und meint, wer einmal etwas Unrechtes getan habe, sei von Grund auf schlecht.

Im Laufe des Romans begegnen sich Javert und Valjean in verschiedenen Situationen. Javert ist geradezu besessen davon, Valjean vor Gericht zu bringen, während Valjean seine kriminelle Vergangenheit wiedergutmachen möchte, indem er anderen Menschen in Notlagen hilft. Am Ende nimmt sich Javert das Leben, weil er den widersprüchlichen Charakter des Jean Valjean nicht ertragen kann. Statt seine Ansicht zu ändern, tötet er sich selbst.

Wo stehst du selbst?

Inwieweit definierst du dich oder andere über Handlungen in der Vergangenheit?

Hast du dich einer bestimmten Kategorie oder einem Typ zugeordnet und dich dadurch eingeschränkt und zu stark definiert?

Was würde passieren, wenn du dieses Schubladendenken abstellst und dir die Möglichkeit zur Veränderung gibst?

Mythos Nr. 2: Die Persönlichkeit ist angeboren und starr

Eine kürzlich veröffentlichte Längsschnittstudie, die sich über einen Zeitraum von mehr als sechzig Jahren erstreckte, brachte verblüffende Erkenntnisse zutage.[35] Fast alle Personen, die an der Studie teilgenommen hatten, zeigten *vollkommen andere* Persönlichkeiten als erwartet.

Ausgangspunkt der Studie bildeten die Daten zu 1.208 schottischen Vierzehnjährigen aus den 1950er Jahren. Anhand von sechs Fragebögen sollten die Lehrkräfte sechs Wesenszüge der Teenager bewerten: Selbstvertrauen, Ausdauer, Stimmungsstabilität, Gewissenhaftigkeit, Originalität und Lernbegierde.

Nach über sechzig Jahren wurden 674 der ursprünglichen Teilnehmenden erneut getestet. Diesmal, im Alter von 77 Jahren, nahmen sie die Beurteilung der sechs Wesenszüge selbst vor und wählten zudem eine Person aus dem Freundes- oder Verwandtenkreis aus, die ebenfalls ihre Einschätzung abgab. Die Ergebnisse deckten sich kaum bis gar nicht mit den Fragebögen aus den 1950er Jahren. Die Forschungsgruppe sagte dazu: »Wir waren davon ausgegangen, die Stabilität der Persönlichkeit über einen noch längeren Zeitraum als 63 Jahre beweisen zu können, aber unsere Korrelationen haben diese Hypothese nicht unterstützt.«

Weniger akademisch ausgedrückt bedeutet das: »Wir lagen in jeder Hinsicht völlig falsch.« Die Persönlichkeit ändert sich mit der Zeit.

Längsschnittstudien sind unglaublich schwierig, deshalb werden sie nur selten durchgeführt. In den wenigen Fällen, in denen die Teilnehmenden einer Studie einen Folgetest absolvieren, geschieht dies meist nur wenige Wochen oder Monate später. Folglich kommt man leicht zu dem Schluss, dass sich die Persönlichkeit selten ändert. Wird ein Persönlichkeitstest nach drei oder sechs Monaten wiederholt, ist das Ergebnis wahrscheinlich ähnlich, es sei denn, in diesen paar Monaten ist ein besonders einschneidendes Ereignis eingetreten.

Je länger der Abstand zwischen den Tests, desto stärker unterscheiden sich die Ergebnisse. Die Forschungsgruppe der 63-Jahre-Studie räumt weiter ein: »Unsere Ergebnisse deuten darauf hin, dass kaum noch ein Zusammenhang vorliegt, wenn zwischen den Tests ein so langer Zeitraum wie 63 Jahre liegt.«

Deine Persönlichkeit verändert sich nicht nur im Laufe der Zeit, sondern auch weitaus stärker, als man erwarten würde. Nach Untersuchungen des Harvard-Psychologen Dr. Daniel Gilbert ist man nach zehn Jahren *nicht mehr derselbe Mensch.*[36]

In seiner Forschungsarbeit fragte Dr. Gilbert die Testpersonen, wie sehr sich ihre Interessen, Ziele und Werte in den letzten zehn Jahren verändert hatten. Anschließend sollten sie einschätzen, wie sehr sich ihre Interessen, Ziele und Werte in den nächsten zehn Jahren vermutlich ändern würden.

So fand Dr. Gilbert heraus, dass man die Veränderung der Persönlichkeit im Laufe der letzten zehn Jahre leicht erkennt, indem man die Unterschiede zwischen dem früheren und dem jetzigen Ich analysiert. Dennoch erwarteten die Testpersonen für die nächsten zehn Jahre durchweg nur *geringfügige Veränderungen.*

Dieses Phänomen wird in der Psychologie als »End-of-History-Illusion« bezeichnet, also »Ende-der-Geschichte«-Illusion, und ist bei Menschen jeden Alters zu finden. Sie wissen, dass sie bis zum aktuellen Zeitpunkt entscheidende Entwicklungen und Veränderungen durchgemacht haben, erwarten jedoch für die Zukunft kein wesentliches Wachstum oder weiteres Reifen mehr.

Gilbert sagt dazu: »Der Mensch ist ein unfertiges Etwas, das sich fälschlicherweise für fertig hält.«

Wir Menschen denken seltsamerweise, unser jetziges Ich sei die »endgültige«, »fertige« und »abgeschlossene« Version unserer selbst. Deshalb *fühlen* wir uns immer noch als gleicher Mensch, obwohl es viele Anzeichen dafür gibt, wie sehr wir uns im Vergleich zum früheren Ich gewandelt haben. In der Gegenwart fühlen wir uns immer als »wir selbst«, obwohl unsere üblichen Gefühle und Verhaltensweisen – sogar unsere Gewohnheiten und unser Umfeld – *vollkommen anders sind* als einige Jahre zuvor.

Wir sind sehr anpassungsfähig. Selbst an einschneidende Veränderungen gewöhnen wir uns schnell, sodass die veränderten Umstände zur neuen Norm werden. Deshalb fühlen wir uns zwar wie derselbe Mensch, während wir älter werden und uns allmählich verändern, *sind aber nicht mehr dieselben.* Das Leben ist »normal«, aber nicht mehr so, wie es früher war.

Unsere aktuelle Sicht auf frühere Entscheidungen zeigt sehr deutlich, wie sich unsere Persönlichkeit im Laufe der Zeit verändert. Viele Menschen lassen sich Tätowierungen wieder entfernen, die ihr früheres Ich ganz toll fand. Ehepaare, die einst an ewige Liebe glaubten, lassen sich scheiden. Andere trainieren eifrig, um den Bauchspeck loszuwerden, den sie sich zuvor ohne Bedenken angefuttert haben, oder kündigen eine Stelle, die sie irgendwann einmal unbedingt haben wollten.

Der Mensch trifft häufig Entscheidungen, mit denen sein zukünftiges Ich nicht glücklich ist, weil er die eigene Zukunft in der Regel nicht sehr gut vorhersagt. Das soll nicht heißen, dass wir die Zukunft nicht vorhersagen *können*, sondern dass wir es nicht tun.

Es ist leichter, sich an die Vergangenheit zu erinnern, als sich die Zukunft vorzustellen, die wir uns wünschen. Vorstellungskraft ist eine Fähigkeit, die trainiert werden muss und die nur wenige Erwachsene wirklich beherrschen. Vielmehr wird man mit zunehmendem Alter meist weniger kreativ und fantasievoll und beschränkt immer häufiger auf starre, dogmatische Sichtweisen.

Kurze Frage: Wie viel Zeit verbringst du damit, dir dein zukünftiges Ich vorzustellen?

Die meisten Menschen dürften antworten: Nicht sehr viel.

Genau das sind zwei große Hürden, die verhindern, dass man seine zukünftige Persönlichkeit vorhersagt und aktiv gestaltet:

1. Wir gehen davon aus, dass unsere Persönlichkeitsentwicklung abgeschlossen ist (End-of-History-Illusion).
2. Wir messen der Vergangenheit eine zu hohe Bedeutung bei, was unsere Sicht auf uns selbst und die Welt immer weiter einschränkt.

Deine Persönlichkeit verändert sich. Sie hat sich bisher verändert und wird sich auch in Zukunft weiter verändern. Folglich solltest du darüber nachdenken, wie dein zukünftiges Ich aussehen wird. *Wo du landest und wer du wirst, soll dich schließlich nicht überraschen, enttäuschen oder frustrieren.* Du solltest dein zukünftiges Ich nicht im Stich lassen, indem dein aktuelles Ich sich keine Mühe gibt, nicht sorgfältig plant oder schlechte Entscheidungen trifft.

Es ist ratsam, Entscheidungen nicht an deinen aktuellen Wünschen auszurichten, sondern an denen deines zukünftigen Ichs. Du solltest aus der Perspektive der angestrebten Umstände entscheiden, nicht der aktuellen.

Der erste Schritt dieses Vorstellungsprozesses besteht darin, zwischen deinem aktuellen Ich und deinem zukünftigen Ich zu unterscheiden.

Diese Menschen sind nicht identisch.

Dein zukünftiges Ich wird ein anderer Mensch sein als der Mensch, der du jetzt bist. Deshalb schadet es der Entscheidungsfindung erheblich, wenn du dir dein zukünftiges Ich genauso vorstellst wie dein aktuelles. Der Identitätsforscher Dr. Hal Hershfield sagte dazu: »Die Analogie, das zukünftige Ich als anderen Menschen zu sehen, mag seltsam erscheinen, ist jedoch sehr sinnvoll, um die Tragweite langfristiger Entscheidungen zu erfassen.«[37]

Der Mensch, der du in Zukunft sein willst, ist *wichtiger* als derjenige, der du jetzt bist, und sollte dein heutiges Ich prägen. Im Grunde sollte das angestrebte zukünftige Ich deine aktuelle Identität und Persönlichkeit weitaus stärker beeinflussen als dein früheres Ich.

Im Idealfall ist dein künftiges Ich viel klüger und hat einen viel größeren Erfahrungsschatz als dein aktuelles Ich, dazu mehr Möglichkeiten, innigere Beziehungen und eine bessere Selbsteinschätzung. Es wäre zu wünschen, dass es über eine größere Entscheidungsfreiheit sowie über mehr Wissen, Fähigkeiten und Kontakte verfügt als jetzt.

Allerdings ist auch möglich, dass dein zukünftiges Ich *eingeschränkter* ist als dein aktuelles. Das hängt davon ab, was du im Hier und Jetzt tust. Wenn du dich ungesund verhältst, schlechte Entscheidungen triffst oder schlechte Angewohnheiten entwickelst, wird dein zukünftiges Ich *weniger Freiheit* haben als dein aktuelles. Was harmlos und unbedeutend erscheint – vor dem Einschlafen YouTube-Videos anschauen oder noch ein Drink in der Bar –, kann sich mit der Zeit zu großen Problemen auswachsen.

Leider muss ich sagen, dass sich manche meiner Freunde und entfernten Angehörigen aufgrund schlechter Entscheidungen in einer schrecklichen Lage befinden. Ihr Leben verläuft nicht so, wie sie es sich vorgestellt haben, und zwar nicht wegen eines außergewöhnlichen Unglücks, sondern weil sie sich keine klaren Ziele gesteckt, nicht richtig geplant und nicht zielgerichtet gehandelt haben. Sie waren nachlässig und müssen jetzt dafür bezahlen. Nicht nur ihre Lebenslage hat sich gegenüber früher verschlechtert, sondern auch sie selbst – ihre Persönlichkeit, ihre Ansichten und ihre Beziehungen.

Das Leben bekommt eine ganz neue Bedeutung, wenn du dir *jetzt* klarmachst, was dein zukünftiges Ich wollen wird. Statt anhand deiner aktuellen Identität zu entscheiden, könntest du von nun an Entscheidungen treffen, die dein zukünftiges Ich lieben und schätzen würde.

Du bist dafür verantwortlich, deinem zukünftigen Ich so viele Möglichkeiten, Erfolge und Annehmlichkeiten wie möglich zu verschaffen. So entwickelst du deine Persönlichkeit und gestaltest dein Leben nach deinen Wünschen, statt später Reue zu empfinden.

Beschreibe nun dein zukünftiges Ich.

Wer ist dein zukünftiges Ich?

Wie oft stellst du dir deine zukünftige Identität vor und gestaltest diese bewusst?

Was würde sich ändern, wenn du deine Identität nicht darauf gründen würdest, wer du warst, sondern darauf, wer du sein willst?

Mythos Nr. 3: Die Persönlichkeit beruht auf deiner Vergangenheit

> Denn manchmal verdient die Vergangenheit eine zweite Chance.[38]
>
> *– Malcolm Gladwell*

Viele Theorien gehen von einer wissenschaftlichen Prämisse aus, die als »kausaler Determinismus« bekannt ist – die Vorstellung, dass alles, was geschieht oder existiert, durch frühere Umstände oder Ereignisse verursacht wird.[39] Das würde bedeuten, dass frühere Ereignisse den Menschen bestimmen – und nicht nur beeinflussen – wie einen Domino in einer langen Reihe kippender Steine.

In der Psychologie ist man sich weithin einig, dass sich das zukünftige Verhalten eines Menschen am besten vorhersagen lässt, indem man sein früheres Verhalten betrachtet. In vielerlei Hinsicht bestätigt sich diese Sichtweise immer wieder, denn viele Menschen scheinen tatsächlich recht vorhersehbar zu sein.

Die wichtige Frage lautet: *Warum?*

Die Vorhersehbarkeit des Verhaltens wird oft damit erklärt, dass die »Persönlichkeit« ein fester »Wesenszug« und weitgehend unveränderlich ist.

Im Laufe dieses Buches wirst du jedoch feststellen, dass es sich dabei um eine grobe und ungenaue Vereinfachung handelt, die letztlich dazu führt, dass wir nicht bewusst, sondern gedankenlos leben, Ausflüchte finden und keine entscheidenden Fortschritte machen.

Ja, das menschliche Verhalten kann vorhersehbar und gleichförmig erscheinen und ist es oft auch. Das liegt jedoch nicht daran, dass die Persönlichkeit starr und unveränderlich wäre. Vielmehr gibt es vier weitaus tiefgehendere Gründe, weshalb Menschen an bestimmten Verhaltensmustern festhalten:

- Sie werden durch nicht aufgearbeitete **frühere Traumata** definiert.
- Das **Narrativ ihrer Identität** beruht auf der Vergangenheit, nicht auf der Zukunft.
- Ihr **Unterbewusstsein** bindet sie an ihr frühes Ich und ihre früheren Gefühle.
- Ihr **Umfeld** stützt die aktuelle Identität stärker als die zukünftige.

Diese Stellschrauben beeinflussen die Persönlichkeit – und ob du dir dessen bewusst bist oder nicht, sie lassen sich steuern. Indem du diese Stellschrauben veränderst, umdeutest oder neu justierst, kannst du deine Persönlichkeit und dein Leben bewusst und ganz entscheidend verändern.

Es liegt an dir, ob du dich von diesen vier Stellschrauben gefangen halten lässt, sodass du nicht vom Fleck kommst und Veränderungen geradezu unmöglich erscheinen, oder ob du mit ihrer Hilfe der Mensch wirst, der du sein willst.

In diesem Buch mache ich deutlich, wie sich diese vier Stellschrauben auf deine Persönlichkeit auswirken, und zeige dir Strategien auf, mit denen du jede einzelne intelligent zu deinem Vorteil nutzen kannst. Du wirst lernen, diese Stellschrauben zu steuern, statt von ihnen gesteuert zu werden. So kannst du der Mensch werden, der du sein willst, statt der, zu dem du durch frühere Erfahrungen oder »das Leben« geworden bist.

Zum Auftakt möchte ich einige Geschichten und wissenschaftliche Erkenntnisse vorstellen, damit du kritisch hinterfragst, ob die Vergangenheit tatsächlich die Gegenwart »verursacht«.

Tucker Max ist Mitbegründer eines erfolgreichen Verlags und Medienunternehmens, Ehemann und Vater von drei Kindern. Heute ist ihm nichts wichtiger als seine Familie, aber 2006, als er noch ein anderer Mensch war, brachte er ein Buch mit dem Titel *I Hope They Serve Beer in Hell* heraus. Es landete auf Anhieb auf der Bestsellerliste der *New York Times* und verkaufte sich millionenfach.

In dem Buch sowie in mehreren Folgewerken erzählt Max von den immer gleichen Abenden, die er als junger Erwachsener erlebte und die von exzessivem Alkoholkonsum, Sex mit verschiedensten Zufallsbekanntschaften und arrogantem Verhalten geprägt waren. Er war aggressiv zu allen, die ihm über dem Weg liefen, und machte über seine Mitmenschen, ob Männer oder Frauen, außerordentlich gemeine, sexuell erniedrigende Bemerkungen.

Das Buch wurde ein solcher Erfolg und Max so bekannt, dass *I Hope They Serve Beer in Hell* verfilmt wurde und 2009 in die Kinos kam. Die Erwartungen an den Film waren hoch, und trotz der Kritik an seinem Stil und seiner Lebensweise fühlte sich Max durch das bisher Erreichte und den Erfolg, den man sich von dem Film versprach, bestätigt. Allerdings floppte das Werk an den Kinokassen und wurde von der Kritik einhellig als einer der schlechtesten Filme des Jahres verrissen.[40]

Fast zehn Jahre später erklärte Tucker in einem Interview mit Tom Bilyeu, das Scheitern des Films sei eine der schlimmsten Erfahrungen seines Lebens und seine mit Abstand größte Enttäuschung gewesen.[41] Der Fehlschlag habe ihm so wehgetan, dass er sich endlich den Dämonen stellte, vor denen er sein ganzes Leben lang davongelaufen war.

Der schwere Schlag, den sein Ego erlitten hatte, verunsicherte Max zutiefst und machte ihn sehr verletzlich. Er war gezwungen, sich *selbst* einzugestehen, dass er nicht glücklich war.

Nach dem gescheiterten Film setzte Tucker Max auf Therapie, Selbstreflexion, Aufrichtigkeit und Veränderung. Drei Jahre später, im Jahr 2012, verabschiedete er sich in einem Interview mit *Forbes* offiziell von seiner früheren Lebensweise: »Ich mache öffentlich und ausdrücklich Schluss damit. Ich möchte die Freiheit, mein Leben neu zu gestalten, und glaube, dass ich einen öffentlichen Schlussstrich ziehen muss, damit das gelingt.«[42]

Wenn man heute mit Tucker über sein früheres Leben spricht, ist keinerlei Verbitterung, Wut oder Scham zu spüren. Er erzählte mir, wenn er seine früheren Texte lese, habe er den Eindruck, das habe *ein ganz anderer Mensch* geschrieben. Dass er emotional geheilt ist, lässt sich deutlich daran erkennen, dass er seine Vergangenheit nicht negativ, sondern empathisch und sogar *positiv* betrachtet.

»Wenn ich daran denke, wie ich früher war, habe ich Mitleid mit diesem Kerl«, sagte Tucker. »Mittlerweile kann ich verstehen, warum er sich so verhalten hat. Ich empfinde großes Mitgefühl.«

Genau das ist die unglaubliche Botschaft dieses Buches, die dir Hoffnung und Zuversicht geben soll: Sobald du dich aktiv und gezielt nach vorne orientierst, wird nicht nur deine Zukunft besser, *sondern auch deine Vergangenheit.* Deine Vergangenheit ist dir dann nicht widerfahren, sondern sie ist *für dich* geschehen.

Tuckers empfand sein »Scheitern« zwar als große Qual, doch es war genau das, was er brauchte. Es geschah *für ihn* und hat ihn letztendlich dazu gebracht, ein viel höheres und erfüllendes Ziel im Leben zu finden.

Während du lernst und neue Erfahrungen machst, wandelt sich deine Sicht auf deine Vergangenheit, sodass du diese allmählich anders deutest. Wenn sich deine Wahrnehmung deiner Vergangenheit in den letzten Monaten oder Jahren nicht deutlich verändert hat, dann hast du aus vergangenen Erfahrungen bislang nichts gelernt und lernst auch jetzt nicht aktiv dazu.

Wenn die Vergangenheit unverändert bleibt, ist das ein deutliches Zeichen für emotionale Distanz und Inflexibilität – man vermeidet es, sich der Wahrheit zu stellen und den Blick nach vorne zu richten. Je reifer du wirst, desto stärker wandelt sich die Sicht auf frühere Erfahrungen. Mir selbst sind schon jetzt gewisse Verhaltensweisen peinlich, die ich erst im letzten Jahr im Beruf und Privatleben gezeigt habe.

Deine Vergangenheit kann und muss sich ändern.

Deine Vergangenheit ändert sich*, wenn du dich änderst.*

Wie sich die Sicht auf die Vergangenheit verändert, lässt sich leichter nachvollziehen, wenn man weiß, wie die Erinnerung – und auch die Geschichtsschreibung – funktioniert.

Die Geschichtsschreibung wird ständig verändert und revidiert, je nachdem, wer berichtet und wie weit das jeweilige Ereignis in der Vergangenheit liegt. Amerikanische Geschichtsbücher aus den 1950er Jahren lassen keinen Zweifel daran, dass die Sowjetunion die Schuld am Kalten Krieg trägt, und liefern dafür umfassende Beweise, zum Beispiel Stalins Herrschaft über Osteuropa, seine Weigerung, dem Volk die versprochene Demokratie zu gewähren, sowie sein Bestreben, den Kommunismus über den gesamten Globus auszudehnen.

In einem alten US-Geschichtsbuch aus den späten 1960er Jahren ist dagegen vermutlich etwas anderes zu lesen, nämlich wie Amerika die Kontrolle über die europäische Wirtschaft anstrebte, um die Bedeutung des Dollars in diesen Ländern zu sichern, wie vehement Truman bei der Potsdamer Konferenz aufgetreten war und dass er den Einsatz der Atombombe gutgeheißen hatte. Man würde erfahren, dass nicht Russland, sondern Washington für den Kalten Krieg verantwortlich war und Stalin lediglich auf Abwehr bedacht war, nachdem die Sowjetunion im Zweiten Weltkrieg über zwanzig Millionen Menschen verloren hatte.

In den 1980er und 1990er Jahren erzählte man die Geschichte wiederum aus einer neuen Perspektive. Nun wurde argumentiert, der Kalte Krieg sei aufgrund der ideologischen Unterschiede zwischen Ost und West unvermeidlich gewesen und man könne weder Einzelpersonen noch bestimmten Ländern die Schuld zuzuschieben.

Nicht nur die Geschichte verändert sich je nach Epoche und Perspektive, sondern auch unsere eigenen persönlichen Erzählungen erfahren im Laufe der Zeit und mit jeder Neuerzählung eine Anpassung oder Veränderung. Das liegt unter anderem daran, dass das Gedächtnis kein starrer Karteikasten ist, sondern sich in ständigem Fluss befindet. Es wandelt sich mit jeder neuen Erfahrung und verändert sich schon, wenn man nur eine bestimmte Erinnerung hervorkramt. Jede Erinnerung besteht aus einem Netz von Verbindungen, und wenn eine neue Verbindung integriert wird, ändert sich damit unmerklich die gesamte Erinnerung.

Je öfter eine bestimmte Geschichte erzählt wird, desto stärker ihre Veränderung. Im Laufe der Zeit und des kulturellen Wandels ändert sich unsere Sicht auf die Geschichte und bestimmte Ereignisse. Gleiches gilt für die Erinnerung. Unsere Sicht auf die Vergangenheit spiegelt weniger die Vergangenheit an sich wider als vielmehr, *wo wir gerade stehen.* In seinem Buch *Time and Psychological Explanation* stellt der Psychologe Dr. Slife fest:

> Unsere Erinnerungen werden in Abhängigkeit von unserer gegenwärtigen psychischen Verfassung neu gedeutet oder konstruiert. Von daher wird die *Bedeutung der Gegenwart nicht durch die Vergangenheit bestimmt, sondern die Gegenwart bestimmt die Bedeutung der Vergangenheit* ... Unsere Erinnerungen sind keine »gespeicherten« und »objektiven« Einheiten, sondern lebendige Teile unseres gegenwärtigen Ichs. Deshalb werden sie so stark von unseren aktuellen Stimmungen und künftigen Zielen beeinflusst.[43]

Dass unsere Gegenwart die Bedeutung der Vergangenheit prägt, mag spontan unlogisch erscheinen. Doch du wirst bald erkennen, dass diese Vorstellung gar nicht so abwegig ist. Stell dir zum Beispiel vor, du kommst morgens zur Arbeit, und die Chefin möchte mit dir reden. Unverhofft und wie aus heiterem Himmel bietet sie dir eine zehnprozentige Gehaltserhöhung an. Du bist begeistert! Wie auf Wolke sieben schwebst du aus dem Büro.

In der Mittagspause berichtest du die gute Nachricht deiner Kollegin, die einen ähnlichen Posten hat wie du selbst. Allerdings erfährst du daraufhin, dass diese Kollegin ebenfalls eine Gehaltserhöhung bekommen hat, und zwar um 15 Prozent.

Wie fühlst du dich nach diesen neuen Informationen? Immer noch auf Wolke sieben? Höchstwahrscheinlich nicht.

Aber warum denn nicht? Die Gehaltserhöhung *hat sich nicht verändert* ... ihre Bedeutung dagegen schon.

Der neue Kontext hat alles gewandelt. Der Wert »zehn Prozent« hat für sich genommen keine große Bedeutung. Es kommt darauf an, woran man ihn misst. Zu Beginn hast du die zehnprozentige Gehaltserhöhung mit deinem früheren Einkommen verglichen, jetzt sind die 15 Prozent der Kollegin der neue Maßstab.

Der aktuelle Kontext hat die Bedeutung der Vergangenheit verschoben. Diese Wahrheit verdeutlicht ein Zitat von Saadi Shirazi: »Ich weinte, weil ich keine Schuhe hatte. Dann traf ich einen Mann, der hatte keine Füße.«[44]

Der Kontext ändert alles. Persönlichkeitstests schenken dem Kontext keine Beachtung, sondern gehen davon aus, dass dein Ergebnis jederzeit auf dich zutrifft.

Der Kontext verändert auch die Erinnerung. Das, was wir erinnern, wandelt sich, wenn wie beim Kochen weitere Zutaten dazukommen. Neue Erfahrungen wirken sich auf frühere Erinnerungen aus und ergänzen diese um eine neue Perspektive und Bedeutung. Manchmal können neue Erlebnisse dazu führen, dass frühere vollkommen in Vergessenheit geraten.

Genau wie unsere Persönlichkeit ist auch unsere Vergangenheit nicht starr und unveränderlich. Der *Kontext* ist weitaus wichtiger als der Inhalt. Er hat immer Vorrang vor dem Inhalt, weil er über Bedeutung, Fokus, Schwerpunkt und sogar über die Wirkung des Inhalts bestimmt. Wenn du den Kontext änderst, änderst du gleichzeitig auch den Inhalt!

Nur weil sich etwas in der Vergangenheit ereignet hat, ist dieses Geschehen nicht zwangsläufig »objektiv«. Besonders all jene, die auf einer ganz bestimmten Sicht auf die Vergangenheit beharren, haben daran oft schwer zu knacken.

Wie alle Erfahrungen oder Ereignisse ist auch unsere Vergangenheit eine subjektive Perspektive, der wir selbst eine Bedeutung zuschreiben – positiv oder negativ, gut oder schlecht. Es steht außer Frage, dass uns Erfahrungen aus unserer Vergangenheit beeinflussen können. Allerdings geht der Einfluss dabei nicht von der Vergangenheit selbst aus, sondern von unserer aktuellen Deutung und emotionalen Bindung *an diese Vergangenheit.*

Wer sagt: »So bin ich aufgrund meiner Vergangenheit«, räumt damit ein, emotional in der Vergangenheit festzustecken.

Jeder von uns kann und wird traumatische Erfahrungen machen, im Großen wie im Kleinen. Wenn wir diese nicht bewältigen, geht es für uns im Leben nicht voran. Wir erstarren emotional, verschließen uns und stellen unser Lernen, unsere Entwicklung und unsere Veränderung ein. Damit wird auch unsere Vergangenheit starr, und unser Leiden bleibt bestehen.

Wenn wir frühere traumatische Erlebnisse und die dadurch entstandenen Gefühle ausblenden, läuft unser Leben nach einem ungesunden Muster ab, das sich stetig wiederholt. In diesem Fall wird die Vergangenheit tatsächlich zu einem genauen Prädiktor für die Zukunft. Das liegt nicht daran, dass die Persönlichkeit unveränderlich ist, sondern daran, dass wir diese Veränderung vermeiden. Das Geschehen wiederholt sich und wird verinnerlicht.

Wenn Leben und Persönlichkeit eines Menschen über einen längeren Zeitraum gleich bleiben, ist dies ein deutlicher Hinweis auf ein unbewältigtes Trauma. Doch wer sich seinem Trauma stellt, darüber spricht, sich dessen bewusster wird und es schließlich neu bewertet, ermöglicht sich eine positive und reife Sicht auf die Vergangenheit. Gegenwart und Zukunft bleiben dann keine Reflektion der Vergangenheit.

Tucker Max betrachtet sein früheres Ich mit Mitgefühl und größerem Verständnis. Er *identifiziert* sich nicht mehr mit ihm, sondern sieht zwei völlig verschiedene Menschen mit unterschiedlichen Werten, Zielen und Lebensumständen. Und obwohl Tucker nicht unbedingt sein früheres Ich sein möchte, hat er Mitgefühl mit diesem Menschen und anderen, denen es genauso geht.

Je weiter sich Tucker entwickelt, desto stärker wird sich seine Sicht auf frühere Ereignisse verändern. Er ist kein Opfer seiner Vergangenheit. Wie er jetzt ist, liegt nicht an seiner Vergangenheit. Vielmehr erweitert sich die Bedeutung seiner Vergangenheit und verändert sich, weil er sich bewusst entscheidet, nicht dort zu verharren.

Tucker hat den Entschluss gefasst, seinem Leben eine neue Richtung zu geben, und arbeitet weiter daran. Er lernt dazu, macht neue Erfahrungen und verarbeitet diese so, dass er sich und seinen Lebenssinn weiterentwickelt. Somit wird Max' gegenwärtiges Ich in zunehmendem Maße durch sein *zukünftiges Ich* vorangetrieben, zu dem auch seine Werte und seine Familie gehören.

Vor diesem Hintergrund wäre es eine dumme Behauptung, dass Tucker durch seine Vergangenheit zu dem gemacht wurde, der er ist. Vielmehr *verändert sich* seine Vergangenheit *ständig* durch das, was er wird.

Genau das gilt auch für dich und mich.

Wie wir unsere Vergangenheit beschreiben, interpretieren und uns aneignen, hat viel mehr mit unserem Hier und Jetzt zu tun als mit unserer tatsächlichen Vergangenheit.

Wenn du deinen Eltern beispielsweise nach wie vor übelnimmst, wie deine Kindheit verlaufen ist, sagt das mehr darüber aus, wer du *gegenwärtig* bist, als über die Ereignisse in deiner Kindheit. Wenn du einem Menschen oder einem Vorfall aus der Vergangenheit die Schuld gibst, machst du dich zum Opfer, und das verrät mehr über dich selbst als über den betreffenden Menschen oder Vorfall.

Ich will deine Erlebnisse in keiner Weise relativieren. Vielleicht hast du tatsächlich Schreckliches durchgemacht. Vielleicht hast du Dinge gesehen, die du meinst, niemals vergessen zu können. Derartige Erfahrungen sind oft äußerst schwer zu verarbeiten und können bewirken, dass man sich unverstanden und allein fühlt. »Die Vergangenheit ändern« bedeutet nicht, dass du den Inhalt dieser Erfahrungen ändern oder nicht ernst nehmen sollst! Vielmehr kannst du daraus einen wahren Schatz an Erkenntnissen, Bedeutungen und Möglichkeiten gewinnen.

Nicht den Inhalt deiner Vergangenheit sollst du ändern, *sondern deine heutige Sicht darauf.* Marcel Proust sagte: »Die wahre Entdeckungsreise besteht nicht darin, neue Landschaften zu suchen, sondern mit anderen Augen zu sehen.«[45] Es geht nicht darum, eine Million Dinge zu sehen, sondern die gleichen Dinge auf eine Million verschiedene Arten. Und zwar hoffentlich so, dass es für dich besser und hilfreicher ist.

Eine zielführendere und gesündere Sicht auf die Vergangenheit ist ein natürlicher Aspekt der persönlichen Entwicklung. Das Streben nach neuen Erfahrungen bildet einen wesentlichen und mächtigen Teil dieser Entwicklung. Leider ziehen viele Menschen aus ihren Erfahrungen keine Schlüsse, die Veränderungen bewirken, sondern blenden sie aus und lernen nicht daraus.

Um neue Erfahrungen aktiv zu gestalten und Veränderungen zu erleben, musst du psychisch flexibler werden. Psychische Flexibilität bedeutet, wandelbar und anpassungsfähig zu sein, Emotionen zuzulassen und sich auf gesteckte Ziele oder Werte hinzubewegen.[46] Nur mit psychischer Flexibilität kannst du deine Vergangenheit neu gestalten und dir ein zukünftiges Ich vorstellen. Je flexibler du bist, desto weniger wirst du von Emotionen überwältigt oder aufgehalten und desto besser kannst du diese annehmen und daraus lernen.

Psychische Flexibilität ist ein wichtiger Teil der emotionalen Entwicklung, die wiederum die Grundlage für das Verständnis der Persönlichkeit bildet. Je geringer die emotionale Entwicklung und Flexibilität eines Menschen ist, desto eher wird er schwierigen Erfahrungen aus dem Weg gehen und desto stärker wird er dann durch schmerzhafte Erlebnisse aus der Vergangenheit eingeschränkt und definiert. Das widerspricht der weit verbreiteten Ansicht, schwierige Erlebnisse ließen sich am besten bewältigen, indem man seine Gefühle unterdrückt und allein einen stillen Kampf ausficht.

Du förderst deine psychische Flexibilität und emotionale Entwicklung, indem du dich der Vergangenheit schonungslos stellst und dir von anderen Menschen helfen lässt. Immer, wenn du dich mit deiner Vergangenheit beschäftigst, änderst du diese. Immer, wenn du dich ehrlich und mutig mit deiner Zukunft auseinandersetzt, gewinnst du an Flexibilität und Reife. Du stärkst dein Selbstvertrauen, was wiederum deine Vorstellungskraft steigert. Du lässt dich nicht mehr durch Vergangenes und deine Gefühle einschränken, sondern erwirbst die Fähigkeit, das zu sein und zu tun, was du willst, ganz gleich, was dafür erforderlich ist.

Gefühle sind das Tor zu Wachstum und Lernen. Wenn die Persönlichkeit eines Menschen auf einem Plateau verharrt und sich wieder und wieder im Kreis dreht, liegt das daran, dass er schwierige und unangenehme Gefühle vermeidet, die mit dem *Lernen* und der Verbindung zu sich selbst und anderen zusammenhängen. Infolgedessen dauert die Belastung durch die eingeschränkte Wahrnehmung der eigenen Vergangenheit viel länger an, als es nötig wäre.

Welche Geschichten erzählst du über dein früheres Ich?

Wer war dein früheres Ich?

In welcher Hinsicht unterscheidest du dich von deinem früheren Ich?

Wie hat sich deine Vergangenheit durch neuere Erfahrungen verändert?

Wie würde sich dein Leben verändern, wenn die Vergangenheit dir nicht zugestoßen, sondern *für dich* geschehen wäre?

Wie könnte sich dein Leben verändern, wenn du akzeptieren würdest, dass dein früheres und dein heutiges Ich zwei grundverschiedene Menschen sind?

Wie würde dein Leben aussehen, wenn du dich und deine Zukunft nie wieder auf die Vergangenheit zurückführen oder durch die Vergangenheit einschränken würdest?

Mythos Nr. 4: Die Persönlichkeit muss entdeckt werden

> Im Leben geht es nicht darum, sich selbst zu finden. Im Leben geht es darum, sich selbst zu erschaffen.
>
> – *George Bernard Shaw*

Ich habe eine Freundin namens Kary. Sie ist Anfang vierzig und hat bislang noch keine Arbeit gefunden, für die sie sich über längere Zeit begeistern kann. Alle paar Jahre wechselt sie die Branche und bewirkt in ihrem Unternehmen niemals wesentliche Veränderungen.

Sie ist frustriert, weil sie meint, nicht richtig zu wissen, wer sie wirklich ist. In ihren Augen haben viele Menschen in ihrem Freundes- und Kollegenkreis etwas gefunden, das ihr selbst verborgen bleibt. »Offenbar sind sie hinter das Geheimnis des Lebens gekommen«, vertraute Kary mir an. »Sie haben ihre Talente und wahren Leidenschaften entdeckt und setzen diese ein.«

Kary wartet nach wie vor darauf, sich selbst zu finden. Sie gestaltet ihr Leben nicht aktiv, sondern bleibt passiv, in der Hoffnung, dass ihr irgendwann ein Licht aufgeht. Wenn der Moment der Offenbarung kommt, wird sie endlich selbstbewusst zur Tat schreiten können, so meint sie, und der Mensch sein, der sie wirklich ist.

Dabei übersieht Kary, dass die Inspiration eine Folge des Handelns ist, nicht umgekehrt. Sie wird keine Offenbarung erleben. Ihr wird es weiterhin an Selbstvertrauen und Vorstellungskraft mangeln, wenn sie nicht aktiv wird. Kary muss *entscheiden,* was sie will, und darauf hinarbeiten. Ihre Fortschritte – so klein sie auch sein mögen – werden bewirken, dass sie klarer sieht und Selbstvertrauen gewinnt, sodass sich die Tür zu mehr Flexibilität und Veränderung öffnet.

Karys Befürchtung, sie habe sich selbst oder ihre wahre Leidenschaft noch nicht »gefunden«, ist weder neu noch einzigartig. In unserer Kultur herrscht die gängige Ansicht, seine »Leidenschaft« müsse man entdecken und dann optimal ausschöpfen. Ohne Leidenschaft ist man ein Niemand. Man ist uninteressant. Diese Botschaft der modernen Popkultur passt gut zu der Bedeutung, die wir Persönlichkeitstests zumessen. Wir gehen davon aus, dass es die Leidenschaft zu *entdecken* gilt, in der Annahme, sie sei genau wie die Persönlichkeit angeboren und einzigartig.

In seinem Buch *Die Traumjoblüge* argumentiert der Autor Cal Newport, man solle nicht nach seiner Leidenschaft suchen, sondern stattdessen seltene und wertvolle Fähigkeiten entwickeln. Ermittele einen Bedarf und arbeite daran, diesen zu erfüllen. Sobald du die Fähigkeiten erworben hast und erste Erfolge siehst, ergibt sich die Leidenschaft als natürliches Nebenprodukt oder indirekte Folge. Newport schreibt: »Leidenschaft stellt sich ein, nachdem man durch Fleiß gelernt hat, eine wertvolle Arbeit hervorragend zu erledigen, nicht vorher. Mit anderen Worten: *Was* man beruflich macht, ist weitaus weniger wichtig als *wie* man es macht.«[47]

Newports Ansichten zur Leidenschaft decken sich mit dem aktuellen Stand der Motivationsforschung. Genau wie die Leidenschaft muss auch die Motivation nicht erst entdeckt werden, sondern lässt sich durch proaktives und gezieltes Handeln erzeugen.

Sowohl Leidenschaft als auch Motivation sind Wirkungen, nicht Ursachen. Dr. Jerome Bruner, der an der Harvard University Psychologie lehrte, meint: »Dass durch Handeln Gefühle entstehen, ist wahrscheinlicher, als dass Gefühle zum Handeln veranlassen.«[48] Das gilt, wie bereits erwähnt, auch für das Selbstvertrauen. Es kann nicht den Ausgangspunkt bilden, sondern muss durch absichtliches und zielgerichtetes Handeln zustande kommen.

Wenn man Leidenschaft will, bevor man Engagement zeigt, verlangt man quasi im Voraus den Lohn für Arbeit, die noch nicht geleistet wurde. Diese Einstellung zeugt von fehlender Leistungsbereitschaft und Faulheit. Die voll entwickelte Persönlichkeit soll sich ohne eigene Anstrengung, ohne Kreativität, ohne aktiven Einsatz, Risikobereitschaft oder Veränderungen ergeben. Das klingt nach einem verzogenen Kind, das daran gewöhnt ist, alles zu bekommen.

Leidenschaft ist der Preis, den man sich erarbeiten muss.

Gleiches gilt für die Persönlichkeit. Sie lässt sich nicht entdecken, sondern entsteht durch Handlungen und Verhaltensweisen.

Die Vorstellung, die Persönlichkeit müsse entdeckt werden, entspringt der gleichen fehlerhaften Denkweise wie die Auffassung, Persönlichkeit sei angeboren und werde durch die Vergangenheit bestimmt.

Das stimmt nicht.

Die Persönlichkeit ist – wie Leidenschaft, Inspiration, Motivation und Vertrauen – die Folge der Entscheidungen, die man im Laufe seines Lebens trifft. Wenn du dich bei wichtigen Lebensentscheidungen nach deiner Persönlichkeit richtest und zum

Beispiel einen Beruf wählst, von dem du glaubst, dass er zu deiner aktuellen Persönlichkeit passt, schränkst du dich sehr stark ein und tust dir keinen Gefallen.

Glaubst du etwa, dass Gandhi, Mutter Teresa oder andere einflussreiche Personen ihre Entscheidungen von ihrer Persönlichkeit abhängig machten? Oder war es nicht vielmehr so, dass sie sich von etwas viel Größerem lenken ließen, zu ihren Entscheidungen standen und so zu den Menschen wurden, als die man sie kennt?

Ziel sticht Persönlichkeit. Solange du kein höheres Ziel hast, wird deine Persönlichkeit darauf ausgerichtet sein, Unannehmlichkeiten zu vermeiden und nach Genuss zu streben. Diese primitive, niederschwellige Herangehensweise ist weit verbreitet. Wenn du jedoch ein festes Ziel verfolgst, bist du äußerst flexibel und lässt dich bei deinen Entscheidungen nicht durch Befindlichkeiten ablenken, sondern sorgst dafür, dass du erreichst, was du anstrebst.

Wenn du dein Ziel ernst nimmst, wird es zudem deine Persönlichkeit verändern. Dein persönliches Ziel lässt sich nicht entdecken, sondern du legst es letztendlich selbst fest. Such nicht danach, sondern triff eine Entscheidung und lass dich dann von dieser Entscheidung verändern.

Entscheidungen und Ziele ergeben sich nicht aus deiner Persönlichkeit, sondern deine Persönlichkeit sollte sich aus deinen Entscheidungen und Zielen ergeben.

Wenn du proaktiv und gezielt positive Entscheidungen triffst, Fähigkeiten entwickelst und neue Erfahrungen suchst, wird sich deine Persönlichkeit auf sinnvolle Weise entwickeln und verändern. Damit steigt die Persönlichkeit auf das Niveau deiner Ziele und Entscheidungen, während andernfalls Entscheidungen und Ziele auf das Niveau der aktuellen Persönlichkeit sinken.

Wenn du versuchst, deine Persönlichkeit zu entdecken, wirst du untätig, gehst schwierigen Gesprächen aus dem Weg, lässt dich durch Konsum ablenken und findest Rechtfertigungen für deine aktuelle Lebensweise. Statt dem eigenen Leben die Richtung vorzugeben, beschränkst du dich auf die Beifahrerrolle. Dabei kannst und solltest du dein Leben selbst steuern.

Die Ansicht, die Persönlichkeit müsse entdeckt werden, ist auch deshalb problematisch, weil sie eine sehr egozentrische Denkweise nach sich zieht. Das Leben dreht sich dann nur noch um dich, dich und noch mal dich. Das zeigt zum Beispiel die gängige Meinung zur Berufsauffassung der Millennials. Ob zu Recht oder nicht, Millennials gelten als faul und anspruchsvoll, weil sie keine Aufgaben übernehmen wollen, die sie nicht begeistern. Sie erkennen nicht, dass Leidenschaft sich nicht spontan und instinktiv einstellt, sondern einen langfristigen Ausbau von Kenntnissen und Fähigkeiten und entsprechendes Engagement erfordert.

In einem Interview auf Inside Quest erklärte der Autor und Führungsexperte Simon Sinek, die berufliche Unzufriedenheit der Millennials sei zum Teil darauf zurückzuführen, dass sie mit der Überzeugung aufgewachsen seien, sie hätten ein Anrecht auf alles, was sie wollen – nicht weil sie es verdient hätten, sondern einfach deshalb, weil sie es wollen. Sie bekamen Pokale, auch wenn sie nicht gewonnen hatten. Von klein auf war ihr Leben von Technologie und sofortiger Bedürfnisbefriedigung geprägt. Die Machtdynamik an Schulen und Universitäten hatte sich so verändert, dass Eltern oft mit den Lehrkräften über Noten diskutierten und auf einer besseren Bewertung ihrer Kinder beharrten.

Auf Dauer kann das Selbstbewusstsein Schaden nehmen, wenn es selbst für den letzten Platz einen Pokal gibt und man die eigentlich angemessenen Noten nicht akzeptiert. Nach Auffassung von Sinek und anderen haben Millennials nicht gelernt, sich im Leben etwas zu verdienen, sondern erwarten, dass ihnen alles ohne eigene Anstrengung zufällt. Das mangelnde Selbstwertgefühl und der Wunsch nach sofortiger Befriedigung kann durchaus erklären, warum Persönlichkeitstests so attraktiv wirken. Sie liefern eine sofortige, einfache Antwort, für die man nicht überlegen und keine Verantwortung übernehmen muss.

Persönlichkeitstests sind Fastfood für die Seele. Sie suggerieren, man könne im Handumdrehen das wahre Ich entdecken. Persönlichkeitstests können dein gegenwärtiges Ich und deine aktuelle Lebensweise rechtfertigen, ähnlich wie Katharine Briggs' Theorie, nach der sämtliche Verhaltensweisen hingenommen werden sollen.

Eine solche Rechtfertigung gibt es nicht. Du kannst deine Persönlichkeit nicht entdecken.

Warum nimmst du dein Leben nicht in die Hand, statt darauf zu warten, dass es sich von selbst ergibt oder dass dir Eltern oder Nahestehende auf die Sprünge helfen? Warum lernst du nicht, wie man Entscheidungen trifft und das Schiff des Lebens steuert? Warum lässt du dich durch dein aktuelles Ich einschränken? Wieso verzichtest du auf die Erfahrung, durch eigene Entscheidungen und Anstrengungen an Größe zu gewinnen?

Cal Newport führt die Vorstellung, man müsse seine Leidenschaft finden, auf Selbstabsorption zurück. Man sucht eine

Tätigkeit, für die man sich leidenschaftlich begeistert, weil man gelernt hat, dass es im Beruf nur um die eigene Person geht. Den erfolgreichsten Menschen der Welt ist dagegen klar, dass es darauf ankommt, anderen zu helfen und Werte zu schaffen. Newport drückt es so aus: »Das bedeutet aber, dass Sie sich von der leidenschaftsorientierten Einstellung (Was kann mir die Welt bieten?) verabschieden und sich die leistungsorientierte (Was kann ich der Welt bieten?) zu eigen machen.«

Der Versuch, sich selbst zu »entdecken«, bringt noch ein weiteres Problem mit sich: In Situationen, die dir schwierig oder komplex erscheinen oder über deine »angeborenen« Stärken hinausgehen, wirst du unglaublich unflexibel.

Statt uns auf schwierige Situationen einzulassen, machen wir es uns leicht und rechtfertigen unseren Mangel an Bereitschaft, Offenheit und Engagement damit, dass wir ein bestimmter »Typ« sind, zum Beispiel »introvertiert«. Damit begnügen wir uns mit dem Niveau, das unserem Typ entspricht, statt unser Niveau durch Engagement zu erhöhen, und gehen Konflikten, Schwierigkeiten und Neuem aus dem Weg. Wir beschränken uns auf eine oberflächliche Sicht auf uns selbst und bremsen unsere Entwicklung aus. Wir tun nur das, was sofortige Befriedigung oder unmittelbaren Erfolg verschafft.

Der Glaube, dass du deine Persönlichkeit entdecken musst, ist eine *fixe Idee*, die dich davon abhält, Möglichkeiten zu nutzen und zu schaffen, die dich als Mensch verändern werden.

2015, im ersten Jahr meines Promotionsstudium, nahmen meine Frau Lauren und ich drei Pflegekinder bei uns auf. Bis dahin hatten wir noch keine Kinder und uns auch nicht viel mit der Elternrolle auseinandergesetzt, nun jedoch waren wir auf einen Schlag für drei Kinder mit Bindungsstörungen und anderen emotionalen Bedürfnissen verantwortlich.

In den ersten Monaten als Pflegevater sah ich mich ständig mit Herausforderungen konfrontiert, die nach meinem Empfinden weit über das hinausgingen, was ich mit meinen »natürlichen Fähigkeiten« leisten konnte. Ich war ernüchtert und niedergeschlagen wie nie zuvor. Zudem verspürte ich in dieser ersten Zeit so gut wie keine Leidenschaft oder Begeisterung für das Vatersein, sondern war oft am liebsten gar nicht zu Hause, weil es dort so schwierig und anstrengend war. Die Elternrolle war und ist das Schwierigste, das ich jemals meistern musste, und viele Eltern werden das verstehen. Mir war, als würden mir meine Schwächen gnadenlos vor Augen geführt.

Oft bin ich von meinen Reaktionen oder meinem Mangel an Geduld, Mitgefühl und Empathie gegenüber meinen Kindern enttäuscht. Hin und wieder jedoch gibt es Momente, in denen ich über mich selbst staune, entweder, weil ich etwas für meine Kinder tue, oder weil ich merke, wie sehr ich sie liebe.

Die Elternschaft ist alles andere als einfach oder »natürlich«. Sie ist für jeden Menschen eine Lernkurve. Für mich war und ist sie eine *einschneidende Erfahrung*, die nicht nur mich, sondern mein ganzes Leben besser gemacht hat. Und die Leidenschaft und die Begeisterung, die ich in der Vaterrolle verspüre, nehmen stetig zu; ich möchte mich jeden Tag der Erziehung widmen und meine Fähigkeiten verbessern. Und ich bin mir sicher, dass mir das sehr gut gelingen wird.

Besonders großes Wachstum kommt oft dann zustande, wenn man Chancen ergreift oder Verantwortungen übernimmt, die über die aktuellen Fähigkeiten und die eigenen Erfahrungen hinausgehen (oder »unnatürlich« wirken). Wenn du auf etwas wartest, das spontan oder instinktiv deine Leidenschaft weckt, werden dir die meisten großen Chancen auf Wachstum und Erfolg entgehen. Du wirst unzählige Gelegenheiten verpassen, mehr zu werden, als du derzeit bist. Du wirst nicht erkennen, dass du deine Persönlichkeit genau wie die Leidenschaft selbst erschaffst, und zwar durch das, was du ins Leben investierst.

Wer auf eine leidenschaftliche Gelegenheit wartet, die sich mit der angeborenen Persönlichkeit deckt, sagt im Prinzip: »Die Welt bietet Millionen von Gelegenheiten zum Wachstum, aber ich warte auf die eine einzige, die genau zu meiner aktuellen, eingeschränkten Erfahrung und Perspektive passt.«

Das »Problem der Entdeckung« existiert auch in Beziehungen. Wer von einer festen und angeborenen Persönlichkeit ausgeht, verwendet viel Zeit auf die Suche nach dem »perfekten« Menschen für den Rest des Lebens. Dieser grundlegende Irrglaube hat zur Folge, dass viele nie eine langfristige Beziehung eingehen, sondern meinen, sie müssten nur den »richtigen« Menschen finden, dann werde sich alles fügen.

Das ist schlichtweg dumm. Sich eine erfolgreiche Ehe oder Partnerschaft aufzubauen ist genauso schwierig und genauso erfüllend wie die Elternrolle.

Einen perfekten Seelenverwandten wirst du genauso wenig »finden« wie dich selbst. Die Suche nach dem perfekten Partner ist wie die Suche nach dem perfekten Job egoistisch motiviert. Die eigene Zufriedenheit und das eigene Glück bilden in diesem Fall das eigentliche Ziel und ergeben sich nicht aus etwas viel Größerem. Clayton Christensen, Professor an der Harvard Business School, sagte dazu: »Der Weg zum Glück besteht darin, jemanden zu finden, den man glücklich machen will, jemanden, der es wert ist, dass man sich um sein Glück bemüht.«[49]

Profi-Tipp: *Achte bei der Partnerwahl nicht auf die Persönlichkeit.* Warum? Weil sich die Persönlichkeit im Laufe der Zeit ändert. Natürlich muss man auf einer Wellenlänge sein. Aber die Persönlichkeit, in die du dich verliebt hast, wird es in zwei, fünf, zehn oder zwanzig Jahren nicht mehr geben. Kontext und Komplexität der Beziehung wandeln sich – Beruf, finanzielle Lage, Umzüge, Kinder, Reisen, Altern, Schicksalsschläge, Erfolge, neue Informationen, neue Erfahrungen, kulturelle Veränderungen, Verschiebung der Identität –, und damit ändert sich die Persönlichkeit beider Parteien.

Außerdem verliert selbst die faszinierendste oder attraktivste Persönlichkeit mit der Zeit den Reiz des Neuen. Statt einen Menschen zu heiraten, weil er so ist, wie er gerade ist, wäre es viel klüger und vernünftiger, darauf zu achten, wie er werden könnte – auf das zukünftige Ich – und wie dieser Mensch dir dabei helfen kann, dein angestrebtes künftiges Ich zu erreichen. Wird dir die Ehe mit dieser Person die Möglichkeit geben, das zu tun und zu sein, was du wirklich willst? Und wirst du dem anderen Menschen dazu verhelfen, das zu sein, was er wirklich will? Wer und was könntet ihr beide in der Partnerschaft werden?

Bei der Partnerwahl sollte das angestrebte Ziel im Vordergrund stehen, nicht die Persönlichkeit, denn das Ziel wird euch beide mit der Zeit verändern.

Eine starke Beziehung entsteht nicht, indem man etwas »findet«, sondern indem man durch die Beziehung *gemeinsam* zu neuen Menschen *wird.* Beide Parteien müssen sich anpassen und verändern und sich zu einem größeren Ganzen entwickeln, das mehr ist als die Summe seiner Teile. Wenn sich keine der beiden Parteien – oder nur eine – für und durch die Beziehung verändert, ist diese einseitig und wird wahrscheinlich scheitern. Gute Beziehungen sind wandelbar und kein Tauschgeschäft. Oft stellt sich der Wandel unverhofft und unerwartet ein, denn Zusammenarbeit bedeutet kreatives Schaffen.

Welches Ziel setzt du dir also?

Was würde passieren, wenn du die Suche nach deinem Ich aufgibst und kreativer und kooperativer wirst?

Wie würde sich deine Persönlichkeit entwickeln und verändern, wenn du daran arbeiten und sie nach deinen Wünschen prägen und gestalten würdest?

Wer wärst du, wenn du dich selbst kreativ gestalten könntest? *(Wichtiger Tipp: Das kannst du tatsächlich.)*

Mythos Nr. 5: Die Persönlichkeit ist dein wahres und »echtes« Ich

Der letzte Mythos lautet, dass deine Persönlichkeit dein »echtes« Ich ist, dem du »treu« sein solltest. Dieser Mythos hat eine unglaublich unflexible und engstirnige Sicht auf sich selbst zur Folge.

So ist zum Beispiel festzustellen, dass viele amerikanische Teenager immer unflexibler werden. Schülerinnen und Schüler im ganzen Land fordern, keine mündlichen Vorträge mehr vor der Klasse halten zu müssen, da sie angeblich unter Angstzuständen leiden und sich deshalb »unwohl« fühlen, wenn sie vor anderen sprechen sollen. Ihrer Ansicht nach darf man ihnen nichts abverlangen, das ihnen unnatürlich erscheint.

Der Artikel »Teens Are Protesting In-Class Presentations« *(Teenager protestierten gegen Präsentationen im Unterricht)* aus der Zeitschrift *Atlantic*[50] zitiert die Twitter-Nachricht einer Fünfzehnjährigen, die über 130.000 Retweets und fast eine halbe Million Likes zur Folge hatte: »Zwingt uns nicht zu Vorträgen vor der ganzen Klasse, sondern lasst uns frei entscheiden, ob wir das möchten.« Ein anderer Teenager tweetete: »Lehrer, bitte gebt nicht nur denen gute Noten, die Referate halten und sich häufig melden. Unsere Ängste sind echt.« Die vierzehnjährige Ula, Schülerin einer achten Klasse, äußerte: »Schülerinnen und Schüler sollten nicht zu etwas gezwungen werden, das ihnen unangenehm ist. Angeblich stärken Vorträge das Selbstvertrauen und gehören zum Schulalltag, aber wer darunter leidet und davor Angst hat, sollte damit nicht belastet werden. Niemand sollte sich vor der Schule fürchten.«

Interessanterweise teilen viele Lehrkräfte diese Auffassung und bemühen sich, alternative, behaglichere Lernerfahrungen zu bieten, die ein geringeres emotionales und soziales Risiko bedeuten. Statt den jungen Menschen dabei zu helfen, an Reife und Selbstbewusstsein zu gewinnen, gehen sie auf deren Forderungen ein und bestätigen damit im Grunde die festgefahrene Denkweise der Jugendlichen und ihren Mangel an psychischer Flexibilität.

Die herkömmliche Vorstellung von einer starren, angeborenen Persönlichkeit birgt das grundlegende Problem, dass sie den Eindruck vermittelt, man könnte nur das von uns verlangen, was uns natürlich oder einfach erscheint. Bei allem, das mühsam, schwierig oder unangenehm ist, heißt es dann: »Das kann man mir nicht zumuten.«

Dass die moderne Gesellschaft so hohen Wert auf »Authentizität« legt, lässt tief blicken. Man geht davon aus, jeder Mensch habe ein »authentisches« oder »wahres« Ich, dem er treu sein sollte. Dieses Ich gilt als angeboren, als »echtes« Ich. Und diese Sichtweise führt zu dem Schluss: »Ich muss mir selbst treu sein. Ich sollte nicht verleugnen müssen, wie ich mich fühle. Ich sollte mich nicht belügen müssen. Ich sollte tun dürfen, was sich für mich richtig anfühlt.«

Auch wenn es gut gemeint ist, zeugt dieses Denken von einer unflexiblen Geisteshaltung und ist oft die Reaktion auf ein traumatisches Erlebnis oder eine fehlende gesunde Verbindung zu den Eltern. Oft entwickeln Kinder aus extremen Elternhäusern – sowohl äußerst strengen als auch jenen, die so gut wie keine Grenzen setzen – diesen Wunsch nach gefühlsbasierter Selbststeuerung.

Ich kenne viele Menschen, die sich selbst im reifen Erwachsenenalter freiwillig auf ein Leben beschränken, das sie für »authentisch« und »echt« halten. Die Populärkultur hat uns dazu gebracht, »Authentizität« mit der aktuellen Gefühlslage gleichzusetzen, wie die oben erwähnte Achtklässlerin. Wenn ich dann genauer nachhake, stellt sich oft heraus, dass diese Menschen sich unzulänglich fühlen und befürchten, den Ansprüchen ihrer Eltern nicht gerecht zu werden.

Der Wunsch nach »Authentizität« hält sie in ungesunden Verhaltensmustern und der eigenen Unsicherheit gefangen. Ganz anders als die protestierenden Schülerinnen äußert sich Adam Grant, Professor für Wirtschaft an der Wharton School und Bestsellerautor, der erklärte, wie es ihm gelang, seine Angst vor öffentlichen Auftritten zu überwinden. Um der zu werden, der er sein wollte, musste er seine Vorstellung von seinem »authentischen« Ich aufgeben. In einer Eröffnungsrede an der Utah State University berichtete Grant:

> Wenn Authentizität für Sie der wichtigste Wert im Leben ist, besteht die Gefahr, dass Sie Ihre eigene Entwicklung hemmen. Während meines Promotionsstudiums bat mich eine Freundin, in ihrem Kurs einen Gastvortrag zu halten. Öffentliches Reden war mir ein Gräuel, aber ich wollte ihr helfen und sagte deshalb zu. Weil ich aus der Erfahrung lernen wollte, verteilte ich nach dem Vortrag Feedback-Bögen, in denen ich fragte, wie ich mich verbessern könnte. Die Antworten waren brutal. Ein Student schrieb, ich sei so nervös gewesen, dass der ganze Kurs mitgezittert hätte. Mein wahres Ich sträubte sich gegen öffentliche Reden. Trotzdem meldete ich mich immer häufiger

> zu Gastvorträgen, weil mir klar war, dass ich mich nur so verbessern konnte. Ich war nicht mir selbst treu, sondern dem Ich, das ich werden wollte.[51]

Wenn heutzutage von »Authentizität« die Rede ist, bedeutet das meist: »Ich habe eine starre Sichtweise. Ich habe ein bestimmtes Wesen, und man sollte mir nichts abverlangen, das mir nicht auf Anhieb leicht fällt. Was mir hier und jetzt nicht angenehm ist, sollte ich nicht tun müssen.«

Dein authentisches Ich ist nicht der Mensch, der du gerade bist, und ganz sicher nicht der, der du früher einmal warst. Dein authentisches Ich ist der Mensch, an den du glaubst und der du sein willst. Außerdem wird sich dein authentisches Ich wandeln. Authentisch ist man, wenn man ehrlich ist, und um ehrlich zu sein, muss man sich der Wahrheit stellen, statt seine Grenzen zu rechtfertigen, weil man sich nicht unbehaglich fühlen will.

Wer willst du wirklich werden?

Was würde passieren, wenn du dich nicht mehr um »Authentizität« bemühst, sondern dir eingestehst, warum du dich einschränkst?

Was würde passieren, wenn du schwierige Gespräche mit deinen Liebsten führen würdest?

Was würde passieren, wenn du deinem künftigen Ich »treu« wärst und nicht deinen aktuellen Ängsten?

Fazit

Deine Persönlichkeit lässt sich nicht durch einen Persönlichkeitstest erfassen. Sie ist weder angeboren noch unveränderlich. Die Persönlichkeit ist nicht die Vergangenheit und ganz sicher nicht dein »echtes« und »authentisches« Ich. Du musst deine Persönlichkeit nicht entdecken, um endlich dein Leben zu leben.

Diese Sichtweisen sind weit verbreitet, doch es handelt sich dabei um schädliche Mythen, die dein Potenzial und deine Freiheit als Mensch einschränken. Wenn auch du kulturellen Mythen auf den Leim gegangen bist, möchte ich dich auffordern, dich davon zu lösen oder zumindest zu hinterfragen, wie wahr sie sind und wie sie dein Leben und deine Zukunft beeinflussen.

Wenn du dich selbst oder einen anderen Menschen betrachtest, siehst du keinen unveränderten »Typ«, sondern vielmehr eine Identität, eine Geschichte, eine Fülle an Vergangenheit, Erwartungen, Kultur und vieles mehr. Menschen sind dynamisch. Wir sollten sie nicht wertend und oberflächlich beurteilen, sondern einfühlsamer und verständnisvoller sein.

Du wirst bald feststellen, dass du deine Persönlichkeit für dich selbst entscheiden und gestalten kannst. Die Persönlichkeit ist dynamisch und formbar. Wenn du verstehst, wie sie funktioniert und die entsprechenden Stellschrauben justierst, nimmst du das Ruder selbst in die Hand. Du kannst dein Leben und deinen Erfolg radikal weiterentwickeln. Du kannst dafür sorgen, dass du besser lernst und flexibler und anpassungsfähiger wirst. Deine Vergangenheit und deine Zukunft werden dann zu einer Geschichte, die du selbst gestaltest und definierst.

In den folgenden Kapiteln zeige ich dir, wie das gelingt.

KAPITEL 2

Die Wahrheit über die Persönlichkeit

> Deine Vision davon, wo oder wer du sein willst, ist dein größtes Kapital. Ohne Ziel lässt sich kein Treffer landen.[52]
>
> – *Paul Arden*

Nach vierzehn Jahren im Gefängnis ging Andre Norman nach Harvard und widmete sein Leben fortan der Hilfe für andere Menschen. So erstaunlich und unerwartet sein Wandel auch sein mag, noch erstaunlicher ist vielleicht, warum er überhaupt im Gefängnis war.

Andre landete im Gefängnis, weil er mit vierzehn Jahren aufhörte, Trompete zu spielen.

Tatsächlich fiel Andre rückblickend auf, dass es mit seinem Leben bergab gegangen war, nachdem er mit der Trompete aufgehört hatte. Nach diesem Wendepunkt verlor er auch alles andere, das ihm wichtig war, letztendlich sogar sich selbst.

»Schlechte Menschen landen nicht im Gefängnis«, sagte Andre in unserem Wohnzimmer zu meinen Kindern. »Sondern nur die, die aufgeben.«

Andre wuchs in einem Ghetto in Boston auf. Die Kinder, mit denen er seine Zeit verbrachte, lebten ebenfalls in schwierigen

Verhältnissen, in einem zerstörerischen Umfeld, aus dem es so gut wie nie jemand herausschaffte. Doch in der sechsten Klasse wurde Andre von einer Lehrerin, Mrs Ellis, unterrichtet, die in ihm Potenzial sah. Sie leitete das Schulorchester und half ihm, Trompete zu lernen. Dabei zeigte sie Andre Zuneigung und echtes Interesse, wie er es nie zuvor erlebt hatte. Das hatte zur Folge, dass Andre seine Lehrerin nicht enttäuschen wollte. In den anderen Fächern gab er sich keine große Mühe, doch bei Mrs Ellis fehlte er nie. Sie war ihm wichtig. In den wenigen Jahren mit Mrs Ellis an seiner Seite entwickelte sich Andre allmählich zu einem begabten Trompetespieler.

Die Trompete war das einzige gesunde und kreative Ventil in seinem Leben. Sie war für ihn ein Grund, zur Schule zu gehen, und eine Zeitlang ein prägendes Merkmal seiner Identität. Auf die Trompete gründete sich seine Hoffnung für die Zukunft, sie gab ihm ein Gefühl der Identität und der Bestimmung.

Als der Wechsel auf eine weiterführende Schule bevorstand, war Mrs Ellis der Ansicht, Andre solle nicht zur örtlichen Highschool gehen wie die meisten seiner Klassenkameraden, sondern meldete ihn aus eigenem Antrieb an einer Magnetschule an. An dieser Magnetschule gab es ein großartiges Orchesterangebot, das von ihrem Mann, Mr Ellis, geleitet wurde. Die Lehrerin meinte, ihr Mann könne Andre unterstützen und sah das Orchester als eine Chance für ihn, sich an der Highschool zu bewähren und die zahllosen Fallstricke zu umgehen, die auf ihn lauerten.

Andre war mit dieser Entscheidung nicht einverstanden, aber letztendlich setzte Mrs Ellis sich durch. Andre respektierte sie, weil sie für ihn eintrat, auch gegenüber den anderen Lehrkräften, die ihm nichts zutrauten.

In der neunten Klasse wechselte Andre auf die Magnetschule, wurde den Wünschen und Erwartungen von Mrs Ellis jedoch nicht gerecht. Im Gespräch mit mir erklärte er, er habe damals zwei Persönlichkeiten gehabt. Einerseits liebte er die Musik, andererseits wollte er kein Streber, sondern cool sein.

Die anderen in der Orchesterklasse waren in seinen Augen Streber. Er wollte nichts mit ihnen zu tun haben, obwohl er das Orchester liebte. Er konnte und wollte sich nicht mit ihnen identifizieren. Stattdessen war er lieber mit Jugendlichen zusammen, die er für »cool« hielt, obwohl sie ständig Ärger hatten.

Nach ein paar Monaten hatten Andres »coole« Freunde genug von seiner Trompete. »Wer mit Basketballspielern abhängt, sollte keinen Baseball dabeihaben«, erklärte mir Andre. »Dafür haben sie kein Verständnis.«

»Wirf das blöde Ding weg oder lass dich nicht mehr bei uns blicken«, hieß es.

Die Entscheidung fiel Andre furchtbar schwer, aber er beugte sich dem Gruppenzwang. Die Trompete landete im Müllcontainer, und mit ihr auch die Seite seiner Persönlichkeit, die Musik liebte. Ohne seine Trompete blieb Andre nur noch eine Sicht auf sich selbst: Er sah sich als cool. Damals bedeutete das für ihn, das aufmüpfige und kriminelle Verhalten seiner Freunde zu kopieren. Die Trompete, die früher seinen »Sinn« verkörpert hatte, gab es nicht mehr.

Ohne diesen Sinn und die damit verbundene Identität sah Andre keinen Grund, weiter zur Schule zu gehen. Lernen passte nicht mehr zu seiner Identität und seinen Zielen. Er versuchte nicht mehr, zwei unterschiedliche Welten unter einen Hut zu bringen, sondern ging stattdessen voll und ganz im kriminellen

Verhalten und seiner Rolle in seiner sozialen Gruppe auf. Mit der Zeit sah er sich als Person, die andere verletzen oder töten würde, um zu bekommen, was sie will. Und zu einem solchen Menschen wurde er dann tatsächlich.

Mit achtzehn Jahren saß Andre im Gefängnis, weil er Drogendealer ausgeraubt hatte.

In den ersten sechs Jahren seiner Haftstrafe wurde Andre seinen Mitmenschen gegenüber zunehmend feindselig. Das Gefängnis ist eine gefährliche Umgebung, und Andre verhielt sich entsprechend. Er lernte schnell, dass es in der Welt der Gangs eine Hierarchie gibt. Die Stellung in der Hierarchie richtet sich nach der Anzahl und Art der Gewalttaten, die man begeht.

»Man muss den Mob für sich gewinnen, wie in dem Film *Gladiator*«, berichtete er. »Man muss die Masse auf seiner Seite haben. Es kommt darauf an, wie man sich präsentiert und welche Persönlichkeit man zeigt. Man ist nur so gut wie sein letzter Kampf.«

Andre stieg innerhalb der Gefängnisgangs auf und wurde in diesen Kreisen berüchtigt. Eines Tages nahm er Messer mit in den Fitnessraum der Haftanstalt, um gezielt acht Leute und jeden, der ihm in die Quere kam, zu töten. Er wusste, dass ihm achtmal lebenslänglich drohte, und kam zu dem Schluss: »Dann kommt es auf weitere Strafen auch nicht mehr an.« Sein Ziel war es, in der Hierarchie aufzusteigen.

Im Fitnessraum stach Andre auf mehrere Menschen ein.

»Es gab keine Toten, nur mehrere Verletzte«, erzählte er mit einer gewissen Erleichterung.

Für die versuchten Morde wurden ihm zweieinhalb Jahre Einzelhaft auferlegt, und seine Freiheitsstrafe verlängerte sich um zehn Jahre. Allerdings sicherte er sich auch den dritten Platz in der Hierarchie. Genau das war sein Ziel und Fokus gewesen, deshalb waren die weiteren Haftjahre und die Einzelhaft eine Auszeichnung, Symbole für seinen gestiegenen Status und Ruhm. Sie festigten die Identität, die er sich geschaffen hatte.

Andres Ziel prägte seine Identität, seine Identität prägte seine Handlungen, und seine Handlungen prägten das, was er war und wurde. So entwickelt sich die Persönlichkeit.

Gegen Ende seiner Einzelhaft erfuhr Andre auf dem Sportplatz im Außenbereich, wo er sich täglich eine Stunde lang betätigen durfte, von einem Freund, dass es in der Nacht zuvor in einem anderen Gefängnis Ausschreitungen gegeben hatte, bei denen einige Mitglieder seiner Gang erstochen worden waren.

Andre wurde furchtbar wütend und nahm sich auf der Stelle vor, diejenigen in seinem Gefängnistrakt zu töten, die er mit den Ausschreitungen in Verbindung brachte. »Weiße haben meine Freunde abgestochen«, dachte er sich, »also bringe ich alle Weißen in meinem Trakt um.«

Für Andre gab es nur Schwarz und Weiß, sowohl buchstäblich als auch im übertragenen Sinne. Weil Weiße seine Freunde erstochen hatten, hielt er die »Weißen« für schuldig und wollte sie bestrafen. »Wenn meine Freunde von Mexikanern ermordet worden wären, hätte ich versucht, alle Mexikaner umzubringen«, berichtete er. Sein Schwarz-Weiß-Denken entspricht der herkömmlichen, weit verbreiteten Sicht auf die Persönlichkeit. Wir sehen Menschen als Typen. Wir denken in Kategorien. Wir lassen Abstufungen und Kontext außer Acht. Wir bestätigen unsere Vorurteile. Über das, was wir nicht wahrhaben wollen, sehen wir sowohl gezielt als auch unbewusst hinweg.

Im Trakt der Einzelhäftlinge gab es sieben Weiße. Alle sieben waren »ranghohe« Gangmitglieder. Wenn er sie tötete, würde Andre zweifelsfrei zur Nummer eins aufsteigen. Das war seine Chance. Seine Ziele und Visionen waren endlich zum Greifen nah.

»Sobald er fertig erzählt hat, bringe ich die Kerle um. Dann bin ich der Boss«, dachte Andre im Stillen, während sein Freund von dem Aufstand berichtete. Doch während der andere noch sprach, geschah etwas Unerwartetes mit Andre. Auf einer spirituellen Ebene wurde ihm klar, wohin ihn seine Handlungen und Ziele letztendlich führen würden. Die Erfahrung war so eindringlich, dass er sie sich nur als göttliche Eingebung erklären kann.

> Gott verschaffte mir an diesem Tag ein »Zauberer-von-Oz«-Erlebnis. Am Ende von *Der Zauberer von Oz* erkennt Dorothy, dass es gar keinen Zauberer gibt. Alles ist nur Schall und Rauch. Ein großer Schwindel. Bis zu diesem Augenblick hatte ich geglaubt, ich würde der König der Welt werden. Dann jedoch wurde mir klar, dass ich der König von Nirgendwo werden würde. Dass das nichts wert ist.

Andres Freund fiel auf, wie abwesend er wirkte. »Hey, was ist denn los, Mann? Hörst du mir überhaupt zu?«

Andre war ganz in sich versunken. Auf einmal ging ihm auf, dass sein Bemühen, die Nummer eins in der Gefängnisgang zu werden, so sinnlos war wie Dorothys Suche nach dem Zauberer von Oz. Seit sechs Jahren war er auf dem gelben Steinweg unterwegs, doch wenn er das Ende erreichte, würde er dort nichts finden. Alles war ein Schwindel. Vergebliches Bemühen.

Vor seinem inneren Auge zog vieles aus seinem Leben und seiner Identität vorbei. Endlich hinterfragte er auf emotionaler und spiritueller Ebene, ob seine aktuellen Ziele valide waren. Er überlegte, was er letztendlich erreichen würde und ob es sich lohnte, dieses Ergebnis – sein künftiges Ich und alles, was damit zusammenhing – anzustreben und sich dafür zu engagieren.

Dieser Moment, in dem Andre sich selbst und seine Ziele richtig hinterfragte, war für die Entwicklung seines Bewusstseins von entscheidender Bedeutung. Auch du brauchst diese Erfahrung. Nimm dir einen Augenblick Zeit, um deine eigenen Ziele und Ambitionen zu überdenken.

Was versuchst du wirklich, im Leben zu erreichen?
Welches ultimative Ziel verfolgst du?
Warum hast du dich *dafür* entschieden?
Lohnt es sich?
Bist du auf einem gelben Steinweg nach nirgendwo?
Und selbst wenn du »irgendwo« ankommst, sind deine Ziele vielleicht zu niedrig gesteckt?

Dr. Stephen Covey sagte einmal: »Wenn die Leiter nicht an der richtigen Wand lehnt, bringt uns jede Sprosse nur dem falschen Ziel näher.« Wenn du das falsche Ziel verfolgst, gelingt es dir nicht, das Selbstvertrauen oder die Kraft zu entfalten, die in dir schlummern.

> Was wartet am Ende des gelben Steinwegs auf dich?
>
> Wohin führt dich das Leben gerade?
>
> An welcher Wand steht deine Leiter, und wo wirst du landen, wenn du »oben« ankommst?

Andre hat an diesem Tag niemanden erstochen. Stattdessen ging er zurück in seine Gefängniszelle, setzte sich aufs Bett und dachte: »Wenn ich nicht der König von Nirgendwo werde, was soll dann aus mir werden?«

Er musste sein ganzes Leben neu überdenken. Jahrelang hatte er den Plan verfolgt, König zu werden. Jetzt bedeutete ihm das »Königsein« nichts mehr. Er brauchte ein neues Ziel.

Spontan beschloss er, dass er nicht länger im Gefängnis sein wollte. Dann jedoch wurde ihm klar, dass es mit dem »Rauskommen« allein nicht getan wäre. Drei Viertel der Menschen, die aus dem Gefängnis entlassen werden, sitzen bald schon wieder ein. Sie wiederholen ihr Verhalten, bis sie daraus gelernt haben. Deshalb lautete Andres Ziel nicht »frei werden«, sondern »erfolgreich werden«.

»Woher kommen erfolgreiche Menschen?«, überlegte er. »Sie kommen vom College. Wenn ich auch aufs College gehe, werde ich erfolgreich.«

Da er in Boston aufgewachsen war, kannte er nur eine Hochschule: Harvard. Als er nach seinem Offenbarungserlebnis in seiner Zelle saß und über sein Leben und seine Zukunft nachdachte, fasste er deshalb den Entschluss, in Harvard zu studieren.

Harvard wurde Andres neue Trompete.

Das war ein Ziel und ein Zweck, nach dem es sich zu streben lohnte. Harvard konnte der Mittelpunkt seiner neuen Identität werden, genau wie einst die Trompete – einer Identität, die sein Verhalten, seine Freunde und seine Entscheidungen lenken würde. Dieses Ziel wurde sein Fixpunkt, sein Lebensinhalt. Nun hatte er etwas Nützliches und Konstruktives, über das er nachdenken, an dem er arbeiten und auf das er ein neues Leben gründen konnte.

Dieses eine Ziel, seine neue Bestimmung, war für Andre der Weg, aus dem Gefängnis zu kommen und eine neue Version seiner selbst zu werden. Letztendlich formte es in ihm eine neue Persönlichkeit.

Erst nach acht weiteren Jahren wurde Andre aus dem Gefängnis entlassen. Während dieser acht Jahre war er außerordentlich fleißig. Alles, was er tat, wurde durch sein neues Ziel gefiltert und befeuert. Wenn das *Warum* stark genug ist, gibt man nicht auf und findet ein *Wie.* Andre brachte sich selbst das Lesen und Schreiben bei, studierte eigenständig Rechtswissenschaften und lernte, seine Wut in den Griff zu bekommen. Ein orthodoxer Rabbiner wurde sein Mentor und half ihm, sein Leben und dessen Verlauf zu verstehen. Ihm wurde klar, was Vergebung, Verantwortung, Rechenschaft sowie Pflicht und Dienst an anderen bedeuten.

»Der Rabbi hat mir beigebracht, ein Mensch zu sein«, sagt Andre heute.

Andres neues Ziel schuf eine neue Perspektive, die ihm einen anderen Blick auf sich selbst und seine Umgebung ermöglichte. Er achtete nicht mehr auf die vielen negativen Kräfte um ihn herum, sondern konzentrierte sich auf die Möglichkeiten, die ihn seinem Ziel näherbrachten.

Nach seiner Entlassung wurde Andre zum Paradebeispiel dafür, wie ein Mensch im Gefängnis sein Leben ändern kann. Er wurde berühmt und hielt auf der ganzen Welt Vorträge, sogar an renommierten Hochschulen wie dem MIT und Harvard.

2015, 16 Jahre nach seiner Entlassung aus dem Gefängnis, wurde er Fellow in Harvard. Mittlerweile hat er ein eigenes Büro an der Universität und verfügt über finanzielle Mittel für seine Projekte zur Bekämpfung von Ausschreitungen und Kriminalität in den Vereinigten Staaten. Heute ist Andre ein international renommierter öffentlicher Redner. Er hat Tausenden von Menschen geholfen, Süchte zu überwinden und ihr Leben zum Besseren zu verändern.

Diese Geschichte zeigt *die Wahrheit über die Persönlichkeit.* Andres Persönlichkeit wurde durch sein Ziel geprägt. Erst war es seine Trompete, dann der Wunsch, König zu sein, und schließlich Harvard. Jedes Ziel formte einen anderen Andre.

Deine Persönlichkeit ist keine Ursache, sondern eine Wirkung. Die primären Ursachen, die deine Persönlichkeit prägen, sind deine Ziele und die Identität und das Verhalten, die sich aus diesen Zielen ergeben. Bei den meisten Menschen ist die Persönlichkeit eine Reaktion auf Lebensereignisse, Umstände und gesellschaftliche Einflüsse. Sie wird nicht absichtlich gestaltet, nicht in Frage gestellt und nicht selbst gewählt.

Wenn du bewusst auf ein Ziel zusteuerst, kannst du werden, wer du sein willst. Du kannst den gelben Steinweg verlassen. Du kannst loslassen, wer du gewesen bist. Deine Vergangenheit ist nicht zwangsläufig der ultimative Prädiktor für das, was du bist.

Dein Verhalten muss nicht mit dem übereinstimmen, was du gewesen bist. Du kannst dich ändern. Und zwar radikal.

Das wollen wir nun noch ein wenig weiter aufschlüsseln.

Deine Ziele formen deine Identität

Ob du dir dessen bewusst bist oder nicht: Alles, was du tust, hat einen Zweck oder ein Ziel, und diese Ziele formen deine Identität. Als Andre seine Trompete wegwarf, hatte er nicht mehr das Ziel, weiter im Orchester zu spielen und Musiker zu werden. Somit löste er sich von diesem Aspekt seiner Identität. Sein neues Ziel bestand darin, zu seinen Freunden zu passen, und das prägte seine Identität, seine Handlungen und seine Lebensumstände. Diese wiederum formten mit der Zeit seine Persönlichkeit und seine Zukunft.

Deine Identität wird durch deine Ziele geprägt, nicht durch eine Reihe vorbestimmter, unveränderlicher Eigenschaften. Wenn sich ein Verhalten wieder und wieder wiederholt, wird deine Identität allmählich zu deiner Persönlichkeit.

Eine alte philosophische Lehre, die *Teleologie* (vom altgriechischen *telos* für »Ziel«), kann uns deutlich machen, wie dies funktioniert. Jedes menschliche Verhalten *wird grundsätzlich von einem Ziel angetrieben.* Allerdings kann es sein, dass dieses Ziel nicht eindeutig definiert ist. Wenn du YouTube anklickst, um dich ein paar Minuten lang abzulenken, hat das einen Zweck, selbst wenn dieser nur darin besteht, sich Ablenkung zu verschaffen. Gleiches gilt, wenn du Rechnungen bezahlst. Dich mit Freunden triffst. Hobbys und Interessen nachgehst.

Selbst das harmloseste, unproduktivste Verhalten ist zielgerichtet. Zeit vertrödeln und sich ablenken hat ein Ziel, auch wenn dieses Ziel darin besteht, eine Weile an gar nichts zu denken.

Jedes Verhalten hat einen Grund. Um ein bewusstes Leben führen zu können, musst du unbedingt erkennen, warum du ein bestimmtes Verhalten zeigst. Jede deiner Handlungen als zielgerichtet zu betrachten erlaubt dir, die Qualität deiner Entscheidungen richtig einzuschätzen.

> Warum zeigst du dieses Verhalten?
>
> Was ist der Zweck, der Grund oder die Absicht?
>
> Was ist das Ziel?
>
> Wie passt dieses »Ziel« zu dem, was du letztendlich erreichen willst?

Letztendlich wird jedes Verhalten von einem Ergebnis angetrieben, sei es spirituell, wirtschaftlich, gesellschaftlich oder emotional.

Hätte man Andre gefragt, warum er gerne Trompete spielte, hätte er vielleicht gesagt, dass es ihm Spaß machte oder dass er seine Lehrerin Mrs Ellis mochte. Auf die Frage, warum er zu den coolen Kids gehören wollte, hätte er keine weitere Erklärung gehabt, als dass er sie für »cool« hielt und so sein wollte wie sie.

Andre hat seine Ziele und wie sie sich auf sein Verhalten auswirken würden nicht richtig hinterfragt. Er war sich nicht ausreichend bewusst, wohin seine Wünsche oder Interessen ihn führen würden.

Sokrates sagte dazu: »Das ungeprüfte Leben ist nicht lebenswert.«[53]

Wir werden uns jetzt einen Moment Zeit nehmen, um dein Leben zu überprüfen. Zunächst untersuchen wir, was du in den letzten 24 Stunden getan hast, damit du erkennst, dass *alles*, was du tust, einem Ziel dient. Danach werden wir auf die drei grundlegenden Quellen unserer Ziele eingehen.

Nimm dir nun ein Blatt Papier und zieh in der Mitte einen senkrechten Strich. Oben auf die linke Seite schreibst du »Aktivität«, oben auf die rechte Seite »Grund«.

Dann führst du sämtliche Aktivitäten der letzten 24 Stunden auf, an die du dich erinnern kannst. Mindestens so viele, wie auf diese Seite passen. Im Folgenden siehst du ein Beispiel für einige Dinge, die ich in den letzten 24 Stunden getan habe, mit den dazugehörigen Gründen oder Zielen.

AKTIVITÄT	GRUND
Um 5.00 Uhr morgens aufgestanden, um zu schreiben	Abgabetermin für das Buch
Audiobuch gehört	Um eine Pause zu machen, in die Gänge zu kommen und mich inspirieren zu lassen
Zu Mittag gegessen	Um den Hunger zu stillen und mich etwas von der Arbeit abzulenken
YouTube-Videos angeschaut	Um mich abzulenken, aber auch, um zu erfahren, ob LeBron James gewonnen hat
Trainiert	Um den Kreislauf in Schwung zu bringen
Im Supermarkt eingekauft	Um Saft zu kaufen, der mir nach dem Training Energie gibt
Mit Draye gesprochen	Um ein gemeinsames Projekt zu planen
Eine Stunde lang Sprachnachrichten aufgezeichnet	Um die Projektplanung zu verbessern
Noch ein paar Stunden geschrieben	Der Abgabetermin rückt näher
Logan und Jordan von der Schule abgeholt	Um die Familie zu unterstützen und gemeinsam Zeit zu verbringen
Zu Kalebs Baseball-Spiel gegangen	Um ihn anzufeuern

Für jeden dieser »Gründe« gibt es meist tiefere Gründe. Ein Beispiel: Oberflächlich betrachtet bin ich gestern ins Fitnessstudio gegangen, weil ich meinen Kreislauf in Schwung bringen wollte, aber wenn du mich fragen würdest: »Warum wolltest du denn deinen Kreislauf in Schwung bringen?«, würde ich antworten: »Um gesund und konzentriert zu sein.« Wenn du dann nachhaktest: »Und warum willst du gesund und konzentriert sein?«, würde ich einen weiteren Grund nennen.

Entscheidend ist hier, dass alles, was du gestern getan hast, einen bestimmten Grund hatte. Die Ergebnisse haben dein Verhalten bestimmt – Ergebnisse, die dir vielleicht gar nichts bedeuten. Dabei ist es wichtig, wie du deine Zeit verbringst, denn darin spiegeln sich deine Ziele und die Ergebnisse, die du für dich selbst anstrebst. Wenn du dir vor Augen führst, was du in den letzten 24 Stunden getan hast, und dann den Grund für dein Verhalten überprüfst, kannst du deine Ziele erkennen.

Warum hast du dich gestern so verhalten?

Welche Ergebnisse wolltest du erreichen?

Sind das die Ergebnisse, die du wirklich willst? Oder zeigen sich in deinem täglichen Verhalten Ziele, die dir aufgezwungen wurden, sei es durch die Gesellschaft, die Verhältnisse, ein traumatisches Erlebnis oder etwas anderes?

Du kannst deine Zeit und dich selbst nur kontrollieren, wenn du wirklich ermittelst, was du für dich selbst willst. Deine Ziele müssen bewusst gewählt und dann mit ganzer Kraft verfolgt werden. Ohne Reue lebst du nur dann, wenn du deine Zeit Aktivitäten widmest, die dich zu etwas unglaublich Wichtigem führen, etwas, das dir wirklich am Herzen liegt.

> Sieh dir noch einmal die Liste deiner Aktivitäten in den letzten 24 Stunden an: Welche davon passen zu deinem zukünftigen Ich?
>
> Welche dieser Verhaltensweisen wird dein zukünftiges Ich nicht an den Tag legen?
>
> Welche musst du abstellen, um mehr Raum und Energie für das zu gewinnen, was du letztendlich erreichen willst?

Die drei Quellen sämtlicher Ziele

> Persönliches Selbstvertrauen entsteht, wenn man sich Zielen nähert, die die aktuellen eigenen Fähigkeiten weit übersteigen.
>
> *– Dan Sullivan*

Verhalten ist immer zielgerichtet. Aber woher kommen diese »Ziele«? Grundsätzlich lassen sich drei Quellen unterscheiden:

1. Kontakt
2. Verlangen
3. Selbstvertrauen

1. Kontakt. Der Koch Charlie Trotter hatte maßgeblichen Einfluss auf die moderne gehobene Küche in den USA. Sein Restaurant in Chicago galt jahrelang als das beste und vornehmste in ganz Amerika und servierte in stilvollem, elegantem Rahmen Speisen, die mehrere Hundert Dollar kosteten. Und Trotter lud regelmäßig Kinder aus ärmlichen Verhältnissen zu einem kostenlosen Essen in sein Restaurant ein.

Das tat er in der Hoffnung, den Kindern zu mehr Ehrgeiz und höheren Zielen zu verhelfen. Um sie mit einer Welt in Kontakt zu bringen, die ganz anders war als ihre gewohnte Umgebung.

Er öffnete ihnen die Augen.

Trotter erntete heftige Kritik dafür, dass er unterprivilegierten Kindern diese seltene und einzigartige Erfahrung ermöglichte. »Das macht sie nur unzufrieden und unglücklich« oder »So weckt man bei ihnen unrealistische Erwartungen«, lauteten die häufigsten Vorwürfe.

Trotter ließ sich von der Kritik jedoch nicht beirren, denn er bekam regelmäßig Post von den Kindern selbst, die für die Erfahrung und Inspiration grenzenlos dankbar waren. Oft hatten die Kinder den Wunsch, später selbst einmal Karriere als Profikoch zu machen oder ein noch besseres Restaurant zu eröffnen.[54]

Trotter verschaffte diesen Kindern *Erfahrungen, die das Unterbewusstsein förderten.* Er sorgte für Kontakt zu einer anderen Lebenswelt und bot ihnen eine emotionale Erfahrung in einer anregenden Umgebung, die den Kindern bislang unbekannte Perspektiven aufzeigte.

Man kann sich nicht für etwas entscheiden, von dem man nicht weiß, dass es existiert. Die Fähigkeit, Entscheidungen zu treffen, wird von der individuellen Lebenssituation und Wissen begrenzt. Wenn man diesen Kontext erweitert, erweitert man auch seine Optionen.

Unsere Ziele beruhen auf dem, was wir kennen. An der Hochschule, an der ich meinen Bachelor in Psychologie gemacht habe, lag der Schwerpunkt beispielsweise auf Beratung und Sozialpsychologie. Als ich dann ein weiterführendes Studium anschließen wollte, bewarb ich mich folglich für Studiengänge in der psychologischen Beratung, obwohl ich mir gar nicht sicher war, ob diese optimal zu meinen Zielen passten.

Nachdem ich von allen Hochschulen, an denen ich mich beworben hatte, abgelehnt worden war, machte ich mit Lauren eine dreiwöchige Urlaubsreise nach China. Dort lernte ich jemanden kennen, der bei Apple »Leader« für den gesamten asiatischen Raum war. Er berichtete, er sei dafür zuständig, die Führungskräfte und Teams bei Apple zu schulen, zu motivieren und ihnen zu einer effektiveren Arbeitsweise zu verhelfen.

Als dieser Mann mir seinen Job beschrieb, traf es mich wie ein Donnerschlag. Er schilderte genau das, was ich am liebsten tun wollte.

»Wie sind Sie an diese Stelle gekommen?«, erkundigte ich mich.

»Das war ein seltsamer Zufall«, erwiderte er. »Eigentlich habe ich Jura studiert, aber irgendwie bin ich auf diesen Posten gerutscht. Mein Chef hat allerdings einen Master in Arbeits- und Organisationspsychologie.«

Interessant.

In einer meiner Einführungsvorlesungen war vielleicht fünf Minuten lang von A&O-Psychologie die Rede gewesen, sonst hatte dieser Bereich im gesamten Grundstudium keine Rolle gespielt. Also googelte ich ein bisschen und stellte fest, dass das im Grunde genau das war, was ich lernen und machen wollte.

Bei meiner ersten Bewerbung für ein weiterführendes Studium hatte mich mein aktueller Wissensstand eingeschränkt. Als ich mich zum zweiten Mal bewarb, war ich weitaus besser informiert.

Erfolgreiche Menschen sorgen ständig für Kontakt zu Neuem. Sie reisen, lesen Bücher, lernen neue Leute kennen. Sie legen Wert auf Bildung und Lernen. Sie lassen sich gerne überraschen. Sie sind stets bereit, ihre bisherigen Paradigmen zugunsten neuerer, besserer aufzugeben – denn sie wissen, dass man mit besseren Informationen fundiertere Entscheidungen treffen und bessere Ziele und Ambitionen festlegen kann.

Wissen ist der Schlüssel zu deinen Zielen. Du kannst nichts anstreben, von dem du gar nichts ahnst. Deshalb ist der Kontakt die erste Quelle unserer Ziele. Das, was du gerade erreichen willst, beruht auf deinen Erfahrungen. Um dir bessere Ziele zu setzen – und damit eine bessere Zukunft zu gestalten –, musst du mehr lernen, deine Perspektive ändern und dich für Neues öffnen. General James Mattis, der 26. Verteidigungsminister der Vereinigten Staaten, drückte das so aus: »Wer nicht Hunderte von Büchern gelesen hat, ist funktionaler Analphabet und inkompetent, weil man sich nicht allein auf die eigenen Erfahrungen stützen kann.«[55]

Lies alles, was du in die Finger bekommen kannst. Mit der Zeit gelingt es dir dann, die besten Bücher herauszufiltern. Biografien inspirierender Menschen liefern viele Anregungen für das, was du tun und werden kannst. Informiere dich über das menschliche Wesen, über Geschichte, Philosophie, Psychologie, Wirtschaft und anderes. Dann wirst du dich als Mensch verändern, deine Ansichten, deine Identität und deine Ziele.

Neben dem Lesen musst du Erfahrungen machen, die deinen Horizont erweitern, dir eine andere Zukunft eröffnen und dir ermöglichen, diese Zukunft aktiv anzustreben. Manchmal braucht es schwierige Erfahrungen, um zu erkennen, dass man schwierige Aufgaben bewältigen kann.

Bei mir war es die Tätigkeit in einer Mission sowie die erfolgreiche Promotion und die Tatsache, dass ich innerhalb eines Kalenderjahres Vater von fünf Kindern geworden bin. Zudem habe ich viele Misserfolge einstecken müssen, die mich demütig gemacht haben. Aus all diesen Erfahrungen bin ich als neuer Mensch hervorgegangen. Geh Erfahrungen, die dich prägen und verändern werden, nicht aus dem Weg. Dein zukünftiges Ich muss stärker, weiser und kompetenter sein als dein aktuelles. Das lässt sich nur durch extreme, fordernde und neue Erfahrungen erreichen.

2. Verlangen. Du wirst nur dann ein Ziel verfolgen oder dich auf etwas einlassen, wenn du es willst. Statistiken zeigen, dass die meisten Menschen ihre Arbeit hassen. Trotzdem haben sie ihre Gründe, zur Arbeit zu gehen, ob gesellschaftliche, finanzielle oder andere. Die Arbeit ist für sie ein lästiges Mittel zum Zweck, durch das sie ihre eigentlichen Ziele erreichen.

Wenn du etwas tust, glaubst du, dass dir dieses Tun letztendlich das verschafft, was du willst. Aber was, wenn du das Falsche willst? Oder, anders ausgedrückt, was wäre, wenn du *etwas anderes wolltest*?

Was wäre, wenn du nicht mehr das Ziel hättest, die Miete zu bezahlen? Würdest du den Job, der dir verhasst ist, trotzdem behalten?

Nur weil du etwas willst, heißt das noch lange nicht, dass du es auch wollen *solltest*. Unser Verlangen resultiert nicht aus unserer angeborenen Persönlichkeit, sondern ist antrainiert, normalerweise durch eigene Erfahrungen, durch die Gesellschaft, die Medien und unsere Mitmenschen. Verlangen ist nicht angeboren, es wird anerzogen und angeheizt. Wir klammern uns daran und identifizieren uns damit. Du solltest dein Verlangen nicht für dein »wahres« Ich halten. Vielmehr handelt es sich lediglich um Dinge, denen du eine bestimmte Bedeutung beimisst – du kannst dich jedoch davon lösen oder ihre Bedeutung ändern.

Stellen wir uns beispielsweise vor, du bist schon seit deiner Jugend sportbegeistert. Folglich könntest du denken, die Begeisterung für Sport sei Teil deiner angeborenen Persönlichkeit.

Das ist nicht der Fall.

Ja, Sport ist ein Teil deiner Persönlichkeit und Identität. Du selbst jedoch hältst diesen Aspekt deiner Persönlichkeit aktiv am Leben. Du könntest ihn abstellen, könntest diesen Teil deiner Identität gezielt aufgeben und so bewirken, dass du dich irgendwann überhaupt nicht mehr für Sport interessierst. Das mag nicht dein Ziel oder dein Wunsch sein, aber es ist durchaus möglich. Du bräuchtest einen Grund, um dich nicht mehr über Sport zu identifizieren und diesen Teil deines Selbst aufzugeben.

Nur weil du etwas aktuell willst, heißt das noch lange nicht, dass du es auch in fünf Jahren oder sogar im nächsten Jahr noch willst. Wenn du überlegst, was du vor fünf Jahren wolltest, wirst du mit hoher Wahrscheinlichkeit feststellen, dass dir vieles davon gar nicht mehr wichtig ist. Du hast dich verändert, deine Lebensumstände haben sich verändert, und damit haben sich auch deine Ziele verändert.

Oft steht dein aktuelles Verlangen – Ausschlafen, Netflix schauen oder lange mit Freunden feiern – im Widerspruch zu besseren Ergebnissen. Mit dem Wissen, dass Verlangen antrainiert werden kann und deine aktuellen Wünsche ebenfalls antrainiert sind, kannst du dein aktuelles Verlangen hinterfragen. Außerdem kannst du so proaktiv ein Verlangen auswählen, das sich lohnt, und dieses dann trainieren, damit es echt und tief wird.

Du kannst dir aussuchen, wonach du verlangst. Also kannst du auch gezielt darauf achten, welches Verlangen du dir antrainierst.[56]

Wenn dein zukünftiges Ich eine höher entwickelte Version deines Selbst ist, dann hat dein zukünftiges Ich mehr Selbstvertrauen, Fähigkeiten und Freiheiten als dein aktuelles. Du hast dann andere Ziele, Sorgen und Wünsche als im Moment.

Das, was dein zukünftiges Ich will, willst du im Augenblick eigentlich nicht.

Dein zukünftiges Ich ist eine Frage der *Gewöhnung.*

Du musst *lernen*, etwas zu wollen und zu schätzen, was du derzeit nicht willst. Wenn dein zukünftiges Ich erfolgreich ist, musst du lernen, das zu wollen, was nötig ist, um erfolgreich zu werden. Wenn dein zukünftiges Ich gesünder ist, musst du lernen, gesünder sein zu wollen. Indem du dir Verlangen antrainierst, wird es dir gelingen, lohnende Ziele auszuwählen.

Das, was du im Moment willst, ist unter Umständen deine Zeit nicht wert. Das weiß ich aus eigener Erfahrung: Es kann gut sein, dass meine aktuellen Wünsche und Bestreben nicht lohnenswert sind. Ich muss mir Zeit nehmen, um zu hinterfragen, was ich eigentlich will. Ich weiß, dass mein zukünftiges

Ich – der Mensch, der ich sein möchte – Wissen, Fähigkeiten, Eigenschaften, Beziehungen und anderes hat, die mir derzeit fehlen.

Bei der Persönlichkeit geht es um Vorlieben und Interessen. »Introvertierte« sitzen *am liebsten* still in der Ecke. Dennoch kann sich ein introvertierter Mensch antrainieren, lieber in einer Gruppe zu sein. Allerdings müsste dafür das »in der Gruppe sein« wesentlich für das Erreichen ihres großen Ziels sein. Einem »Extrovertierten« mag es schwerfallen, allein in einem Raum zu sitzen. Wenn es seinem Ziel dient, kann er jedoch lernen, allein zu bleiben und Ruhe zu ertragen.

Wenn du dich als Mensch weiterentwickelst, entsteht ein Zielbewusstsein, das über deine persönlichen Vorlieben und Interessen hinausgeht. Das höhere Ziel bewirkt, dass du dich über deine Vorlieben hinwegsetzt, und verändert letztendlich deine Persönlichkeit.

Du trainierst einen Wunsch, indem du ihn aktiv und gezielt verfolgst. Aus dem vorherigen Kapitel weißt du, dass sich Leidenschaft aus Engagement und Fähigkeiten ergibt. Du kannst lernen, für alles Leidenschaft zu entwickeln. Allerdings kannst du aber auch bewusst entscheiden, *wofür du* Leidenschaft entwickeln willst. Napoleon Hill sagte dazu: »Verlangen ist die Grundlage jeden Werkes, nicht Hoffnung, nicht ein Wunsch, sondern das lebendige Verlangen, das alles bewirkt.«

Das Verlangen ist die zweite Quelle unserer Ziele. Dein Verlangen kann und muss antrainiert werden. Dein Leben wird viel erfolgreicher verlaufen, wenn dein selbstgewähltes Verlangen zu Ergebnissen führt, die sich dein zukünftiges Selbst wünscht.

3. Selbstvertrauen. Du wirst keine Ziele festlegen oder verfolgen, von denen du glaubst, dass du sie nicht erreichen kannst. Die Liste mit deinen Aktivitäten in den letzten 24 Stunden spiegelt dein aktuelles Maß an Selbstvertrauen wider. Sieh dir die Liste noch einmal an und überleg dir: Wie viele der Punkte erforderten Mut? Wie viele fielen dir leicht? Welchen Teil deiner Zeit hast du Zielen gewidmet, die über deine derzeitigen Fähigkeiten hinausgehen?

Dein Beruf und dein Verdienst gründen sich auf dein Selbstvertrauen.

Dein Freundeskreis gründet sich auf dein Selbstvertrauen.

Dein Kleidungsstil gründet sich auf dein Selbstvertrauen.

Selbstvertrauen bildet die *Grundlage* der Vorstellungskraft – und diese brauchst du, um eine Zukunft zu wählen, die über deine aktuellen Fähigkeiten und Verhältnisse hinausgeht. Selbstvertrauen zeigt, ob du selbst davon überzeugt bist, dass du etwas tun, lernen und erreichen kannst.

Je größer dein Selbstvertrauen, desto größer dein zukünftiges Ich.

Das Problem mit dem Selbstvertrauen liegt darin, dass es leicht erschüttert werden kann. Selbstvertrauen ist fragil, nicht beständig. Traumatische und unangenehme Erfahrungen können dein Selbstvertrauen und deine Vorstellungskraft vernichten. Jeder von uns macht schmerzhafte Erfahrungen, die uns wie ein Stachel im Fleisch stecken und unsere Fähigkeiten, unsere Hoffnungen und den Wunsch nach Weiterentwicklung lähmen.

Das gesamte nächste Kapitel dieses Buches befasst sich mit traumatischen Erlebnissen und deren Auswirkungen auf die Persönlichkeit. Vorläufig reicht es, wenn du weißt, dass ein

Trauma dein Selbstvertrauen zerstört. Ein nicht verarbeitetes Trauma hat oft zur Folge, dass man sich sehr eingeschränkte Ziele steckt. In diesem Fall besteht das Ziel oft leider darin, die schmerzhaften Gefühle zu vermeiden.

Selbstvertrauen entsteht durch mutiges Handeln. Man braucht Mut, um sich der Vergangenheit zu stellen und sich damit auseinanderzusetzen, bis sie nicht mehr wehtut. Es braucht Mut, sich einzugestehen, was man wirklich im Leben erreichen will. Es braucht Mut, anspruchsvolle Ziele anzustreben und auf dem Weg dorthin zu scheitern.

Auf dem Heimweg aus dem Büro sah ich einmal einen extrem übergewichtigen Mann, der in einer Sporthose und mit freiem Oberkörper joggte.

Dieser Mann inspirierte mich. Er stellte sein künftiges Ich unverschämt *öffentlich* zur Schau. Es war ihm gleichgültig, was ich oder andere über seine bebenden Speckrollen oder Dehnungsstreifen dachten. Sein Blick nach vorne gerichtet, seine Konzentration unerschütterlich. Sein Schweiß troff. Seine Identität wandelte sich.

Irgendwie war dieser Läufer mit besseren Lebensweisen in Kontakt gekommen. Er hatte erkannt, dass es sich lohnte, sein Verhalten und seine Entscheidungen zu verbessern. Er hatte begriffen, wie er eine gesündere Version seiner selbst werden konnte, und sein aktuelles Verlangen hinterfragt. Qualität und Konstanz seines Verhaltens richten sich nach der Qualität und Genauigkeit seines Ziels. Sofern er ein klares Ziel hat, wird er viel mehr laufen und den Speck bald loswerden. Ist sein Ziel nicht klar und überzeugend, wird er sich nur sporadisch und unregelmäßig betätigen und damit mittelmäßigen Erfolg erzielen.

In jedem Fall handelte dieser Mann zumindest im Augenblick aus der Perspektive des künftigen Ichs, das er werden wollte. Er sah eine andere Zukunft für sich und hatte die Motivation, sich aufzuraffen und zu joggen. Wenn er diese Motivation verstärkt und sich die neue Identität antrainiert, kann und wird er der gewünschte Mensch werden.

Selbstvertrauen entsteht durch mutiges, engagiertes Handeln. Während er ungehemmt mit entblößtem, dicken Bauch joggte, schoss das Selbstvertrauen dieses Mannes in die Höhe.

Eine so mutige Aktion fördert das Unterbewusstsein. Wenn du mutig aus der Sicht deines zukünftigen Ichs handelst, stellen sich Gipfelerlebnisse ein, die dein Unterbewusstsein verbessern. Außerdem schaffen sie einen neuen Ausgangspunkt für deine Sicht auf dich selbst und die Welt sowie für deine Erwartungen. Gipfelerlebnisse ergeben sich nicht durch Zufall, sondern müssen gezielt herbeigeführt werden. Der überaus produktive Schriftsteller und Philosoph Colin Wilson erklärt:

> Wer eine positive Reaktion (oder ein Gipfelerlebnis) anstrebt, erreicht dies am besten durch eine aktive, zielgerichtete Einstellung ... Das Gipfelerlebnis ist das Ergebnis einer zielstrebigen Geisteshaltung.

Wenn du gezielt und mutig sinnvolle Ziele anstrebst, werden sich Gipfelerlebnisse einstellen. Diese Gipfelerlebnisse werden dich öffnen und als Mensch flexibler machen. Du wirst dich nicht mehr starr als der Mensch sehen, der du früher warst, sondern als selbstbewusstere Person, die besser in der Lage ist, größere Ziele zu schaffen und zu erreichen.

Gipfelerlebnisse treten bei den meisten Menschen selten auf, können sich jedoch regelmäßig einstellen. Du kannst noch heute ein Gipfelerlebnis haben, wenn du dich dafür entscheidest. Du musst gezielt handeln. Du musst mutig sein. Du musst dein Leben in die Richtung lenken, in die du wirklich gehen willst.

Mit jedem Schritt, den dieser Jogger seinem zukünftigen Ich näherkommt, glaubt er stärker daran, dass es Wirklichkeit wird. Sein Verhalten spiegelt diese Realität wider, auch wenn das Verhalten anfangs nur sporadisch und inkonsequent ist. Je länger er sich entsprechend seiner Zukunft verhält, desto stärker wird sein Verlangen danach. Seine Identität festigt sich. Irgendwann erreicht er den Punkt, an dem sein zukünftiges Ich in jeder Hinsicht mit seinem aktuellen Ich übereinstimmt.

Er wird sich nicht mehr mit seinem früheren Ich identifizieren. Vielleicht wird er sich nicht einmal mehr daran erinnern, wie es war, sein früheres Ich zu sein. Die Vergangenheit liefert dann nur noch Informationen, keine Gefühle.

Selbstvertrauen ist der Schlüssel zu den Zielen, die du dir als Mensch setzt. Je größer dein Selbstvertrauen, desto stärker deine Ziele. Dein Selbstvertrauen musst du schützen. Du erarbeitest es dir durch gezieltes Handeln, das zu einem sinnvollen Ziel führt. Die ferne Vergangenheit kann dir nur ein geringes Maß an Selbstvertrauen liefern; vielmehr beruht es darauf, wer du in letzter Zeit warst.

Du kannst dein Selbstvertrauen durch kleine, aber konsequente Handlungen fördern, die dein zukünftiges Ich widerspiegeln. Auch gewagte, kühne *Power-Moves* hin zu deinem zukünftigen Ich können dem Selbstvertrauen dienen. Ein »Power-Move« ist eine aggressive Handlung, die dich deinem zukünftigen Ich näherbringt – zum Beispiel, dass du einen verhassten Job kündigst, in einen Mentor investierst, öffentlich joggen gehst, ein ehrliches Gespräch führst, trotz aller Bedenken einen Blogbeitrag veröffentlichst oder eine Gehaltserhöhung verlangst.

Je mehr Power-Moves du machst, desto mehr Gipfelerlebnisse wirst du haben. Und je mehr Gipfelerlebnisse sich einstellen, desto flexibler und selbstbewusster wirst du als Mensch. Je flexibler und selbstbewusster du bist, desto fantasievoller und spannender wird die Zukunft, die du erschaffst und anstrebst.

Identität sollte sich am künftigen Ich orientieren und gezielt gestaltet werden

> Fantasie ist wichtiger als Wissen, denn Wissen ist begrenzt. Fantasie aber umfasst die ganze Welt.[57]
>
> – *Albert Einstein*

Identität und Persönlichkeit sind häufig Reaktionen auf Lebensereignisse, Umstände und Gewohnheiten. Nur die wenigsten definieren und gestalten ihre Identität gezielt mit Blick auf den Menschen, der sie sein wollen, und entwickeln sich dann zu *jenem* Menschen. Ich sage »jenem«, weil dein aktuelles Ich und dein zukünftiges Ich zwei verschiedene Menschen sind.

Dein zukünftiges Ich *ist nicht* du. Dein zukünftiges Ich würde vieles anders und hoffentlich besser machen, als du es jetzt tust. Dein zukünftiges Ich sollte sich von deinem aktuellen Ich unterscheiden und höher entwickelt sein. So zu bleiben, wie man ist, entspricht zwar den Erwartungen und gilt in unserer Kultur sogar als erstrebenswert, doch es bedeutet, dass man nicht lernt, sich weiterzuentwickeln und zu verändern. Vielmehr steckt man in einer Geschichte fest, vermeidet neue Erfahrungen und schränkt sein Potenzial ein.

Es gibt noch einen weiteren Grund, warum es für entscheidende Veränderungen in deinem Leben wichtig ist, dass du dein zukünftiges Ich als anderen Menschen siehst. Wenn du nicht in der Lage bist, dir eine andere Version deiner selbst vorzustellen, kannst du nicht *zielgerichtet* lernen.[58] Der Name ist dabei Programm: Du hast ein Ziel, für das du lernst. Dein Lernprozess ist genau auf dieses Ziel abgestimmt und erfolgt nicht willkürlich oder nur »zum Spaß«.

Du brauchst etwas – oder besser noch *jemanden* –, auf das oder den du hinarbeiten kannst. Du brauchst eine Vision, die deinem Lernen Sinn und Zweck verleiht. Ja, es ist schön und gut, wenn man sich um der Sache willen mit etwas beschäftigt, das man gerne tut. Aber über deine gefühlten Grenzen wirst du nur dann hinausgehen, wenn du dir dein zukünftiges Ich ohne diese Grenzen vorstellst.

Erfolgreiche Menschen haben eine Vision ihres zukünftigen Ichs, die sie bei sämtlichen Handlungen im Blick behalten. Als Matthew McConaughey den Oscar als bester Hauptdarsteller gewann, sprach er in seiner Dankesrede von seinem »Vorbild«:

> Als ich fünfzehn war, fragte mich jemand, der mir sehr wichtig war: »Wer ist dein Vorbild?« Und ich antwortete: »Weißt du was? Das bin ich selbst in zehn Jahren.« Dann wurde ich 25, und dieselbe Person fragte mich: »Na, bist du jetzt dein Vorbild?« Und ich erwiderte: »Nicht mal annähernd! Auf gar

> keinen Fall.« Sie hakte nach: »Warum denn nicht?« Ich sagte: »Mein Vorbild bin ich selbst mit 35. Somit ist mir mein Vorbild jeden Tag, jede Woche, jeden Monat und jedes Jahr immer zehn Jahre voraus. Ich werde mein Vorbild mein Leben lang nicht erreichen. Das wird mir nicht gelingen. Das ist mir klar, und das ist auch gut so, denn so habe ich immer jemanden, auf den ich hinarbeiten kann.«[59]

Eines Tages wirst du dein zukünftiges Ich sein. Die Frage ist nur: *Wer ist dein zukünftiges Ich?*

Bei der Antwort solltest du vom Idealfall ausgehen und deine aktuellen Verhältnisse oder jetzige Identität außer Acht lassen. Wen interessiert es, wer du warst? Wichtig ist, wer du sein willst. Das ist (vorläufig) dein wahres und authentisches Ich.

Um dein zukünftiges Ich zu entwerfen, musst du dir vorstellen, wie dessen Realität und tägliche Erfahrungen aussehen – je anschaulicher und detailreicher, desto besser. Welche Freiheiten, Entscheidungen, Lebensverhältnisse, Erfahrungen und täglichen Verhaltensweisen hat dein zukünftiges Ich?

Wenn du dein Leben gestaltest, solltest du nicht so sehr darauf achten, wie du dein aktuelles Ich siehst. Es ist zwar wichtig, aber auch eingeschränkt. Dein zukünftiges Ich wird anders sein. Du wirst vieles anders sehen. Du wirst andere Freiräume haben, andere Beziehungen führen, einen anderen Alltag und andere Erfahrungen erleben. Was dir jetzt absolut umwerfend oder aufregend erscheint, ist für dein zukünftiges Ich »normal«.

Wer willst du sein, wenn du ganz ehrlich zu dir selbst bist?

An dieser Stelle solltest du dein Tagebuch zur Hand nehmen. Beschreibe dein zukünftiges Ich so ausführlich wie möglich.

Wie sieht dein Alltag aus?

Wofür stehst du?

Wie viel Geld verdienst du?

Wie kleidest du dich?

Wie interagierst du mit anderen Menschen?

Wie siehst du deine Gegenwart und Zukunft?

Was ist dein Ziel?

Wo wohnst du?

Wer sind deine Freunde?

Welche Fähigkeiten und Talente hast du?

Ein Hauptziel wählen und anstreben: Dein Zukunfts-Filter

> Sehen Sie sich Ihre Ziele an und stellen Sie sich die folgende Frage: Welches dieser Ziele macht mich zu dem Menschen, der ich sein muss, um alles, was ich mir im Leben wünsche, zu erreichen? Die Antwort auf diese Frage ist Ihre Mission.[60]
>
> *– Hal Elrod*

Nachdem du gründlich über dein zukünftiges Ich und dessen Lebensumstände und Möglichkeiten nachgedacht hast, besteht der nächste Schritt darin, das eine große Ziel oder Ergebnis zu ermitteln, durch das dein zukünftiges Ich möglich wird.

Nur ein Ziel.

Mehrere Ziele zeugen von Angst und mangelnder Entscheidungsfähigkeit. Du brauchst *ein Hauptziel.* Dieses eine große Ziel muss messbar, definierbar und visualisierbar sein. Es muss dich in allen wichtigen Bereichen deines Lebens unterstützen und voranbringen. Deshalb sind finanzielle Ziele so mächtig. Für alle, die vom Schreiben leben, kann dieses Ziel in einer bestimmten Anzahl an Seitenaufrufen oder Abonnements bestehen. In der Beratungsbranche könnte es sich um die Anzahl lukrativer Kunden handeln, bei einer Läuferin um die Zeit, in der sie einen Marathon schafft.

Ein Ziel schafft Fokus.

Fokus gibt Antrieb.

Antrieb und Selbstvertrauen durchdringen alle anderen Bereiche deines Lebens. Deshalb erklärt der Autor Charles Duhigg in seinem Buch *Die Macht der Gewohnheit,* dass sich alle

Lebensbereiche verbessern, wenn man einen einzigen gezielt optimiert. Er bezeichnet das als »Schlüsselgewohnheit«. Folglich solltest du dein eines großes Ziel als »Schlüsselziel« betrachten. Dieses Ziel, das du konsequent anstrebst und aktiv erreichst, ermöglicht dir, auch *alles andere* zu schaffen, was du in Angriff nimmst.

In Andres Fall bestand sein spezifisches Ergebnis in einem Studienplatz an der Harvard University. In diesem einen Ergebnis sah er die Möglichkeit, erfolgreich zu werden, statt wieder im Gefängnis zu landen. Hätte Andre fünf oder mehr Ziele angestrebt, wäre er wahrscheinlich nie aus dem Gefängnis herausgekommen. Dieses eine Ziel gab allen untergeordneten Zielen oder anderen Dingen, die er erreichen wollte, eine Richtung und einen Zweck.

Dieses eine Ziel prägte die Gestaltung von Andres zukünftigem Ich. Das ist außerordentlich wichtig, denn in jüngster Zeit gibt es zum Thema Erfolg eine wahre Flut von richtig schlechten Ratschlägen. Eine Empfehlung lautet, man solle sich ausschließlich auf den »Prozess« konzentrieren und damit das Ergebnis außer Acht lassen. Dabei lässt sich kein »Prozess« und schon gar kein wirkungsvoller festlegen, wenn man kein Ziel vor Augen hat. Und ob der Prozess funktioniert, findet man nur heraus, indem man seine Fortschritte und das bisher Erreichte regelmäßig überprüft.

Dein Prozess muss sich am angestrebten Ergebnis ausrichten. Du musst mit dem Ziel vor Augen starten. Ohne den Kontext eines Ziels ist der »Prozess« allein bedeutungslos. Prozessorientiertes Denken ist *taktisch* ausgerichtet und bedeutet, dass du dein Leben ohne Plan veränderst und ausprobierst, was bei anderen funktioniert hat.

Eine Denkweise, bei der das Ziel im Mittelpunkt steht, ist dagegen *strategisch.* Dieser Ansatz verfährt genau umgekehrt, denn man entwickelt den geeigneten Prozess anhand der gewünschten Ergebnisse. Ein »Prozess«, der nicht kontrolliert wird, ist somit gar kein Prozess. Das gewünschte Ergebnis bestimmt den Prozess, mit dem es sich erreichen lässt. Anhand der Zwischenergebnisse wird sichtbar, ob und inwiefern der Prozess angepasst werden muss, um sein Ziel zu erreichen.

In seinem Buch *Zero to One* erklärt der Milliardär Peter Thiel, warum prozessorientiertes Denken zur Mittelmäßigkeit führt. Thiel rät vielmehr zu einer »eindeutigen« Einstellung und einem festen Ziel. Dazu erklärt er:

> Die unkonkrete Vorstellung der Zukunft erklärt, warum die Welt von heute so dysfunktional ist. Prozess geht über Substanz: Wer keinen klaren Plan hat, stellt sich mit Hilfe von formalen Regeln ein Portfolio von verschiedenen Optionen zusammen. Genauso präsentiert sich die Gegenwart. In der Schule wetteifern wir darum, in möglichst allen Fächern die Besten zu sein. Wenn wir an die Universität kommen, bringen wir ein konfuses Portfolio von Fähigkeiten mit, die uns als Vorbereitung auf eine ungewisse Zukunft dienen sollen. Wir sind auf alles vorbereitet – und auf gar nichts.[61]

Nach der *Erwartungstheorie,* einer der am besten erforschten und zentralen Motivationstheorien, ist für ein hohes Maß an Motivation dreierlei erforderlich:[62]

- Ein eindeutiges und überzeugendes Ziel oder Ergebnis,

- ein Weg oder Prozess, von dem du glaubst, dass er dich an dein Ziel führt,
- eine Überzeugung, nach der du handelst und Erfolg hast.

Ohne Ziel gibt es keine Motivation.[63] Die Forschung zeigt zudem, dass es ohne Ziele auch keine »Hoffnung« gibt. Je klarer und definierbarer das Ziel, desto direkter sind Weg und Prozess. Während du Fähigkeiten und Kenntnisse erwirbst und deinem Ziel näherkommst, entwickelst du Selbstvertrauen, das du anschließend erfolgreich einsetzt. Dein Verlangen nach dem Ziel wird immer stärker. Wenn du es schließlich erreichst, hat sich dein ganzes Leben verändert. Damit hast du eine neue Grundlage, von der aus du dir neue und weitergehende Ziele setzen kannst.

Engagiere dich für dein eines großes Ziel: Deshalb sind Ergebnisse wichtig

> Das Engagement zeigt, was »ist«. Wofür Sie sich wirklich engagieren, erkennt man nicht daran, was Sie über Ihr Engagement *erzählen*, sondern an Ihren Ergebnissen. Jeder Mensch engagiert sich für etwas. Jeder Mensch schafft Ergebnisse. Das Ergebnis zeigt das Engagement.[64]
>
> *– Jim Dethmer, Diana Chapman und Kaley Klemp*

Führ dir dein aktuelles Leben vor Augen. Für das, was du siehst, engagierst du dich. Dein aktuelles Gewicht ist das Gewicht, für das du dich engagierst. Dein aktuelles Einkommen ist das Einkommen, für das du dich engagierst. Dein Engagement im

Leben spiegelt sich zu 100 Prozent in den Ergebnissen, die du derzeit erzielst. Wenn du dich für etwas anderes engagieren würdest, hätte das andere Ergebnisse zur Folge.

Wenn du dich wirklich für die Ergebnisse engagierst, die du dir wünschst, wird sich dein Leben verbessern. Dein zukünftiges Ich und das eine große Ziel haben dein Engagement verdient. Alles, was du tust, muss mit Blick auf dieses große Ziel geprüft werden.

In der Vorbereitung auf die Olympischen Spiele 2000 in Sydney zeigte das britische Ruderteam, das seit 1912 keine Goldmedaille mehr gewonnen hatte, außergewöhnliches Engagement. Dieses Engagement ließ sich in einer einzigen Frage zusammenfassen, die vor jeder Entscheidung stand: *Wird das Boot dadurch schneller?* Mit Hilfe dieser einen Frage konnte das Team jede Situation, jede Entscheidung und jedes Hindernis bewerten, ohne das Ziel aus den Augen zu verlieren.

Bei jeder Entscheidung oder Gelegenheit fragte sich jedes Teammitglied: *Wird das Boot dadurch schneller?* Lautete die Antwort nein, wurde darauf verzichtet. Alle engagierten sich für das Ziel.

Einen Donut essen? ... (Wird das Boot dadurch schneller?)

Lange aufbleiben und auf die Party gehen? ... (Wird das Boot dadurch schneller?)

Dank ihres Engagements erreichten die Ruderer das angestrebte Ergebnis: Sie holten die Goldmedaille.

In einem Podcast mit dem Autor Lewis Howes berichtete John Assaraf, was er von seinem ersten Mentor über Ziele gelernt hatte.[65] Nachdem er sich in verschiedenen Lebensbereichen Ziele für die nächsten ein, drei, fünf und 25 Jahre gesetzt hatte (darunter Gesundheit, Spiritualität, Finanzen, Beziehungen, Einsatz für andere und so weiter), wurde Assaraf von seinem Mentor gefragt: »Möchtest du diese Ziele erreichen oder engagierst du dich dafür?« Assaraf erwiderte: »Was ist der Unterschied?«, und sein Mentor erklärte: »Wenn du etwas möchtest, erfindest du Geschichten, Ausreden, Gründe und Umstände, warum du nicht kannst oder nicht willst. Wenn du engagiert bist, spielt all das keine Rolle, sondern du tust alles, was nötig ist.«

Du erzielst die Ergebnisse, für die du dich engagierst. Allerdings leben wir in einer Kultur, in der wir darauf getrimmt werden, uns nicht auf *bestimmte* Ergebnisse festzulegen. Uns wird eingebläut, dass Scheitern und Enttäuschung drohen, wenn wir uns zu sehr auf eine Sache fixieren. Wir lernen, man solle nicht auf das Ergebnis achten, sondern sich ausschließlich auf den »Prozess« konzentrieren. Engagement für ein ganz bestimmtes Ziel erscheint uns deshalb abschreckend oder weckt den Eindruck, es gehe nur um externe Effekte.

Doch es hat mehrere Vorteile, wenn man sich gezielt für ein Ergebnis engagiert. Damit bist du nämlich gezwungen, dir selbst und allen anderen ehrlich einzugestehen, was du wirklich willst. Ehrlichkeit ist selten. Die meisten Menschen halten ihre wahren Wünsche tief in sich verborgen und haben Angst, sie sich einzugestehen. Wenn du dich jedoch einem bestimmten Ergebnis verschreibst, musst du dieses Ergebnis zu deinem neuen Narrativ machen. Genau das wirst du tun. Vielleicht weißt du noch nicht, wie du es erreichen wirst, doch es wird dir gelingen. Ein solches Maß an Ehrlichkeit und Transparenz ist nicht nur selten, sondern auch ansteckend – sobald du die ersten Fortschritte machst, strahlst du Selbstvertrauen aus, und das weckt bei anderen den Wunsch, dich zu unterstützen und dir zu helfen.

Engagement für ein bestimmtes Ergebnis hat auch den Vorteil, dass du damit deine Identität klar umreißt. Deine Identität entsteht aus deinen Zielen. Wenn du keinen Zweifel daran hast, was du anstrebst, entsteht ein tiefes Gefühl der Bestimmung. Du kannst dir ein zukünftiges Ich vorstellen, das sich dort befindet, wo du hinwillst. Ohne ein klares Ergebnis wird deine Identität schwammig. Wer bist du wirklich? Worum geht es dir wirklich? Was hast du vor? Wer wirst du sein?

Wenn du dich für ein bestimmtes Ergebnis – dein eines großes Ziel – engagierst, zwingst du dich zudem dazu, besser zu werden. Mir ging es ganz genauso: In meiner ersten Zeit als Online-Blogger fiel mir beispielsweise auf, dass andere Autoren, für die nur der Prozess im Vordergrund stand, tonnenweise Artikel veröffentlichten. Allerdings wurden sie nicht besser. Ich selbst konnte hingegen mit der Zeit vom Schreiben leben, während viele dieser Blogger immer noch einen Blogbeitrag nach dem anderen veröffentlichen. Ihre Ergebnisse haben sich nicht verändert, weil sie sich nicht für ein klares Ziel engagiert haben.

Wenn du dich einem bestimmten Ergebnis verschreibst, bist du gezwungen, dich zu verbessern. Deine Ergebnisse sprechen für sich. Wenn deine Ergebnisse nicht besser werden, solltest du dich fragen, wie groß dein Interesse oder dein Engagement für die betreffende Sache ist. Ob es dir mit der Verbesserung deiner Ergebnisse ernst ist, erkennst du daran, dass du jeden deiner Schritte bis ins kleinste Detail nachverfolgst. Das Gesetz von Pearson besagt: »Wenn Leistung gemessen wird, verbessert sich die Leistung. Wenn Leistung gemessen und gemeldet wird, beschleunigt sich die Verbesserung.«

Sobald man sich einem bestimmten Ergebnis verschreibt, steigt auch die Motivation. Nach der *Erwartungstheorie* kann man ohne Ziel nicht motiviert sein. Je einzigartiger und klarer das Ziel, desto direkter der Weg. Je direkter und klarer der Weg, desto größer wird die Motivation. Komplexität ist Gift für die Motivation, deshalb ist es von entscheidender Bedeutung, sich auf ein zentrales Ziel zu konzentrieren. Ein einziges Ziel ermöglicht einen Weg ohne Umwege, bei dem du nicht nur das Ergebnis vor dir siehst, sondern auch den Weg, mit dem du dieses Ergebnis erreichst. Dann schießen Motivation und Selbstvertrauen in die Höhe.

Und zu guter Letzt stärkt es auch deinen Glauben in die Sache. Napoleon Hill sagte: »Ein festes Ziel, das durch absolute Zuversicht gestützt wird, ist eine Form von Weisheit, und Weisheit in Aktion bringt positive Ergebnisse hervor.« Wer sagt: »Ich werde es versuchen« oder »Mal sehen, was sich ergibt«, braucht keinen starken Glauben. Dagegen erfordert die Aussage »Das wird geschehen. Ich weiß nicht genau, wie, aber es wird geschehen«, ein hohes Maß an Glauben. Ein solches Engagement verlangt dir deutlich mehr ab. Es bringt dich dazu, Dinge zu tun, die du sonst nie tun würdest. Es erzwingt Wunder.

Bist du bereit, dich für dein zukünftiges Ich zu engagieren?

Bist du bereit, dich für ein bestimmtes Ziel zu engagieren?

Bist du bereit, alles auf eine Karte zu setzen?

Bist du bereit, dir ehrlich einzugestehen, was du wirklich willst?

Bist du bereit, deinen Prozess zu verbessern und zu optimieren, um bessere Ergebnisse zu erzielen?

Eine Stunde früher ins Bett: Schädlichen Konsum abstellen

> Ein Fehler, den man mehr als einmal wiederholt, ist eine Entscheidung.
>
> – *Paulo Coelho*

Wenn du dich einer größeren Zukunft verschreibst, ist es zwingend notwendig, dass du deine Zeit morgens und abends optimal nutzt. Der Tagesausklang sollte der Entspannung und Reflexion dienen, nicht dem ungesunden Konsum. Nach einem langen Tag voller Entscheidungen bist du ausgelaugt. Folglich ist deine Willenskraft erschöpft.[66] Ein Mangel an Willenskraft führt zu ausgeprägtem, ungesunden Konsumverhalten – vor allem deshalb, weil man auf einen raschen Dopaminkick hofft.

Soziale Medien, Zucker, Kohlenhydrate und andere Ablenkungen gehören bei vielen Menschen zum abendlichen Alltag. Ist die Willenskraft gering, lässt man sich leicht zu schlechten Entscheidungen verleiten. Diese Entscheidungen sorgen für eine kurze Dosis Dopamin oder Ablenkung, verlangen jedoch einen hohen Preis. Schädliches, ungesundes Verhalten am Abend hat negative Folgen für den Schlaf, beeinträchtigt dein Leistungsvermögen am nächsten Morgen und nimmt dir das Selbstvertrauen.

Ein guter Spielfilm in Gesellschaft lieber Menschen ist etwas ganz anderes, als wenn man sich vom Smartphone fesseln lässt, statt sich Zeit für die Familie zu nehmen.

Wenn du dich deinem gewünschten zukünftigen Ich verschrieben hast, musst du sämtliche Fallstricke vermeiden, die durch den abendlichen Mangel an Willenskraft entstehen. Andernfalls machst du tagsüber einen Schritt vorwärts und abends wieder einen zurück. Erfolg am Abend und am Morgen ist für die Entwicklung deines zukünftigen Ichs von entscheidender Bedeutung. Zeitverschwendung und schlechtem Verhalten am Abend kannst du gezielt entgegenwirken, indem du früher ins Bett gehst. Die Abendstunden werden nur selten sinnvoll genutzt. In der Regel gibt es einen Zeitpunkt, ab dem der Nutzen nachlässt – meist gegen acht oder neun Uhr abends, plus/minus eine Stunde. Deshalb solltest du am besten früh zu Bett gehen, sofern du nicht mit etwas beschäftigt bist, das die Beziehung zu deinen Lieben fördert. Wenn du dich eine Stunde früher schlafen legst, kommst du deinem zukünftigen Ich schneller näher. Du vermeidest schädlichen Konsum. Du bekommst mehr Schlaf. Du gibst dir die Möglichkeit, früher aufzuwachen und an deinen Zielen zu arbeiten, bevor der hektische Alltag dich in Beschlag nimmt.

Dass die meisten Menschen viel später ins Bett gehen, als sinnvoll wäre, ist die Folge gesellschaftlicher Normen. Alles, was du nach zehn Uhr abends tust, trägt höchstwahrscheinlich nicht dazu bei, dass du dein zukünftiges Ich wirst. Deinen Mitmenschen mag es seltsam erscheinen, wenn du immer früher ins Bett gehst, doch das wird nicht lange anhalten. Schon bald werden deine Ergebnisse für sich sprechen. Du wirst länger und besser schlafen. Du wirst früher und mit mehr Selbstvertrauen aufwachen, weil du dem Konsumverhalten, das deinen Zielen widerspricht, aus dem Weg gehst.

Mark Wahlberg beispielsweise geht abends um sieben ins Bett und steht um drei Uhr morgens auf, um seinen Körper auf dem Höchstniveau zu trainieren, dem er seinen Erfolg verdankt. Er hat seine Ziele klar vor Augen. Sein zukünftiges Ich ist viel größer als bei den meisten anderen Menschen. Deshalb ist er bereit, sich einem Prozess, einer Routine und einem Zeitplan zu verschreiben, den die meisten Menschen als extrem oder zumindest ungewöhnlich betrachten dürften.

Geh eine Stunde früher ins Bett. Vermeide die Abendstunden, in denen deine Willenskraft und Entscheidungsfähigkeit besonders gering sind. So sorgst du dafür, dass du am nächsten Morgen erfolgreich bist.

Eine Stunde früher aufstehen: Mit täglichen Power-Moves zum zukünftigen Ich

> Eine Stunde, die man morgens verliert, sucht man den ganzen Tag.
>
> – *Richard Whately*

Steh früh auf und arbeite an deinem zukünftigen Ich.

Wenn du morgens in aller Frühe mit Power-Moves zur Verwirklichung deiner Träume startest, schaffst du Selbstvertrauen und eine Dynamik, von der du den gesamten weiteren Tag zehren wirst. Du wirst bessere Entscheidungen treffen und auf deine Mitmenschen viel ausgeglichener wirken. Dadurch wird mit der Zeit jeder 24-Stunden-Zyklus deines Lebens besser.

Indem du deinen Tagesablauf verbesserst, verbesserst du dein Leben. Wenn du erst dann aufstehst, wenn du unbedingt musst, und folglich nur das »Nötigste« erledigst, machst du keine sinnvollen Fortschritte. Du behältst den Status quo bei, wodurch deine Zeit wie im Flug vergeht. Tage, Wochen und Jahre werden ohne bedeutende Veränderungen an dir vorbeiziehen.

Wenn du dein eines großes Ziel erreichen und dein gewünschtes zukünftiges Ich werden willst, musst du mutig sein. Du musst täglich mutige Schritte in Richtung deines Ziels gehen.

Jeder mutige Schritt, der dich deinem Ziel näherbringt, ist ein Power-Move. Power-Moves stärken das Unterbewusstsein und definieren neu, welches Verhalten für dich »normal« ist. Durch bewusstes, zielgerichtetes Verhalten am Morgen sorgst du dafür, dass sich täglich Gipfelerlebnisse einstellen. Dein Gehirn und deine Identität werden sich verändern. Dein Selbstvertrauen wird wachsen. Deine Identität wird flexibler werden und dir die Möglichkeit geben, dich von dem zu lösen, was du bisher warst, damit du dein gewünschtes zukünftiges Ich wirst.

Gipfelerlebnisse steigern Flexibilität und Selbstvertrauen. Sie erfordern absichtliches, proaktives Handeln. Wenn du mit einem Ziel ins Bett gehst und nach dem Aufwachen sofort auf dein zukünftiges Ich hinarbeitest, werden Gipfelerlebnisse für dich zum Alltag. Du wirst jeden Tag vieles lernen, und mit dem Lernen kommt die Veränderung. Der britische Philosoph Alain de Botton meinte: »Jeder, der sich nicht dafür schämt, wer er vor zwölf Monaten war, lernt nicht genug.«

Laut Abraham Maslow, dem Psychologen, der den Begriff und das Konzept der Selbstverwirklichung geprägt hat, führen derartige bewusstseinserweiternde Erfahrungen zur Selbstverwirklichung.[67] Ohne Gipfelerlebnisse lässt sich diese Entwicklungsstufe nicht erreichen.

Selbstverwirklichung bedeutet, dass man nicht mehr durch innere oder äußere Beschränkungen gehemmt wird, sondern sein höchstes Potenzial und seine Ziele frei verfolgen kann. Maslow definierte Gipfelerlebnisse folgendermaßen: »Seltene, aufregende, überwältigende, tief bewegende, erheiternde, erhebende Erfahrungen, die eine erweiterte Form der Realitätswahrnehmung bewirken und auf den Erlebenden eine geradezu mystische und magische Wirkung haben.«[68]

Gipfelerlebnisse sind selten, weil nur wenige Menschen proaktiv und gezielt ein zukünftiges Ich erschaffen. Nur wenige Menschen engagieren sich für eine bestimmte Zukunft. Nur wenige Menschen machen täglich mutige Power-Moves.

Deshalb frage ich dich:

> Wirst du mehr Gipfelerlebnisse schaffen?
>
> Wirst du aktiver und bewusster mit deiner Zeit umgehen?
>
> Wirst du mehr Mut und Engagement zeigen?
>
> Wirst du so handeln, dass du deinem zukünftigen Ich näherkommst und flexibler wirst, statt darauf zu beharren, dass dein früheres Ich dein wahres Ich ist?

Um flexibler zu werden und regelmäßige Gipfelerlebnisse in deinem Leben zu ermöglichen, musst du dich auf *Ungewissheit* einlassen. Die Harvard-Psychologin Dr. Ellen Langer erklärt: »Wenn es sinnvolle Alternativen gibt, herrscht immer Ungewissheit. Gibt es keine Alternativen, so herrscht auch keine Ungewissheit.«[69] Wenn du nicht bereit bist, Ungewissheit in Kauf zu nehmen, schränkst du dich selbst und deine Entwicklung stark ein. Du beschneidest deine Entscheidungsfreiheit, weil jede Entscheidung mit Ungewissheit und Risiko verbunden ist.

Ungewissheit können wir oft nur schwer ertragen. Laut Dr. Daphna Shohamy, einer Neurowissenschaftlerin am Zuckerman Institute der Columbia University, besteht eine der Hauptaufgaben unseres Gehirns darin, die Folgen unseres Verhaltens *vorherzusagen*.[70]

Das ist die wichtigste Fähigkeit des Gehirns, und deshalb speichern wir Erinnerungen ab – um die Zukunft genau vorhersagen zu können. Dank ihrer Fähigkeit, die Zukunft vorherzusagen und zu planen, gedeiht die Spezies Mensch seit Tausenden von Jahren.

Was bedeutet das für dich persönlich?

Dein Gehirn ist so konzipiert, dass du ungewissen Situationen aus dem Weg gehst. Ungewissheit ist zu vermeiden. Deshalb stellen sich oft heftige Emotionen wie Angst oder Furcht ein, wenn du dich in einer unbekannten Situation befindest oder etwas ausprobierst, das du noch nie zuvor getan hast. Eine wissenschaftliche Theorie geht sogar davon aus, das Unbekannte sei in Wirklichkeit die Basis aller Ängste.[71] Bei der Kampf-oder-Flucht-Reaktion signalisiert dein Gehirn durch einen chemischen Stoff, dass du keine Ahnung hast, was passieren könnte, und dich besser in Sicherheit bringen solltest.

Dein Gehirn möchte, dass dein Leben sicher und vorhersehbar ist. Deshalb wird es versuchen, dich von riskanten Situationen fernzuhalten. Paradoxerweise entstehen im Gehirn jedoch die stärksten Erinnerungen und Lernprozesse, wenn du Neues erlebst – und zwar vor allem dann, wenn deine Vorhersagen über die Zukunft falsch sind!

Dr. Shohamy erklärt, dass unser Gehirn sich verändert und aus »Vorhersagefehlern« lernt, also dann, wenn wir zukünftiges Geschehen falsch vorhergesagt haben.[72] Ein *Vorhersagefehler* ist ein anderes Wort für Scheitern. *Scheitern* ist ein anderes Wort für Lernen. Und *Lernen* ist ein anderes Wort für Veränderung.

Dein zukünftiges Ich wird die Welt anders sehen als dein aktuelles, und das Ausmaß der Veränderung hängt davon ab, wie viel du lernst und wie sehr du dich wandelst. Wenn du schneller lernen möchtest, musst du Ungewissheiten in Kauf nehmen. Du musst Risiken eingehen und Fehler machen. Wenn du das tust, wirst du viel mehr Emotionen erleben – Höhen und Tiefen – und dich durch diese Erfahrungen als Mensch verändern. Das sind die Gipfelerlebnisse, die du täglich haben kannst, wenn es dir gelingt, dich voll und ganz auf dein zukünftiges Ich zu konzentrieren und nicht länger auf dein aktuelles oder früheres.

Das Leben wird viel spannender und weniger eintönig, wenn du Ungewissheiten und Veränderungen nicht mehr aus dem Weg gehst, sondern dir dein zukünftiges Ich zur täglichen Aufgabe machst. Vermeide abendlichen Konsum. So sorgst du für Gipfelerlebnisse am Morgen.

Tägliche Veränderung durch Tagebucheinträge

> Nur wenn wir uns ein zukünftiges Ich mit besseren Fähigkeiten vorstellen, können wir die Optimierung unserer Fähigkeiten durch gezieltes Üben anregen, planen und durchführen.[73]
>
> – *Dr. Thomas Suddendorf, Dr. Melissa Brinums und Dr. Kana Imuta*

Tagebucheinträge sind ideal, um sich auf emotionaler Ebene davon zu überzeugen, dass einem das, was man will, bereits gehört – so steuert man sich durch strategische Kommunikation.

Nach gängiger Ansicht dient ein Tagebuch dazu, die Vergangenheit zu dokumentieren. Das ist durchaus möglich. Doch indem du dir die Zukunft ausmalst und eine Strategie entwickelst, wirst du dein Ziel verinnerlichen und klarer sehen.

Dabei solltest du allerdings beachten, dass du dich nur dann effektiv beeinflussen oder überzeugen kannst, wenn beim täglichen Tagebuch-Schreiben die inneren und äußeren Umstände stimmen. Mit dem richtigen Vorbereitungsritual wird die Tagebuch-Zeit zum täglichen Gipfelerlebnis, das dich so erhebt, dass du für den Rest des Tages davon zehrst. Um den richtigen Rahmen für ein Gipfelerlebnis zu schaffen, kannst du:

- Dir einen ruhigen Platz suchen, an dem du frei denken kannst und nicht von Benachrichtigungen gestört wirst (leg dein Smartphone entweder beiseite oder schalte es in den Flugmodus),
- vor dem Schreiben meditieren oder beten,
- deine Visionen oder Ziele vor dem Schreiben reflektieren,
- aufschreiben, wofür du dankbar bist – Dinge aus der Vergangenheit, Gegenwart und Zukunft.

Die Tageszeit ist eigentlich egal, doch der Zeitpunkt kurz vor oder nach dem Nachtschlaf ist optimal, da die Gehirnwellen dann langsamer arbeiten und dein Unterbewusstsein somit besonders empfänglich für Einflüsse ist. Achte beim Schreiben auf deine Umgebung und deren Wirkung auf deine Gedanken und Gefühle. Idealerweise verfasst du Tagebucheinträge, Visualisierungen und Zukunftsvisionen immer am gleichen Platz.

Sobald du dich an deinem kreativen Ort befindest, atmest du ein paarmal tief durch und meditierst oder betest kurz, bevor du dein Tagebuch aufschlägst. Bekräftige, dass du heute erfolgreich sein wirst. Dass dir das, was du versuchen wirst, auch gelingen wird. Dass das Leben unglaublich ist.

Schlage das Tagebuch langsam auf.

Bevor du etwas niederschreibst, reflektiere deine selbst gesteckten Ziele. Damit meine ich dein Hauptziel sowie eine Reihe untergeordneter, kurzfristigerer Ziele. Diese solltest du so notieren, dass du sie leicht wiederfinden kannst. Indem du dir deine Ziele vor Augen führst, bevor du in dein Tagebuch schreibst, aktivierst du die Denkweise und die Umstände deines zukünftigen Ichs, sodass du jeden neuen Tagebucheintrag *als dein zukünftiges Ich schreibst, aus dessen Blickwinkel und Perspektive.*

Meine eigenen Ziele stehen innen auf dem Umschlag meines Tagebuchs, sodass sie mir sofort ins Auge fallen, wenn ich das Buch aufschlage. Etwa einmal im Monat gehe ich das gesamte Tagebuch noch einmal durch und bewerte und formuliere diese Ziele neu. Meine Ziele ergeben sich, indem ich die folgenden Fragen beantworte:

- Wo befinde ich mich gerade?
- Was habe ich in den letzten neunzig Tagen erreicht?
- Was will ich in den nächsten neunzig Tagen erreichen?
- Wo möchte ich in drei Jahren sein?
- Wo möchte ich in einem Jahr sein?

Immer, wenn ich mein Tagebuch aufschlage, schaue ich zuerst auf die Titelseite und lese meine Antworten auf diese Fragen. Natürlich ändern sich meine Antworten – und auch meine Ziele –, und zwar sogar von einem Monat auf den anderen. Dass sich deine Pläne mit der Zeit verschieben, ist vollkommen in Ordnung und zu erwarten.

Wenn ich mir die Erfolge der letzten neunzig Tage ansehe, spüre ich sofort, dass es vorangeht. Das gibt mir Zuversicht. Dass ich sehe, was ich kurz- und langfristig erreichen will, *erinnert mich an mein zukünftiges Ich.*

All das – die richtige Umgebung, Meditation und Atmung sowie dir deine jüngsten Erfolge und Ziele vor Augen zu führen – sorgt für die richtige innere Einstellung, sodass du deine Einträge in einer erhabenen, gestärkten Verfassung vornimmst.

Noch etwas anderes ist ganz wichtig, damit du die richtige Einstellung entwickelst: Schreibe in dem Bewusstsein, dass du dankbar bist und dass es dir gut geht.

Die Wirkung von Dankbarkeitstagebüchern ist gut dokumentiert. Die Forschung hat gezeigt, dass Dankbarkeit das emotionale Wohlbefinden nachhaltig verbessert. Wer Ereignisse regelmäßig aufschreibt und durch eine dankbare Einstellung umdeutet, kann Depressionen, Suchtverhalten und Selbstmordgedanken verhindern. Es ist erwiesen, dass Dankbarkeit Beziehungen heilt und verändert. Dankbarkeit ist in so gut wie jeder Hinsicht förderlich.[74]

Bis vor Kurzem stützte sich die Forschung zur Dankbarkeit in erster Linie auf Eigenberichte. Neue Studien zeigen jedoch, dass ein Dankbarkeitstagebuch nicht nur das emotionale Wohlbefinden beeinflusst, sondern auch die Biomarker für ernst zu nehmende Gesundheitsrisiken wie Herzversagen verbessern kann.[75]

Herzpatienten im Stadium B, also auf der Vorstufe zur Herzinsuffizienz, verfügen über ein kleines Zeitfenster, in dem die Abwärtsspirale, die letztendlich zu tödlichem Herzversagen führt, aufgehalten werden kann. In einer Studie ließen Ärzte ihre Patienten während dieses kleinen Zeitfensters ein Dankbarkeitstagebuch führen. Die Zuweisung in die Probanden- und die Kontrollgruppe erfolgte nach dem Zufallsprinzip. Die Studiengruppe sollte acht Wochen lang ein Dankbarkeitstagebuch führen, während die Kontrollgruppe herkömmlich behandelt wurde, ohne Dankbarkeit.

Nach den acht Wochen wurden sämtliche Teilnehmenden beider Gruppen untersucht; diese Untersuchung umfasste einen Dankbarkeits-Fragebogen mit sechs Punkten sowie die Kontrolle der Herzfrequenzvariabilität im Ruhezustand und des Index für entzündliche Biomarker. Bei denjenigen, die das Dankbarkeitstagebuch geführt hatten, war ein Rückgang der Symptome der Herzinsuffizienz sowie der Entzündungsherde festzustellen.

Wenn du zum Auftakt jeder Tagebuch-Sitzung meditierst und dann aufschreibst, wofür du dankbar bist, verändern sich dein emotionaler und körperlicher Zustand sowie deine Perspektive schlagartig. So lässt sich erreichen, dass du deine vergangenen und zukünftigen Erfahrungen beim Schreiben durch das Objektiv der Dankbarkeit, Begeisterung und Zuversicht siehst. Wenn du die Energie der Dankbarkeit zum Schreiben nutzt, wirst du das, was du erreichen willst, in positivem Licht sehen, ohne schädlichen Ballast.

Du wirst in einem Zustand der Freude, des Friedens und der Glückseligkeit schreiben. In dieser emotionalen Verfassung werden viele Ideen entstehen, die du umsetzen kannst, die aber wahrscheinlich auch Mut erfordern. Genau diese Gefühle stärken dein Unterbewusstsein und werden letztendlich dein zukünftiges Ich und deine neue Lebenssituation hervorbringen.

Anschließend schreibe einfach.

Mach dir nicht zu viele Gedanken darum, was du schreibst. Das Schreiben hat einen psychologischen Zweck, niemand sonst wird deine Texte lesen. Schreib einfach über deine Ziele – das kann eine Aufzählung sein oder auch eine Reihe von Bildern. Es gibt keine richtige oder falsche Methode.

Schreib in der Erwartung und mit dem freudigen Gefühl, dass dein zukünftiges Ich real ist und dass du erfolgreich sein wirst. Mach dir klar, wie du erreichst, dass du vorwärtskommst. Notiere dir alles, was jetzt zu erledigen ist, und alle Personen, mit denen du Kontakt aufnehmen musst.

Erfolg erwarten: Ein Gespräch mit deinem zukünftigen Ich

Im Dezember 2019 gewann Joe Burrow, Quarterback der Footballmannschaft der Louisiana State University (LSU), die Heisman Trophy, mit der in jeder Saison der beste Spieler im College-Football ausgezeichnet wird. Interessanterweise hatte Burrow zwei Jahre zuvor eine schwierige Entscheidung treffen müssen. An seinem alten College, Ohio State, war er als Quarterback nur zweite Wahl gewesen und musste daher das College wechseln, um seine Träume zu verwirklichen.

Er ging an die LSU. In der Saison 2018 erreichte Burrow mit den LSU Tigers zehn Siege bei drei Niederlagen. Insgesamt warf er in der gesamten Spielzeit 2.894 Yards mit 16 Touchdown-Pässen und fünf Interceptions. Es war ein vielversprechender Start für einen Quarterback, aber was in der nächsten Saison folgte, konnte dennoch niemand ahnen. 2019 blieb die LSU ungeschlagen, sie und Burrow selbst brachen mehrere historische Rekorde im College-Football und gewannen die nationale Meisterschaft.

In einer einzigen Saison hatte sich Burrow von einem ziemlich guten Quarterback zum Spieler mit der besten Saisonleistung in der Geschichte des College-Footballs entwickelt. Neben der begehrten Heisman Trophy war ihm auch ein lukrativer Profivertrag in der NFL für die kommende Saison sicher.

Damit hatte niemand gerechnet, außer Burrow selbst.

In einem Interview mit dem Sportsender ESPN[76] fragte man Burrow nach der Verleihung der Heisman Trophy: »Joe, wenn ich dir vor zwei Jahren gesagt hätte, dass du Stammspieler wirst, dass du Alabama schlägst, dass du den Heisman gewinnst und die Playoffs erreichst, wie hättest du reagiert?«

Burrows Antwort ist inspirierend und lässt tief blicken. Er erwiderte:

> Ich hätte Ihnen geglaubt. Ich weiß ja, was ich bis dahin schon an Arbeit investiert hatte. Ich hatte einfach das Gefühl, dass ich eine Chance brauchte. Ich wusste, welche Spieler mich hier erwarteten, und der Trainer konnte mich von einer Vision überzeugen. Ich wusste, was wir in der Vorbereitung geleistet hatten. Deshalb haben wir fest mit diesem Ergebnis gerechnet.

2017 hatte Burrow keinerlei Beweise für dieses Ergebnis. Seine weitere Entwicklung war so überwältigend, dass Burrow sie eigentlich *nicht* hätte für möglich halten sollen. Aber er glaubte daran.

Und deshalb kam es so.

Nun führ dir deine persönliche Situation vor Augen und frage dich: Wie würdest du reagieren, wenn dein zukünftiges Ich zu dir käme und verkündete, dass alles, was du erreichen willst, geschehen wird? Würdest du es glauben? Die Antwort sollte unbedingt »Ja« lauten. Denn wenn du nicht daran glaubst, wird es nicht geschehen. Du musst dich voll und ganz für dein künftiges Ich und alles, was dazugehört, engagieren. Das wird dich auf eine verrückte Reise schicken. Du wirst schwierige Entscheidungen treffen und deinem Bauchgefühl folgen müssen, manchmal auch gegen den Rat wohlmeinender Menschen.

Wenn dein zukünftiges Ich dir berichten würde, dass du überwältigende Dinge vollbracht hast, würdest du ihm glauben?

Fazit

Die Wahrheit über die Persönlichkeit lautet, dass sie sich ändern kann, ändern sollte und tatsächlich ändert. Deine Ziele bestimmen deine Identität. Deine Identität bestimmt deine Handlungen. Und deine Handlungen bestimmen, wer du bist und wer du wirst. So wird die Persönlichkeit entwickelt.

Die nächsten Kapitel gehen gezielt auf die Stellschrauben der Persönlichkeit ein, also auf die Dinge, die du direkt beeinflussen kannst und die indirekt darüber bestimmen, wer du wirst. Immer, wenn du dir ein zukünftiges Ich neu vorstellst und versuchst, anspruchsvolle Ziele zu erreichen, musst du all diese »Persönlichkeitsstellschrauben« verändern. Dabei handelt es sich um:

- **Traumatische Erlebnisse,** die dich entweder in der Vergangenheit gefangen halten oder zu extremem Wandel und Weiterentwicklung antreiben,

- dein **Identitätsnarrativ,** also die Geschichte, die du über dich selbst erzählst und die entweder auf deiner Vergangenheit oder auf deiner angestrebten Zukunft beruht,
- dein **Unterbewusstsein,** das stets nach Harmonie strebt, jedoch ständig erweitert werden kann, indem du emotionale Erfahrungen machst und dich verhältst, wie dein zukünftiges Ich es würde,
- dein **Umfeld,** das entweder dafür sorgt, dass du bleibst, wer du bist, oder verlangt, dass du dich zu einem neuen Menschen entwickelst.

Wenn du nicht strategisch vorgehst, halten dich diese vier Stellschrauben in immer wiederkehrenden, vorhersehbaren Kreisläufen gefangen. Dann hast du den Eindruck, es gehe nicht voran, und Veränderungen erscheinen schwer oder gar unmöglich. Wenn du jedoch verstehst, wie du diese Stellschrauben drehen und justieren kannst, stellen sich unvermittelte, drastische und unvermeidliche Persönlichkeitsänderungen ein.

In den nächsten vier Kapiteln werden diese vier Stellschrauben einzeln behandelt. Du erfährst, wie du sie effektiv einsetzt und kannst damit dein Leben und deine Persönlichkeit nach deinen Vorstellungen radikal verändern.

> Gebt mir einen Hebel, der lang genug ist, und einen Angelpunkt, der stark genug ist, dann kann ich die Welt mit einer Hand bewegen.
>
> – *Archimedes*

KAPITEL 3

Traumata umdeuten

> Wer traumatisiert ist, lebt sein Leben weiterhin so, als hätte das Trauma nie geendet – unverändert und unabänderlich –, denn jede neue Begegnung oder jedes neue Ereignis wird durch die Vergangenheit kontaminiert.[77]
>
> – *Bessel van der Kolk*

Rosalie ist eine nette, liebenswerte Frau von über achtzig Jahren, die sich ihren Traum, Kinderbücher zu schreiben, niemals erfüllt hat. Das lag nicht etwa daran, dass sie ein schweres Leben hatte, nicht lesen konnte oder so arm war, dass sie einen Brotberuf brauchte. Nein, sie hat deshalb nie Kinderbücher geschrieben, weil ihr vor über fünfzig Jahren unabsichtlich der Mut genommen wurde.

Ich habe Rosalie auf einer Konferenz kennengelernt, an der wir beide teilnahmen. In diesen paar Tagen fiel mir auf, dass sie Kurzgeschichten und Gedichte niederschrieb. Als ich sie darauf ansprach, erfuhr ich, dass sie schon immer den Wunsch hatte, Kinderbücher zu schreiben und zu illustrieren.

Auf meine Frage, warum genau sie denn noch keine Bücher veröffentlicht habe, erwiderte Rosalie, sie könne nicht gut zeichnen.

Erstaunt erkundigte ich mich, was sie damit meine. Daraufhin erzählte sie mir von einem Vorfall, der über fünfzig Jahre zurücklag.

Ende der 1960er Jahre, als junge Mutter einer wachsenden Familie, beschloss Rosalie, Kunstunterricht zu nehmen. Sie hatte seit jeher den Wunsch gehabt, Kinderbücher zu schreiben, zu illustrieren und zu veröffentlichen.

In dem Kunstkurs, den sie mit einer Handvoll anderer Leute besuchte, kam es eines Abends zu einem Vorfall, der Rosalies Traum ein jähes Ende setzte.

Nach einer Zeichenübung ging der Lehrer von Tisch zu Tisch und sah sich die einzelnen Arbeiten an. Als er zu Rosalie kam, schnappte er sich ihren Kreidestift und »verbesserte« ihre Zeichnung.

In den rund sechzig Sekunden, in denen der Lehrer ihr Werk übermalte, schämte Rosalie sich sehr. Niemand sonst im Kurs war in dieser Weise korrigiert worden. Alle Blicke waren auf sie gerichtet. Das war für sie so schlimm, dass sie es kaum ertragen konnte. Die Gefühle, die über sie hereinbrachen, weckten in ihr den Gedanken: *Ich kann es wohl nicht.*

Rosalie hat sich nie wieder an einer Zeichnung versucht.

Als ich diesen Bericht hörte, fiel mir die Kinnlade herunter. Rosalie schilderte diesen Vorfall, der fünfzig Jahre zurücklag, als wäre er erst vor wenigen Tagen geschehen.

»Moment mal ...«, vergewisserte ich mich, obwohl mir fast die Worte fehlten. »In all den Jahren hast du *nie* versucht, deine Kindergeschichten zu illustrieren?«

»Nein«, erwiderte sie. »Das Zeichnen ist mir einfach nicht gegeben.«

Das sagte sie ganz emotionslos. Aus ihrer Sicht war das eine unbestreitbare Tatsache. Die Realität. Sie ließ sich nicht überzeugen, obwohl ich es in den paar Tagen, die wir gemeinsam verbrachten, mehrfach versuchte.

»Wenn du zeichnen könntest, würdest du dann Kinderbücher machen?«, fragte ich.

»Das würde mir große Freude bereiten«, erwiderte sie.

Im Laufe der Jahre hatte Rosalie hin und wieder daran gedacht, Kinderbücher zu schreiben und zu illustrieren. Dann war ihr jedoch stets die schreckliche Erfahrung aus dem Kunstkurs eingefallen, bei der sie sich so schlecht gefühlt hatte. Der Schmerz von damals flammte erneut auf und brachte jegliches Vorstellungsvermögen zum Erliegen. Stattdessen drängten sich viele gute Gründe auf, warum »jetzt« gerade nicht der richtige Zeitpunkt war. Der Autor Steven Pressfield bezeichnet dieses Phänomen als »Widerstand« – eine universelle Kraft, die Menschen von kreativen Handlungen abhält.[78]

Dieser Widerstand, der aus einem Trauma entstanden ist, bewirkt, dass *Rosalie sich selbst daran hindert,* den Gedanken weiterzuverfolgen oder in die Tat umzusetzen.

Besonders traurig ist dabei, dass sie *nach wie vor* den Wunsch hat, Kinderbücher zu illustrieren, aber tatsächlich glaubt, sie sei dazu nicht in der Lage.

Wenn von »Traumata« die Rede ist, denkt man spontan an Extremformen wie ärztlich diagnostizierte posttraumatische Belastungsstörungen. Allerdings sind nicht nur große, offensichtliche Erlebnisse traumatisch. Traumata können in verschiedensten Formen im Leben jedes Menschen auftreten und umfassen sämtliche negativen Erfahrungen und alle Ereignisse, die sich darauf auswirken, wer du bist und wie du in der Welt agierst. Jeder von uns hat schon einmal ein Trauma erlebt und war oder ist davon betroffen.

In diesem Kapitel erfährst du, wie traumatische Erlebnisse die Persönlichkeit formen. Du wirst auch feststellen, dass wir allzu oft nicht das Leben führen, das wir uns wirklich wünschen, sondern unser Leben *um unser Trauma herum* gestalten. Um den Schmerz der Vergangenheit zu vermeiden, begnügen wir uns mit einer Pseudo-Persönlichkeit, statt diejenige zu entwickeln, die wir gerne hätten.

Wenn ich erläutert habe, wie traumatische Erlebnisse unser Leben und unsere Ziele prägen, werde ich aufzeigen, wie du diese Traumata verarbeiten, deuten und überwinden kannst, damit deine Zukunft nicht durch deine Vergangenheit eingeschränkt wird.

Traumata zerstören Hoffnungen und vernichten Zukunft

Dr. Jennifer Ruef ist Professorin für Mathematikdidaktik. Seit dreißig Jahren vermittelt sie Lehrkräften, wie man Mathematik besser unterrichtet, damit den Kindern klar wird, dass sie Mathe tatsächlich lernen *können*.

Das ist keine leichte Aufgabe, sondern eine der größten Herausforderungen für den Mathematikunterricht in den USA, da unzählige Kinder an einem regelrechten »Mathe-Trauma« leiden – sie sind geradezu blockiert, sobald sie mit Mathematik konfrontiert werden.[79]

Mathematiklehrer haben besonders in der Mittel- und Oberstufe einen richtig schweren Job. Die meisten Schülerinnen und Schüler sind fest davon überzeugt, dass sie Mathe nicht können, geben sich deshalb kaum Mühe und passen nicht gut auf. Sie alle haben irgendwann einmal eine schlechte Erfahrung mit Mathematik gemacht und diese als Narrativ über die eigene Identität verinnerlicht. *Das liegt mir nicht. Ich mag es nicht.*

Laut Dr. Ruef manifestiert sich ein Mathe-Trauma als Ablehnung und die unkontrollierbare Angst, einen Fehler zu machen. Leider schränkt diese Angst bei vielen die schulischen und beruflichen Möglichkeiten erheblich ein – und zwar nicht, weil sie Mathe *nicht können*, sondern weil die traumabedingte Angst sie lähmt.

Manche Schülerinnen oder Schüler zeigen im Unterricht und bei Klassenarbeiten anfangs gute Leistungen, fürchten aber dennoch, Fehler zu machen oder vor Lehrkräften und Eltern Schwächen oder Unkenntnis zu zeigen. Wer sich nicht traut, anspruchsvolle Aufgaben in Angriff zu nehmen, Fehler zu machen oder fehlendes Wissen zuzugeben, hat laut Dr. Ruef eine »fragile mathematische Identität«. Dann existiert nur eine zerbrechliche Fassade, die bei der kleinsten negativen emotionalen Erfahrung in tausend Stücke zersplittern kann. Ein Scheitern wird nicht in Kauf genommen, sondern *vermieden*, und wenn diese Jugendlichen die Grenzen ihrer Fähigkeiten erreichen und tatsächlich »scheitern«, kommt es zum Unvermeidlichen. Wenn man ein Scheitern unbedingt verhindern will, kann es traumatisch sein, an die eigenen Grenzen zu stoßen.

Laut Dr. Ruef ist ein Mathe-Trauma meist darauf zurückzuführen, dass ein Kind von einem Erwachsenen hört, es sei nicht gut in Mathematik, dass es bei schriftlichen Leistungsüberprüfungen unter Zeitdruck in Panik gerät oder an einem mathematischen Thema hängenbleibt und nicht weiterkommt. Ohne die Unterstützung durch eine Lehrkraft, eine Vertrauensperson oder ein Elternteil geben die Lernenden dann auf.

Ich kann das nicht.

Mit Mathematik werden künftig Schmerz und Versagen assoziiert. Jegliches Interesse an Mathe schwindet, und eine Zukunft, in der Mathematik eine Rolle spielt, wird gar nicht mehr in Erwägung gezogen.

Genau darum geht es bei einem Trauma. Ein charakteristisches Merkmal traumatischer Erlebnisse besteht darin, dass sie die psychologische Flexibilität hemmen und die Betroffenen dadurch auf eine starre Denkweise beschränken. Entsprechend konnte in Forschungen nachgewiesen werden, dass Personen, die an PTBS leiden, oft keinerlei Vorstellungsvermögen haben.[80] Denn das erfordert geistige Flexibilität – die Fähigkeit, unterschiedliche Perspektiven und Möglichkeiten zu sehen und daran zu glauben.

Wer traumatisiert ist, sieht nur noch Schwarz und Weiß. Dann fehlt der Blick für unterschiedliche Perspektiven und Kontexte, und der Fokus liegt ausschließlich auf dem *Inhalt* des Ereignisses.

Ich habe eine schlechte Note bekommen. Ich kann das nicht.

Die Betroffenen halten ihre Perspektive für objektiv, merken aber nicht, dass es sich dabei nur um eine individuelle, eingeschränkte Sicht auf ein Ereignis oder eine Erfahrung handelt. Diese Denkweise sorgt für ein Phänomen, das die Stanford-Psychologin Carol Dweck als »statisches Selbstbild« bezeichnet[81]:

Die Überzeugung, dass in bestimmten Bereichen keine Änderung, kein Wachstum und keine Entwicklung möglich ist. Nach dieser Überzeugung sind Fähigkeiten, Persönlichkeit und Charakter »statische« Eigenschaften, angeboren und unveränderlich.

Laut Dweck wird das Leben bei einem statischen Selbstbild *durch die Vergangenheit definiert.* Das Gegenteil dieses Selbstbilds bezeichnet Dweck als »dynamisches Selbstbild« und meint damit die Überzeugung, dass man Eigenschaften und Charakter ändern kann. Ein dynamisches Selbstbild bedeutet, dass das Leben *von der Zukunft bestimmt* und auf das ausgerichtet ist, was sich ändern kann.

Rosalie definiert sich durch ihre negative Deutung des lange zurückliegenden Vorfalls im Kunstkurs, der sie nicht loslässt. Sie hat ein statisches Selbstbild und konzentriert sich folglich auf das, was sie für ihre »natürlichen« oder »angeborenen« Eigenschaften hält. Sie meint, sie könne keine gute Künstlerin werden, da ihr künstlerische »Gene« oder »Wesenszüge« fehlen.

Ein statisches Selbstbild bedeutet eine »vorschnelle kognitive Festlegung«.[82] Verschiedene psychologische Erkenntnisse zeigen, dass derartige Festlegungen ohne kritische Einordnung des Geschehens erfolgen. Die Festlegung beruht auf Emotionen und wird kaum durch tatsächliche Beweise gestützt oder belegt.

Bei einem traumatischen Erlebnis – so geringfügig es sein mag – wird eine neue kognitive Festlegung durch die spontan auftretenden Gefühle begründet.

Ich kann das nicht.

Ich habe das nicht verdient.

Ich werde niemals das Leben führen, das ich mir wünsche.

Ich sollte die Finger davon lassen.

Rosalie zum Beispiel hat sich innerlich darauf festgelegt, dass es ihr an künstlerischer Begabung fehlt und sie deshalb nicht zeichnen sollte: *Das Zeichentalent ist mir nicht angeboren.* Diese Festlegung ist durch eine schlimme emotionale Erfahrung zustande gekommen. Ihre Gültigkeit oder Bedeutung hat Rosalie nie hinterfragt, sondern sie tief in sich vergraben und viele Jahre nicht darüber gesprochen.

Sowohl Traumatisierung als auch statische Selbstbilder führen zu *übertriebenen Versagensängsten*, wie die Forschung zeigt.[83] Laut Dr. Dweck fürchten Personen mit statischem Selbstbild nichts mehr, als sich mit aller Kraft um etwas zu bemühen und trotzdem zu scheitern. In einem solchen Fall müssten sie sich damit abfinden, dass sie einfach nicht das Zeug dazu haben, und sich andere Ziele setzen.

Einem solchen Scheitern möchten diese Menschen aus dem Weg gehen, denn es würde ihre Identität zu stark prägen und zur Folge haben, dass sie sich als Versager fühlen. Deshalb wagen sie gar keinen Versuch, sondern wählen von vornherein andere, weniger riskante Ziele, die sich leichter verwirklichen lassen.

Der Autor Robert Brault drückt das so aus: »Wenn wir ein Ziel nicht erreichen, liegt das nicht an Hindernissen, sondern daran, dass der Weg zu einem kleineren Ziel deutlicher ist.«[84]

Nicht die Hindernisse auf dem Weg zu unserem Traum halten uns auf, sondern dass wir an der Überzeugung – der Identität – festhalten, unsere Ziele gar nicht erreichen zu können. Dass wir nicht das Zeug dazu haben. Deshalb streben wir nicht an, was wir wirklich wollen, sondern widmen unsere Zeit und Aufmerksamkeit kleineren Zielen.

Wir begnügen uns mit einem kleineren zukünftigen Ich. Es fehlt uns an Vorstellungskraft, Zuversicht und Selbstvertrauen, um uns ein spannenderes und stärkeres zukünftiges Ich auszumalen und darauf hinzuarbeiten. Unser Bild von uns selbst und unseren Möglichkeiten wird immer unflexibler. Die Vergangenheit definiert und lenkt unser Leben.

Deshalb sollten wir uns nicht auf eine Identität und eine Zukunft festlegen, wenn wir gerade traumatisiert oder emotional beeinträchtigt sind. In diesem Zustand sind unsere Entscheidungen für uns selbst und unsere Zukunft zwangsläufig eingeschränkt. Vielmehr sollten wir entscheiden und uns festlegen, wenn wir uns in Bestform und zu allem in der Lage fühlen – wenn wir überschwänglich und voller Zuversicht sind.

Je nach psychologischer Sichtweise könnte man argumentieren, Rosalie habe richtig entschieden, als sie ihren Traum von Kinderbüchern aufgab. Sie hat verhindert, dass sie aufgrund illusorischer Ziele eine Enttäuschung erlebte, und ist realistisch geblieben. Ihr fehlten die Fähigkeiten oder Kompetenzen, die eine große Zeichnerin oder Illustratorin braucht, deshalb war es besser, dass sie ihrem »wahren« Ich treu blieb.

Eine solche Denkweise suggeriert, wir sollten unser Leben und die eigenen Ziele so gestalten, dass sie unserer angeborenen Persönlichkeit und unseren Talenten entsprechen. Ein eckiger Würfel passt nicht in ein rundes Loch – auch wenn das runde Loch die Möglichkeiten oder die Zukunft darstellt, die du dir dringend wünschst.

Somit ist es nicht verwunderlich, dass sich die Persönlichkeit oft aus traumatischen Erlebnissen ergibt. Der Traumaexperte Dr. med. Gabor Maté sagt dazu: »Das, was wir als Persönlichkeit bezeichnen, ist oft ein Durcheinander aus tatsächlichen Wesenszügen und angeeigneten Bewältigungsstrategien, in denen sich nicht unser wahres Ich zeigt, sondern die Tatsache, dass wir es verloren haben.«[85]

> **Kurze Übung:** Beschreibe ein negatives oder traumatisches Erlebnis aus deiner Vergangenheit. Inwiefern hat dieses Erlebnis deine persönliche Entwicklung gehemmt oder dazu geführt, dass du »kleinere Ziele« anstrebst?

Persönlichkeit als Folge traumatischer Erlebnisse

Als meine Tochter ihren zehnten Geburtstag feierte, trat sich unser Sohn Logan einen Glassplitter in die Ferse und lief damit zu meiner Frau. Lauren holte eine Pinzette, und Logan geriet in Panik. Lauren erklärte ihm, er könne den Splitter so lange im Fuß lassen, wie er wolle, und ihr einfach Bescheid sagen, wenn er bereit sei, ihn entfernen zu lassen.

Logan war froh, dass ihm die gefürchtete Pinzette erspart blieb, und wollte sich wieder der Geburtstagsfeier widmen. Aber mit dem Splitter in der Ferse konnte er nicht laufen, während die anderen Kinder fröhlich spielten. Nicht einmal in den Pool wagte er sich, sondern humpelte langsam, vorsichtig und unter Schmerzen am Rand entlang.

Er wollte mitspielen.

Kleinlaut und widerwillig kam er schließlich wieder zu Lauren, um sich den Splitter entfernen zu lassen.

Das tat 20 Sekunden lang weh, doch danach konnte Logan mit den anderen feiern.

Dieser Vorfall erinnerte mich an Michael Singers Buch *Die Seele will frei sein.*[86] Dort ist von einer Frau die Rede, die sich einen großen Stachel im Arm einfängt, der bei der kleinsten Berührung quälende Schmerzen verursacht. Die Frau lässt den Stachel im Arm, weil es wehtun würde, ihn zu entfernen.

So vermeidet sie zwar den intensiven Schmerz bei der Entfernung, doch das hat seinen Preis: Mit dem Stachel im Arm kann sie nur leben, wenn sie sorgfältig darauf achtet, ihn *niemals zu berühren.*

Sie kann nicht mehr im Bett schlafen, weil sie den Stachel berühren könnte, wenn sie sich im Schlaf herumwälzt. Deshalb konstruiert sie eine Schlafvorrichtung, die jede Berührung verhindert.

Sie ist gerne sportlich aktiv, doch weil sie befürchtet, beim Sport könne der Stachel unerträgliche Schmerzen verursachen, umwickelt sie ihren Arm mit einem dicken Polster. Das ist zwar unbequem und schränkt ihre Leistungsfähigkeit ein, doch immerhin kann sie so weiter Sport treiben und gleichzeitig ihren Stachel schützen.

Letztendlich passt diese Frau jeden Lebensbereich so an, dass ihr Stachel niemals berührt wird. Vom Beruf über Freizeit bis hin zu zwischenmenschlichen Beziehungen schafft sie sich ein neues Leben und eine neue Umgebung, damit ihr der Stachel keine Probleme bereitet.

Aber gelingt ihr das wirklich?

Sie gestaltet sich nicht das Leben, das sie wirklich will, sondern gibt sich mit kleineren Zielen zufrieden, um Schmerzen zu vermeiden. Damit verzichtet sie auf die Persönlichkeit, die sie sich wünscht, und entwickelt ein Ich, das im Grunde nur eine Bewältigungsstrategie ist.

Du selbst hast vermutlich keinen großen Stachel im Fleisch, der dein ganzes Leben extrem beeinflusst, doch jeder von uns hat es immer wieder mit Stacheln und Splittern zu tun. Unsere Stacheln sind emotionaler Art. Es handelt sich dabei um schmerzliche Erlebnisse – sowohl aus der Vergangenheit als auch der Zukunft –, mit denen wir uns nicht auseinandersetzen wollen.

Unser echtes, wahrhaftiges Ich ist nicht das, was wir gerade sind. Es wird nicht durch das geprägt, was uns einschränkt, sondern durch unsere innigsten Sehnsüchte, Träume und Ziele.

Wir meiden unsere Ängste und die Wahrheit, statt uns damit zu konfrontieren.

Wir schaffen uns ein Leben, in dem unsere Probleme ungelöst weiterbestehen können, statt das Leben zu gestalten, das wir uns wünschen.

Wir bleiben, wer wir sind, statt der Mensch zu werden, der wir sein möchten.

Wir passen unsere Ziele an unsere aktuelle, eingeschränkte Persönlichkeit an, statt unsere Persönlichkeit so umzugestalten, dass sie unseren Zielen entspricht.

Wie haben dich negative Erlebnisse geprägt?

In welcher Hinsicht hast du ein statisches Selbstbild?

Inwiefern hast du dafür gesorgt, dass dein Leben nicht an deinen Stacheln rührt?

Welche Ziele strebst du an, um eine Auseinandersetzung mit deinem Trauma zu vermeiden?

Was wäre in deinem Leben anders, wenn das Trauma nicht existieren würde?

Welches Leben wäre dein Ideal?

Wie sieht dein ideales zukünftiges Ich aus, ohne Rücksicht darauf, wer du früher warst oder was du erlebt hast?

Traumatische Erlebnisse überwinden

> Ich wollte immer mehr. Ich kann es nicht wirklich erklären. Ich liebte das Spiel und schaute immer nach vorn, nie zurück. Das trieb mich an bis zu jenem Tag, an dem ich meine Sneakers an den Nagel hängte.[87]
>
> *– Kobe Bryant*

In der Psychologie bezeichnet man die Zeitspanne, die nötig ist, um sich emotional von einem Erlebnis zu erholen und es zu überwinden, als *Refraktärzeit.* Kleine Ärgernisse, zum Beispiel, wenn einem die Vorfahrt genommen wird oder man sich mit dem Partner streitet, sind nach einigen Minuten oder ein paar Stunden verwunden. Manche Ereignisse machen uns dagegen Monate, Jahre oder gar Jahrzehnte zu schaffen. Es gibt sogar Erlebnisse, über die man niemals hinwegkommt.

Wer psychologisch flexibel wird, kann die Refraktärzeiten *verkürzen* – selbst bei äußerst schmerzlichen oder schwierigen Erlebnissen. Psychologische Flexibilität erreichst du, indem du deine Emotionen an dich heranlässt, aber nicht von ihnen verschlungen wirst. Du hältst Gedanken und Emotionen an der langen Leine, während du aktiv erfüllende Ziele verfolgst.

Im Profi-Basketball haben die Spieler nach einem Fehlwurf keine Zeit, sich zu grämen und den Mut zu verlieren. Sie mögen enttäuscht sein oder es peinlich finden, wenn der Ball daneben gegangen ist, aber grundsätzlich müssen sie sofort wieder ins Spiel finden und nicht nur konzentriert im Jetzt sein, sondern auch ihren Beitrag für das Team leisten, ganz gleich, wie sie sich gerade fühlen.

Wenn sie sich mit den Gefühlen aufhalten, die ihr Scheitern auslöst, wird es ihnen nicht gelingen, auf dem Spielfeld optimal zu agieren, was weitere Probleme für sie selbst und ihr Team nach sich zieht. Wenn sie sich emotional nicht von dem Vorfall lösen, kann es passieren, dass sie bei der nächsten Chance gar nicht erst einen Wurf wagen, weil sie ein negatives Erlebnis befürchten. Dann handeln sie nicht als ihr zukünftiges Ich, sondern bleiben in der Vergangenheit stecken.

Je weniger du dich mit Fehlern oder schmerzhaften Erfahrungen aufhältst, desto besser kannst du das tun, was aktuell nötig ist und dich deinen Zielen näherbringt. Ereignisse aus der Vergangenheit haben keinen Einfluss auf deine nächste Handlung und hindern dich nicht daran, *hier und jetzt* ganz präsent zu sein.

Je größer deine psychologische Flexibilität, desto schneller kommst du über etwas hinweg. Je geringer die psychologische Flexibilität, desto länger beschäftigst du dich mit den kleinsten Kleinigkeiten.

Rosalie hat ihren Kunstkurs noch genauso vor Augen wie vor fast fünfzig Jahren. Ihre Erinnerung an das Erlebnis hat sich nicht verändert und wurde nie in einen neuen Kontext gerückt. Da sich der Kontext dieser Erinnerung nicht geändert hat, konnte sich auch die Bedeutung des Erlebnisses nicht ändern. Folglich empfindet Rosalie den Lehrer, der ihre Gefühle verletzt hat, immer noch als unverschämt, und hält sich immer noch für künstlerisch unbegabt. Kein einziges Element dieser Erfahrung oder ihrer Erinnerung hat sich jemals geändert.

Hätte sie sich jedoch flexibel von diesem Ereignis gelöst, statt sich daran zu klammern, hätte sie vielleicht gelernt, eigene

Geschichten zu illustrieren. Sie hätte vielleicht Dutzende von Büchern geschaffen, die vielen Kindern Freude gemacht hätten. Mit der Zeit hätte sich die Bedeutung dieses Erlebnisses verändert. Vielleicht hätte Rosalie den Vorfall sogar ganz vergessen. Unter Umständen wäre er gar nicht erinnernswert gewesen – und schon gar nicht so bedeutsam, dass er die Grundlage einer Identität bilden könnte.

Wenn ein Mensch nach einem schwierigen Erlebnis in der emotionalen Refraktärzeit stecken bleibt, wird seine Sicht auf das Leben weiterhin durch die *anfängliche Reaktion* auf das Erlebnis geprägt. Die Emotionen, die das Erlebnis ausgelöst hat, werden dann Tag für Tag rekonstruiert. Die Wahrnehmung des Vorfalls wird nicht gesteuert und umgedeutet.

Das Trauma wird zum Alltag.

Der Autor Dr. Joe Dispenza erklärt dazu:[88]

> Wenn diese Refraktärzeit über Wochen und Monate andauert, entwickelt man ein Temperament. Erstreckt sie sich über Jahre hinweg, so spricht man von einem Persönlichkeitsmerkmal. Wenn wir Persönlichkeitsmerkmale entwickeln, die auf unseren Emotionen beruhen, leben wir in der Vergangenheit und bleiben dort stecken. Indem wir uns und unseren Kindern beibringen, wie man die Refraktärzeit verkürzt, gewinnen wir die Freiheit, unbelastet durchs Leben zu gehen.

Empathische Zeugen: Wie sich Traumata wandeln lassen

> Du bist nur so krank wie deine Geheimnisse.
>
> – *Anonyme Alkoholiker*

Ein Trauma ist eine Interpretation eines Erlebnisses, das mit einer äußerst schmerzhaften Emotion verbunden ist. Erfahrungen, die traumatisch werden, müssen dies jedoch nicht zwangsläufig bleiben. Auch wenn die spontane Reaktion sehr negativ oder lähmend sein kann, lassen sich alle schmerzhaften Erfahrungen umdeuten und neu interpretieren, sodass man letztendlich daran wachsen kann.

Damit schmerzhafte Erfahrungen nicht lähmen, sondern zu Wachstum führen, darfst du den Schmerz nicht fest in deinem Inneren verschließen. Du darfst dir keine »fragile Identität« aufbauen, indem du Fehler oder Kritik vermeidest. Du musst dich deinen Emotionen stellen und bereit sein, sie auch anderen anzuvertrauen. Du veränderst deine Emotionen und Erlebnisse, indem du dich damit auseinandersetzt.

Nachdem Rosalie vor über fünfzig Jahren ihr Trauma erlebt hatte, ging sie nach Hause und erzählte niemandem davon. Sie unterdrückte ihre Emotionen und behielt sie für sich. Sie zog vorschnelle Schlüsse aus dem Erlebten und ließ sich nie dabei helfen, es neu zu deuten. Sie gab ihr Ziel auf. Und deshalb war das Erlebnis traumatisch.

Dr. Peter Levine, ein renommierter Traumaforscher, meint: »Ein Trauma ist nicht das, was uns zustößt, sondern das, was wir ohne empathische Zeugen in uns tragen.«[89]

Rosalie hatte keine empathischen Zeugen. Sie hatte niemanden, der sich ihr traumatisches Erlebnis anhörte und ihr half, es neu zu deuten.

Jeder Mensch tut sich schwer damit, Gefühle zum Ausdruck zu bringen, insbesondere schmerzliche Gefühle. Und wie so viele behielt Rosalie ihren Schmerz für sich und setzte sich für die Zukunft kleinere Ziele. Sie hatte niemanden, der ihr bestätigte, dass *sie es schaffen könnte,* dass ihr angestrebtes zukünftiges Ich Wirklichkeit werden könnte. Sie hatte keinen Coach oder Mentor, mit dessen Hilfe sie die schmerzliche Erfahrung eines einmaligen »Scheiterns« oder eines Hindernisses überwinden und weiter auf ihre Träume hinarbeiten konnte. Sie hatte nicht einmal eine Freundin, die mit ihr über das Erlebnis im Kunstkurs sprach.

»Vielleicht hatte der Lehrer gar nicht die Absicht, dir zu nahe zu treten?«, hätte eine Freundin beim gemeinsamen Essen zu Rosalie sagen können. Aber ein solches Gespräch hat nie stattgefunden.

Sehr viele schmerzhafte Erlebnisse werden unterdrückt und verschwiegen. Das zeigt die Statistik zu einer viel schlimmeren Form von Trauma, dem sexuellen Missbrauch. Untersuchungen zufolge berichten *bis zu 90 Prozent* der Betroffenen niemals von einem sexuellen Missbrauch.[90]

Je schmerzhafter die emotionale Erfahrung, desto wahrscheinlicher, dass wir sie unterdrücken und für uns behalten. Und mit dieser Unterdrückung gehen eine vorschnelle kognitive Festlegung und ein statisches Selbstbild einher. Emotionen werden nicht geäußert und verarbeitet, sondern die Vergangenheit wird so schmerzlich, dass man nicht darüber nachdenken kann und will, sondern bemüht ist, diesen Schmerz zu vermeiden. Das kann eine lebenslange Sucht zur Folge haben, die sowohl den Schmerz der Vergangenheit als auch den Schmerz betäuben soll, der durch das Streben nach dem ersehnten künftigen Ich ausgelöst wird.

Empathische Zeugen hätten Rosalie helfen können, ihre Erfahrung zu verändern oder sogar dem *Kunstlehrer zu vermitteln*, wie sie sich fühlte. Ein solches Verhalten wäre unglaublich mutig gewesen und hätte Rosalies Leben vollkommen verändern können. Vielleicht hätte sie festgestellt, dass der Lehrer sie gar nicht kränken wollte. Vielleicht hätte sie ihn mit anderen Augen gesehen und die Bedeutung des Vorfalls vollkommen umgedeutet. Sie hätte ihn unter Umständen als wohlmeinenden Lehrer wahrgenommen, der sich um ihren Fortschritt bemühte. Und selbst wenn sich herausgestellt hätte, dass er nicht viel von ihrem Können hielt, wäre ihr vielleicht klar geworden, dass Eleanor Roosevelt recht hatte, als sie sagte: »Wenn du es nicht zulässt, kann niemand erreichen, dass du dich schlecht fühlst.«[91]

Für Rosalie gab es jedoch niemals ein solches Gespräch oder transformierendes Erlebnis. Und deshalb definiert sie sich nach wie vor über ihre spontane Reaktion. Seit fünfzig Jahren redet sie sich ein, dass ihre Deutung des Erlebten richtig war, und bestätigt so die Vorurteile, die damit einhergehen.

Spannend ist dabei, dass ich in den wenigen Tagen, die ich mit Rosalie verbrachte, beobachten konnte, dass sie aufgeschlossener wurde. Allein die Tatsache, dass sie über ihr Erlebnis sprach, es neu deutete und sich auf ihren Wunsch konzentrierte, für Kinder zu schreiben und zu zeichnen, schien etwas zu bewirken.

Und zum ersten Mal seit fünfzig Jahren zeichnete Rosalie etwas. Das war nur ein kleiner erster Schritt, und es wird Zeit und

Mühe kosten, ein lebenslanges Trauma zu beheben, doch Rosalie konnte diesen ersten Schritt machen, weil sie einen empathischen Zeugen gefunden hatte.

Meine Frau Lauren erlebte ebenfalls ein Trauma, ging damit jedoch ganz anders um. In ihrem ersten Studienjahr heiratete sie einen Mann, der genau die gleichen Ziele und Ambitionen hatte wie sie selbst. Damals ahnte sie jedoch nicht, dass er zu extremen Zornausbrüchen neigte und außerdem ernste Suchtprobleme hatte.

Wenige Wochen nach der Hochzeit schlug er sie zum ersten Mal. Lauren lebte damals in ihrer Heimatstadt nur wenige Kilometer von ihren Eltern entfernt, vertraute sich aber niemandem an. Der Vorfall hatte sie sehr schockiert, zudem fürchtete sie die Reaktion ihrer Eltern. Vielleicht wären sie enttäuscht von ihr, weil sie sich einen solchen Mann ausgesucht hatte. Oder enttäuscht, wenn sie ihr Problem nicht selbst regelte. So dachte Lauren in ihrem emotionalen Schockzustand, den das Trauma ausgelöst hatte.

Sie behielt alles für sich. Sie versuchte, »stark« zu sein.

Drei Jahre später lebte sie am anderen Ende der USA, und die gelegentliche Gewalt war zu täglichen Angriffen eskaliert, die bleibende Narben hinterließen.

Viel später, als Lauren diese Beziehung beendet hatte und wir bereits zusammen waren, suchten wir zur Vorbereitung auf die Ehe eine Paartherapeutin auf. Während einer der Sitzungen sagte mir die Beraterin, Laurens erste Ehe würde mich für den Rest meines Lebens beschäftigen. Ich solle mich darauf einstellen, dass jederzeit ein Trigger auftreten könne, und müsse empathisch und geduldig sein.

Lauren selbst glaubte das nicht. Sie war fest entschlossen, sich nicht in die Schublade »geschieden«, »misshandelt« oder »Opfer« stecken zu lassen. Ihr künftiges Ich sollte nicht durch ihr früheres Ich und ihr Trauma definiert werden. Wer sie heute kennenlernt, kann sich nicht vorstellen, dass sie jahrelang in stummer Angst emotionale und körperliche Misshandlung erduldet hat.

Sie hat sich diesen Problemen gestellt und sich rückhaltlos und radikal damit auseinandergesetzt. Sie hat mit Beratungsstellen, Freunden und Angehörigen offen darüber gesprochen, und mit Hilfe ihres Tagebuchs auch mit sich selbst. Sie hat ihr Trauma aus eigenem Antrieb thematisiert, wenn sie sich in einem geschützten, wohlwollenden Umfeld befand. So konnte sie ihre Erinnerung an ihr Trauma verändern und beeinflussen.

Sie hat sich den Stachel aus dem Fleisch gezogen.

Ihr Trauma wandelte sich zu unglaublichem Wachstum.

Die Misshandlung kontrolliert sie nicht mehr.

Ihr künftiges Ich ist am Drücker.

Lauren leidet nicht unter ihrer Vergangenheit und dem großen Schmerz, der damit verbunden ist, sondern profitiert davon. Sie kann dankbar und gelassen auf diese Zeit ihres Lebens zurückblicken und empfindet keinen Groll. Sie hat ihrem früheren Ich und ihrem Ex-Mann verziehen.

Wenn andere sich bei ihr erkundigen, wie man Angehörigen und Freunden in ähnlichen Situationen helfen könne, gibt sie stets die gleiche Antwort: Zuhören, hilfreiche Fragen stellen, niemals Vorwürfe machen und keine Ratschläge geben. Das sind die grundlegenden Aspekte, die empathische Zeugen ausmachen.

Jeder Mensch braucht empathische Zeugen, um ein Trauma zu bewältigen. Die renommierte Therapeutin Lynn Wilson meint: »Letztendlich wird das, was wir gemeinsam ertragen haben, durch diese ehrliche Verbindung zwischen zwei Menschen nachvollziehbar und sinnvoll.«

Lynn muss es wissen. 1991 war sie Co-Autorin des Buches *Ich bin viele. Eine ungewöhnliche Heilungsgeschichte* über ihre Patientin Joan Frances Casey, die mit 26 Jahren so traumatisiert war, dass sie eine extreme Form der multiplen Persönlichkeitsstörung mit 24 verschiedenen Persönlichkeiten entwickelte.[92] Dank der eingehenden, intensiven Arbeit und der heilsamen Verbindung zwischen den beiden, in der Lynn als empathische Zeugin fungierte, heilte Joans zutiefst gespaltenes Ich zu einem einzigen, in sich geschlossenen.

Lauren konnte sich nicht vorstellen, sich jemals aus ihrer Misshandlungssituation zu befreien, bis es ihr schließlich tatsächlich gelang. Die Misshandlung war für sie derartig alltäglich geworden, dass ihr Verstand ihre Lage nicht mehr realistisch beurteilen konnte. Sie verspürte keinen Kampf-oder-Flucht-Instinkt, sondern war wie gelähmt. An jenem entscheidenden Tag besuchte sie jedoch ihre Schwägerin und begegnete dort Natalie, ihrer empathischen Zeugin.

Obwohl Natalie Lauren noch nie zuvor gesehen hatte, gelang es ihr schnell, ihr Trauma zu erkennen. Sie hörte zu und stellte Fragen, die Lauren noch nie zuvor in den Sinn gekommen waren. Natalie zeigte Interesse für Lauren und machte ihr keine Vorwürfe. Lauren entwickelte rasch Vertrauen zu Natalie, und nach einigen gemeinsamen Tagen schrieb Natalie eines Abends bis tief in die Nacht einen Bericht aus der Sicht von Lauren. In diesem Text gab es keine Gedanken, Meinungen oder Urteile von Natalie, nur Laurens eigene Worte, die sie ihr wie einen Spiegel vorhielt.

Als Lauren diesen Bericht las, war sie restlos schockiert. Ihr wurde klar, dass es für sie *kein Zurück* gab. Kein Zurück zu ihrem Mann und kein Zurück zu dieser Persönlichkeit.

Sie zog einen Schlussstrich.

Sie rief sofort ihren Vater an und las ihm Natalies Bericht vor. Daraufhin buchte er direkt einen Flug, und gemeinsam packten die beiden Laurens Sachen.

Es ist nie zu spät, empathische Zeugen für ein Trauma zu finden oder selbst Zeuge oder Zeugin zu werden. Wenn du dein Leben ernsthaft verändern willst, musst du dir sogar einen ganz neuen Freundeskreis aufbauen und Mentoren finden. Du brauchst Menschen, die dich unterstützen und mit denen du offen über deine Kämpfe sprechen kannst.

Du brauchst Menschen, die dir helfen können, die nächste Stufe deiner selbst zu erreichen, sonst stößt du irgendwann auf emotionale Erlebnisse, die du unterdrückst und die bewirken, dass deine Persönlichkeit stagniert oder sich sogar zurückentwickelt.

Maulwurfshügel können zu Bergen werden, wenn du keine empathischen Zeugen hast, die dir helfen, deine Erfahrungen zu verarbeiten und neu zu deuten. Echte empathische Zeugen werden dich dazu ermutigen, selbst zu entscheiden, wie du dich weiterentwickeln kannst.

Es braucht Mut, sich der Wahrheit zu stellen und sein Leben zu ändern.

Mut kann Traumata verwandeln.

Ermutigung fördert den Mut.

Wenn du von anderen Menschen ermutigt wirst, fällt es dir leichter, selbst mutig zu handeln. Deshalb brauchst du Menschen in deinem Leben, die dich ermutigen.

Kurze Übung: Notiere dir zwei oder drei Menschen in deinem Leben, die dich besonders ermutigt haben.

Wie haben diese Menschen dich ermutigt?

Weshalb hat das so große Wirkung gezeigt?

Melde dich bei diesen Menschen und bedanke dich ausdrücklich für ihre Unterstützung.

Oft haben gerade sehr kleine und einfache Handlungen in unserem Leben eine ungeheure Wirkung. Für mich beispielsweise war Rich Beverage ein wichtiger empathischer Zeuge, der mich ermutigte, als ich am Ende war. Mit neunzehn Jahren hatte ich mein Ziel, Missionsdienst zu leisten, aufgegeben. Rich, ein ehemaliger Gemeindeleiter, nahm Kontakt zu mir auf und ging ein paarmal mit mir Mittagessen. Diese kleine Geste zeigte unglaubliche Wirkung. Rich half mir zu erkennen, dass meine bisherigen Fehler und meine Lebenssituation mich nicht davon abhalten sollten, meine Zukunft in die Hand zu nehmen. Dank seiner Unterstützung konnte ich mutig die Entscheidung treffen, auf die ich kaum noch zu hoffen wagte.

2019 erzählte der Fernsehstar Lisa Ling in einem Interview, wie wichtig bei ihrer Arbeit das Team ist, das sie unterstützt.[93] Lisa moderiert die CNN-Sendung *This Is Life*, in der drastische, schonungslose Beiträge gezeigt werden. Ling spricht häufig mit Leuten, die großes emotionales Leid und schwere Kämpfe durchgemacht haben. So interviewte sie beispielsweise eine Siebzehnjährige, die mit elf Jahren in die Zwangsprostitution verkauft wurde. In dem Interview sagte das Mädchen, damals habe sie immer wieder bei der Polizei angerufen und gefleht, man solle sie verhaften, um einen sicheren Schlafplatz zu haben.

Dies ist nur ein Beispiel für die unzähligen belastenden Gespräche, die Ling führt. Oft weint sie gemeinsam mit ihrem kleinen Team, weil die bittere Realität sie so überwältigt. Ling erinnert sich:

> Letztendlich musste das Mädchen mich trösten, weil mich das Mitleid so überwältigt hatte, und nach dem Interview lag sich das ganze Team in den Armen. Wir haben alle zusammen geweint. Diese fünf Männer und ich konnten einfach nicht mehr an uns halten. Es war so erschütternd ... Diese Teams, die mich die ganze Zeit begleiten, sind wirklich meine Rettung, denn wenn ich all das allein schaffen müsste, hätte ich vermutlich nicht so viele Jahre durchgehalten, weil die Arbeit emotional so belastend ist. Aber mit diesen Leuten an meiner Seite – denn in meinem Team sind wirklich die sensibelsten, unglaublichsten Männer und Frauen – konnte ich alles bewältigen.

Die Arbeit, die Ling leistet, ist sehr wirkungsvoll, wichtig und emotional. Klugerweise weiß Ling, dass sie das nicht alleine schaffen kann. Deshalb hat sie eine Gruppe empathischer Zeugen an ihrer Seite.

Wenn du ernsthaft nach Wachstum strebst, brauchst du ebenfalls ein Team empathischer Zeugen. Jede Entwicklung, mit der du persönliches Wachstum erreichen willst, ist emotional belastend, selbst wenn deine Arbeit nicht so aufwühlend ist wie die Lings. Nimm das nicht allein in Angriff, sondern sorge dafür, dass du dich auf ein Team verlassen kannst, wenn du kaputt, niedergeschlagen, ausgebrannt, verängstigt oder am Boden zerstört bist.

Wer sich eine kraftvolle Zukunft gestalten will, erlebt zwangsläufig eine gewaltige Menge an Misserfolgen, Kummer, Rückschlägen und Qualen. Deshalb brauchst du deine empathischen Zeugen. Du brauchst Menschen, die dir Mut machen, damit du nicht aufgibst – Menschen, die dich zu großen Träumen anhalten und dein Vorhaben unterstützen, auch wenn andere das nicht verstehen.

David Osborn ist ein sehr erfolgreicher Unternehmer und Immobilieninvestor mit einem Vermögen von über 100 Millionen Dollar. Seinen Erfolg führt er zum großen Teil auf eine kleine Gruppe von »Rechenschaftspartnern« zurück. Dabei handelt es sich um vier Freunde, die sich seit über zehn Jahren regelmäßig treffen, um sich gegenseitig zu unterstützen und zur Rechenschaft zu ziehen.

Eines der Rituale bei diesen regelmäßigen Treffen, die oft an exotischen Orten rund um den Globus stattfinden, besteht darin, dass sich die vier gegenseitig ihre »Eine Seite« vorlesen. Auf dieser »Einen Seite« legen sie sämtliche wichtigen und intimen Kenndaten ihres Lebens offen. Zu den finanziellen Angaben zählen das Nettovermögen, das Einkommen, die Höhe der letzten

Spenden für gemeinnützige Zwecke, die passiven Einnahmen und dergleichen. Daneben gibt es genaue Informationen zum Körperfettanteil, zur Muskelmasse und anderen Gesundheits- und Fitnessdaten einschließlich Blutwerten. Sogar Kennziffern des Privatlebens wie die persönliche Zufriedenheit und eine Einschätzung der Beziehungsqualität werden genannt.

Die »Eine Seite« offenbart nicht nur, wo die vier in allen wichtigen Lebensbereichen stehen, sondern auch, wie sich diese Werte gegenüber dem Vorjahr verändert haben und welche Entwicklung für das nächste Jahr angestrebt wird.

Es erfordert Mut, sich vor anderen ehrlich und »nackt« zu präsentieren. Für Osborn und seinen »Stamm« ist Rechenschaft die stärkste Kraft, die sie sich vorstellen können. Die Männer dienen einander als empathische Zeugen, Coaches und Rechenschaftspartner und führen ihren Erfolg – den sie alle vier in ungewöhnlich hohem Maß vorweisen können – zum Großteil auf ihre Rechenschaftsgruppe zurück.

Welche drei Menschen sind für dich aktuell wichtige empathische Zeugen?

Welche anderen Menschen könntest oder müsstest du als weitere empathische Zeugen gewinnen?

Wen könntest du hier und jetzt in dein Team holen?

Welches Maß an Rechenschaft und Verletzlichkeit erlebst du aktuell?

Dein »Team« sollte aus vielen unterschiedlichen Mitgliedern bestehen. Ich erinnere mich noch gut an die Anfangsphase der Zusammenarbeit mit meinem Finanzberater. Zu Beginn erschien es mir seltsam, so offen über meine Finanzen zu sprechen. Mein Status quo machte mich unsicher. Mein Berater half mir jedoch, eine andere Einstellung zu Geld zu entwickeln. Er unterstützte mich dabei, meine Ziele klar zu definieren, und erstellte wunderbare Systeme, um diese zu erreichen. Er ist nur einer von mehreren Teammitgliedern, aber er war für mich ein empathischer Zeuge.

Je größer mein zukünftiges Ich wird, desto mehr empathische Zeugen brauche ich um mich herum, um ans Ziel zu kommen. Der Führungsexperte und Autor Robin Sharma drückt das so aus: »Je größer der Traum, desto wichtiger das Team.«

So wird man empathischer Zeuge für seine Mitmenschen

Du solltest dir nicht nur selbst empathische Zeugen suchen, sondern kannst und solltest dich auch bemühen, diese wichtige Rolle für deine Mitmenschen einzunehmen. Du kannst davon ausgehen, dass fast jede Person, die du kennst, unterdrückten emotionalen Schmerz in sich aufgestaut hat. Der Universitätspräsident und Religionsführer Dr. Henry Eyring rät: »Behandeln Sie jeden, dem Sie begegnen, als steckte er in ernsthaften Schwierigkeiten, denn in über der Hälfte der Fälle wird das der Wahrheit entsprechen.«[94]

Jede Erfahrung oder Perspektive lässt sich durch einfühlsame Gespräche wandeln. Die Forschung zeigt, dass gegenseitiges

Vertrauen und Verständnis entstehen, wenn man aufmerksam empathisch zuhört.[95] Dazu ist ein sicheres, kooperatives Umfeld erforderlich, in dem beide Parteien Gehör finden und letztendlich eine neue gemeinsame Vergangenheit und Zukunft schaffen.

Wenn ein Mensch einen einfühlsamen und liebevollen Zuhörer hat, hört er sich selbst sprechen und gewinnt einen klareren Blick auf sein Problem. Er ist dann besser in der Lage, eine Lösung zu finden. Die emotionale Belastung schwindet, Stress und Verwirrung lassen nach, während Selbstwertgefühl und Selbstbewusstsein steigen.

Empathische Zeugen sind interessiert, nicht interessant. Einfühlsames Zuhören ist nicht auf die Schnelle möglich, sondern muss aus Liebe erfolgen. Auch wenn du niemals richtig verstehen wirst, was der andere Mensch erlebt hat, musst du es *verstehen wollen.* Wer richtig zuhört, hat in erster Linie die Motivation, zu verstehen und zu ermutigen.

Man gibt seinem Gegenüber Zeit, sich zu öffnen und seine Perspektiven zu verarbeiten. Lösungen oder Ratschläge werden *nicht* geliefert, zumindest nicht sofort. Stattdessen stellt man offene und aufrichtige Fragen. Nachdem diese beantwortet wurden, erkundigt sich der Zuhörende nach weiteren Informationen und Einzelheiten, zum Beispiel mit folgenden Fragen:

»Kannst du das ausführlicher erklären?«
»Was meinst du damit?«
»Warum war dieser Aspekt so wichtig?«
»Hast du die Hoffnung auf eine bessere Zukunft verloren?«
»Was ist das Positive an der Sache?«

»Wie wird das deine Zukunft verändern?«
»Was kannst du jetzt tun, um darüber hinwegzukommen?«
»Wie kann ich helfen?«

Nachdem die andere Person sich geäußert hat, wiederholst du das Gesagte direkt oder mit eigenen Worten, um dich zu vergewissern, dass du richtig verstanden hast. Dann erkundige dich weiter, mit echten, authentischen Fragen, die zeigen, dass du aufmerksam und einfühlsam zuhörst.

In jeder Beziehung ist Vertrauen das A und O. Vertrauen lässt sich nicht auf die Schnelle aufbauen. Wenn es vorhanden ist, wird alles möglich. Ist es dagegen zerstört, können selbst die einfachsten Dinge unüberwindbar werden.

Bei der Traumabewältigung geht es letztlich um den *Neuaufbau von Vertrauen.* Wer das Vertrauen verliert, verliert damit auch Zuversicht und Hoffnung. Rosalie brauchte Vertrauen in sich selbst, um ein schwieriges Ziel anzustreben.

Ohne Vertrauen und Hoffnung verschwindet die Zukunft, während die Vergangenheit an Bedeutung gewinnt. Ein Trauma erschüttert die Vorstellungskraft. Vertrauen und Zuversicht bilden die Basis für Vorstellungskraft und die Möglichkeit zur Veränderung. In jeder Beziehung kann es zu traumatisierenden Vorfällen kommen. Jeder Mensch macht Fehler. Dann braucht es Entschuldigungen und Verzeihen, um nach vorne zu blicken. Das muss jedoch gemeinsam geschehen. Die Beteiligten haben keinen objektiven Blick auf die Vergangenheit, sondern messen ihr jeweils eine subjektive Bedeutung zu. Deshalb muss man die Erinnerung an die Vergangenheit gemeinsam schaffen, durch einfühlsames und liebevolles Verständnis.

Jedes Trauma kann gewandelt werden. Die Vergangenheit lässt sich verändern, auch in Beziehungen, die festgefahren und zerrüttet wirken.

Hast du eine Beziehung, die in der Vergangenheit zu stecken scheint?

Hast du aufgrund früherer Erfahrungen in einer Beziehung ein statisches Selbstbild?

Für welche drei Menschen könntest du aktuell die empathische Zeugenschaft übernehmen?

Fazit

Unser Trauma bildet den Kern dessen, was uns als Menschen ausmacht. Wenn es uns gelingt, dieses Trauma umzugestalten, sind wir auf dem Weg zu unserem Ziel nicht aufzuhalten. Gelingt es uns nicht, bestimmt das Trauma unser ganzes Leben.

Ein traumatisches Erlebnis wird von den Betroffenen aus dem Kontext gelöst, verinnerlicht und anschließend vermieden. Es wird unter dem Eindruck der spontanen emotionalen Reaktion im Gedächtnis abgespeichert – und diese Reaktion ist negativ, quälend und wirkt meist lähmend.

Gesunde Erinnerungen verändern sich mit der Zeit. Bei Menschen, die sich weiterentwickeln, ist die Vergangenheit veränderlich und gewinnt kontinuierlich an Bedeutung und an Nutzen.

Solange du schmerzliche Erlebnisse ausblendest, kannst du nicht über sie hinwegkommen. Du musst dich diesen Erlebnissen stellen. Dazu ist es wichtig, dass du deine Gedanken und Emotionen in deinem Tagebuch festhältst und einordnest. So gelangen Gedanken und Gefühle aus dem Kopf aufs Papier. Du änderst deine Emotionen und negativen Erfahrungen, indem du dich mit ihnen auseinandersetzt.

Trotzdem brauchst du eine Sicht von außen, um deine Erfahrungen umzudeuten. Oft sieht man den Wald vor lauter Bäumen nicht. Empathische Zeugen, die dir keine Ratschläge geben wollen, sondern sich selbstlos Zeit nehmen, um dir zuzuhören, geben dir die Möglichkeit, deine Gefühle offen auszudrücken, sodass sie sich ungehindert wandeln können. Empathische Zeugen findest du zum Beispiel bei professionellen Beratungsstellen.

Wenn du negative oder schmerzhafte Erfahrungen hast, die noch nicht umgedeutet wurden, solltest du dir empathische Zeugen suchen – so viele wie möglich. Es ist höchste Zeit, dass du dein Trauma und deine Vergangenheit änderst. Du musst über deine spontane Reaktion hinwegkommen und psychologisch flexibel werden. Wende dich an einen Menschen, dem du vertraust. Sei so ehrlich wie möglich, wenn du von deiner Geschichte und deinen Erfahrungen berichtest.

Auch dein zukünftiges Selbst, deine wahren Wünsche, solltest du offen und ehrlich schildern. Erwähne auch etwaige »kleinere Ziele«, die zu deinem Traum gehören oder die du im Leben hast.

Und wenn es wichtige Menschen in deinem Leben gibt, denen du verzeihen musst oder zu denen du eine engere Verbindung aufbauen willst oder solltest, dann nimm diese Gespräche in

Angriff. Du wirst staunen, wie schnell sich die Gefühle aus der Vergangenheit auflösen und verändern. Es wird sein, als könntest du endlich wieder frei atmen, nachdem dir die Luft knapp geworden war, ohne dass du es überhaupt gemerkt hattest.

KAPITEL 4

Deine Geschichte verändern

> Die Geschichte unseres Lebens ist keineswegs ein festes Narrativ, sondern wird unablässig neu geschrieben. Die zarten Fäden zwischen Ursache und Wirkung werden neu gesponnen und gedeutet, weil wir versuchen, uns selbst und anderen zu erklären, wie wir zu dem wurden, was wir sind … Deshalb ist es zu Beginn einer Psychotherapie so wichtig, die Geschichte des Patienten unkritisch anzuhören. Bei diesen Erinnerungen geht es nicht nur um die Ereignisse selbst, sondern auch um die Bedeutung, die sie für die jeweilige Person haben.[96]
>
> – *Dr. med. Gordon Livingston*

Buzz Aldrin war der Astronaut, der die Mondlandefähre der Apollo-11-Mission steuerte. Nur wenige Sekunden, nachdem Neil Armstrong mit den historischen Worten »Ein kleiner Schritt für einen Menschen« als Erster einen Fuß auf den Mond gesetzt hatte, betrat auch Aldrin die staubige Mondoberfläche. Allerdings war dieses Erlebnis für ihn keineswegs so unglaublich positiv, wie man meinen könnte, sondern hat fast sein Leben zerstört.

Schon in der dreiwöchigen Quarantäne, die Astronauten damals nach der Rückkehr aus dem All einhalten mussten, entwickelte Aldrin ein Alkoholproblem, das ihn neun Jahre lang nicht losließ. Bald scheiterte seine einundzwanzigjährige Ehe, und auch seine ruhmreiche Karriere beim Militär fand ein trauriges Ende. Auf dem Tiefpunkt seines Lebens arbeitete Aldrin bei einem Cadillac-Händler in Beverly Hills und schloss in sechs Monaten keinen einzigen Verkauf ab.

Eines Abends, als Aldrin wieder einmal betrunken war, sperrte ihn seine Freundin aus ihrem Haus aus. Rasend vor Wut schlug er die Tür ein und verschaffte sich Zugang in die Wohnung. Die Frau rief in ihrer Panik die Polizei, er wurde verhaftet.

Wie hatte es so weit kommen können? Wie war es möglich, dass ein erfolgreicher, hochintelligenter Mensch wie Buzz Aldrin eine so negative Veränderung durchmacht?

Aldrin selbst beantwortete das in seiner Autobiografie *Magnificent Desolation* aus dem Jahr 2009: »Die Umstellung von ›Astronaut, der sich auf die nächste Großtat vorbereitet‹ zu ›Astronaut, der von seiner letzten Großtat berichtet‹ fiel mir nicht leicht … Wie sollte es danach weitergehen?«[97]

Auf dem Rückflug vom Mond wurde Aldrin von negativen Gedanken und Gefühlen übermannt. Während er die Erde unter sich sah, verlor er jegliche Vorstellungskraft. Was er gerade erlebt hatte, ließ sich durch nichts übertreffen. Seine Zukunft war vorbei.

Das werde ich niemals überleben, *dachte er.*

Mit 39 Jahren hatte sein Leben den Höhepunkt erreicht. Dieser Gedanke machte ihm solche Angst, dass er seinen Kummer im Alkohol ertränken wollte.

Das Schicksal des Basketballspielers Giannis Antetokounmpo steht in krassem Gegensatz zur Geschichte von Buzz Aldrin. Antetokounmpo wuchs in Griechenland in großer Armut auf. Seine Familie konnte sich nur ein einziges Paar Basketballschuhe leisten, das Antetokounmpo sich mit seinem Bruder teilen musste. Bei seinen Spielen trat er in den Schuhen an, die sein Bruder am gleichen Tag schon bei einem früheren Match getragen hatte.

Mittlerweile hat Nike einen Schuh auf den Markt gebracht, der nach Antetokounmpo benannt ist und nun von zigtausend jungen Leuten in aller Welt getragen wird. In der Saison 2018/2019, nachdem Antetokounmpo zum MVP, also zum wertvollsten Spieler, der NBA gekürt worden war, fragte ihn ESPN-Kommentatorin Rachel Nichols, ob er schon realisiert habe, dass er nun MVP sei.

»Das freut mich wirklich sehr, das gebe ich offen zu«, sagte er. »Aber ich will nie wieder im Leben davon hören. Das ist eine tolle Leistung und eine große Ehre. Aber jetzt ist es Vergangenheit.«

»Moment mal, du willst die Bezeichnung ›MVP‹ nie wieder hören?«, hakte Nichols erstaunt nach.

»Nein, damit ist jetzt genug. Wenn man über so etwas redet, schadet das meist dem Ehrgeiz. Was passiert wohl, wenn ich ständig denke: ›Ich bin der MVP dieser Liga‹? Mein Ehrgeiz wird nachlassen. Und das will ich nicht. Ich bin stolz darauf. Aber jetzt will ich das nächste Ziel anpeilen.«[98]

Antetokounmpo definiert sich über seine Ziele, nicht über seine bisherigen Erfolge oder Niederlagen. Er definiert sich über das, *was er als Nächstes vorhat.* Er strebt sein zukünftiges Ich an, und deshalb reißt sein Erfolg nicht ab.

Dan Sullivan, der Gründer von Strategic Coach, vertritt die Ansicht, dass man nicht mehr weiterwächst, wenn der Status wichtiger wird als das Wachstum. Solange Wachstum die *wahre Motivation ist*, ergibt sich daraus in der Regel automatisch ein hohes Maß an Status. Allerdings hängt man dann nicht an diesem Status, sondern ist gerne bereit, seinen bisherigen Status zu opfern, um einen neuen zu schaffen. Sullivan drückt das so aus: »Die Zukunft sollte immer größer sein als die Vergangenheit.«[99]

Wenn du ehrlich zu dir bist, musst du dir vielleicht eingestehen, dass du hauptsächlich durch einen bestimmten *Status* motiviert wirst. Sobald du diesen Status erreicht hast – sei es eine bestimmte Berufsbezeichnung, ein bestimmtes Einkommen oder eine bestimmte Beziehung –, verlagert sich deine Motivation: Du willst nichts mehr *erreichen*, sondern etwas *vermeiden*. Du arbeitest nicht mehr auf ein neues, umfassenderes zukünftiges Ich hin, sondern konzentrierst dich in erster Linie darauf, deinen aktuellen Status oder deine Identität zu bewahren oder zu schützen, indem du Misserfolge vermeidest. Du bist nicht mehr mutig. Du stagnierst, und die Energie und der Eifer, die deine Persönlichkeit während der Wachstumsphase prägten, schrumpfen zu etwas weit weniger Inspirierendem zusammen.

Ohne ein zukünftiges Ich, das über das aktuelle Ich hinauswächst und es übertrifft, verliert das Leben allmählich seinen Sinn.

Condoleezza Rice war von 2005 bis 2009 Außenministerin der USA, als erste Afroamerikanerin und zweite Frau auf diesem Posten. In Leben und Beruf musste sie immer wieder den Umständen trotzen. Ihre erfolgreiche, wegweisende Karriere ist zum Teil auf ihre persönliche Philosophie zurückzuführen. Sie selbst sagt: »Ich bin fest davon überzeugt, dass man sich niemals darauf beschränken sollte, jemand ›Ehemaliges‹ zu sein.«

Diese Vorstellung, niemals »jemand ›Ehemaliges‹ zu sein«, fasst kurz und bündig zusammen, worum es in diesem Buch geht. Ob du nun Astronaut oder drogensüchtig *warst*, du solltest niemals dein »ehemaliges« Ich *sein*. Sowohl Trauma als auch Erfolg können deine Persönlichkeit stark beeinflussen. Was immer du erlebt hast, du solltest niemals in der Vergangenheit stecken bleiben und dich nicht über deine Vergangenheit definieren.

Dein wahres Ich ist dein zukünftiges Ich. Der Mensch, der du sein willst.

Lange Zeit hatte Buzz Aldrin die »Mission«, den Mond zu erreichen. Dieses Bestreben oder Ziel bildete die Grundlage für seine gesamte Identität, seine Entscheidungen und sein Umfeld. Als er dann sein Ziel erreicht hatte, blieb er in seinem Status stecken. Er sah keine Möglichkeit, sein früheres Ich zu übertreffen, und nahm deshalb keine neue Zukunft in Angriff. Ohne sinnvolles Ziel ging es mit seinem Leben stetig bergab.

Aldrin, ein Mensch, der dank seiner Ziele und seiner Vorstellungskraft bis auf den Mond gelangt war, hatte keine Ahnung, wie sein zukünftiges Ich aussehen sollte.

Bei Giannis Antetokounmpo war es genau umgekehrt. Schon *wenige Wochen* nach seiner Wahl zum MVP hatte er sich emotional von diesem Status gelöst und konzentrierte sich nun auf das nächste Ziel.

Das soll nicht heißen, dass er nicht glücklich oder dankbar ist, sondern vielmehr, dass er emotional nicht an einem Ergebnis oder einer Identität hängt. Seine Vision von sich selbst liegt weiterhin in der Zukunft, nicht in der Vergangenheit. Und während andere in seinem Umfeld stagnieren, geht er einen anderen Weg. Er lebt weiter, statt nur zu existieren.

Im weiteren Verlauf dieses Kapitels wirst du erfahren, warum wir die Bedeutung unserer Erlebnisse durch Narrative und Geschichten gestalten. Du wirst lernen, wie du dein Narrativ neu formulierst, um es auf die Zukunft auszurichten – auf das, was du sein willst. Das gelingt Menschen wie Giannis oder Elon Musk, und diese seltene Fähigkeit hat entscheidenden Anteil daran, dass sie so erfolgreich sind.

Diese neuen Fähigkeiten geben dir die Möglichkeit, dein *Narrativ* so *umzudeuten*, dass die Vergangenheit dich nicht mehr lähmt, sondern vorantreibt. Deine Vergangenheit ist dir nicht zugestoßen, sondern *für dich* geschehen. Nach diesem Kapitel wirst du anderen von deinem künftigen Ich berichten, nicht von deinem früheren Ich.

Wer bist du?

Durch Geschichten einen »Sinn« schaffen

Kürzlich ging meine Frau mit unserem ältesten Sohn Kaleb, der elf Jahre alt ist, und unseren sieben Monate alten Zwillingsmädchen auf einem Feldweg spazieren, der auf beiden Seiten von Gebüsch und Gräben gesäumt war. Kaleb schob den Kinderwagen.

Da ich vor der Arbeit etwas mit Lauren besprechen musste, fuhr ich meiner Familie mit dem Auto nach, bis ich sie gefunden hatte. Ich hielt neben Lauren an und redete mit ihr, Kaleb stand dabei und hörte uns zu.

Der unbefestigte Weg, auf dem wir uns befanden, fiel zu den Rändern leicht ab. Kaum hatten wir unser Gespräch begonnen, nahm ich wahr, dass der Kinderwagen auf den Graben zusteuerte. Ich rief Kaleb zu, er solle ihn aufhalten.

Mein Sohn gab sich alle Mühe, doch der Wagen hatte zu viel Schwung und zerrte ihn mit den Mädchen in Richtung Graben.

Zorah fiel heraus, weil sie nicht angeschnallt war, und fing sofort an zu weinen. Phoebe dagegen war festgeschnallt und blieb in ihrem Sitz.

Zum Glück war der Sturz nicht schlimm. Zorah hatte sich nicht verletzt, sondern nur erschrocken. Kaleb dagegen war von dem Vorfall sichtlich erschüttert. Er weinte, hielt den Blick auf den Boden gerichtet und sah uns nicht an, obwohl wir ihn mehrmals ansprachen. Ich stellte fest, dass er dabei war, das Geschehen unter dem Einfluss seiner Gefühle zu verarbeiten. Und da seine Gefühle negativ waren, maß er dem Vorfall eine negative Bedeutung zu.

Das wollte ich Kaleb ersparen. Ich wollte ihm helfen, seine Gefühle zu steuern und psychologisch flexibel zu werden. Er sollte dieses Erlebnis proaktiv in förderlicher Weise deuten und so dafür sorgen, dass es ihm nicht zu sehr zusetzte.

Sinn entsteht bei emotionalen Erfahrungen. Nach Auffassung des berühmten Psychologen Dr. Roy Baumeister ist Sinn die psychische Ausdrucksform der Beziehung zwischen Ereignissen oder Dingen. »Der Sinn ist die Verbindung«, so Baumeister.[100]

Die Psychologin Dr. Crystal Park, eine Expertin für Sinn und Sinnschaffung, meint, dass der Mensch drei Dinge miteinander verbindet, um aus seinen Erfahrungen einen Sinn abzuleiten:[101]

- Zunächst wird **die Ursache** eines Vorfalls oder einer Erfahrung **definiert.** (»Was ist gerade passiert?«)
- Dann wird **diese Ursache mit der eigenen Identität verknüpft.** (»Was sagt diese Erfahrung über mich aus?«)
- Zum Schluss werden **diese Ursache und die eigene Identität mit dem großen Ganzen in Verbindung gebracht,** mit der Welt und dem Universum. (»Was sagen diese Erfahrung und mein Ich über die Welt aus?«)

Die Schaffung eines Sinns hat großen Anteil daran, wer wir sind und wer wir werden. Unsere Persönlichkeit beruht überwiegend auf der Bedeutung, die wir früheren Erlebnissen beimessen. Sie beruht auf der Bedeutung, die verschiedene Ziele oder Werte für uns haben, und auf dem, was wir anstreben. Sie wird sogar durch die Bedeutung geprägt, die wir kleineren Dingen wie Humor oder Musik oder Stil oder Interessen beimessen. Sinn wird instinktiv geschaffen, doch das hat eine Schattenseite. Wenn wir den Sinn nicht gezielt steuern, kann es zu einer vorschnellen kognitiven Festlegung kommen.

Ich bin ein schlechter Mensch.

Ich bin introvertiert.

Meine Träume werden sich nie erfüllen.

Ich kann nicht gut mit Menschen.

Solche Leute kann ich nicht leiden.

Wenn die Sinnschaffung nicht gesteuert wird, kann sie zu einem statischen Selbstbild führen. Ein Trauma beispielsweise entsteht nicht durch das Ereignis selbst, sondern durch die Bedeutung, die du ihm zumisst oder daraus ableitest. Ein schreckliches Erlebnis ist nur traumatisch, wenn du es so *deutest.*

Das zeigt das Beispiel von Sean Stephenson, einem wahren Riesen, der von Geburt an Osteogenesis imperfecta litt. Aufgrund dieser Knochenkrankheit wurde er nur 91 Zentimeter groß und saß zeitlebens im Rollstuhl. Stephenson lebte nach der Devise: »Das ist mir nicht zugestoßen, sondern für mich geschehen« – das waren seine letzten Worte, bevor er diese Welt verließ. Als er sie sprach, litt er unter großen Schmerzen, weil er aus dem Rollstuhl gestürzt war und sich schwer am Kopf verletzt hatte. So deutete er nicht nur das Ereignis, das ihn das Leben kostete, sondern sein gesamtes Dasein, obwohl man es durchaus als traumatisch hätte empfinden können.

Das Trauma ist der Sinn, den du in einem Vorfall oder einer Erfahrung siehst, und die Art und Weise, wie dieser Sinn deine Sicht auf dich selbst, deine Zukunft und die Welt im Allgemeinen prägt. Der Sinn, den du bei früheren »Traumatisierungen« erschaffen hast, bestimmt deine Persönlichkeit, deine Entscheidungen und deine Ziele.

So lange, bis du diesen Sinn änderst.

Überleg bitte kurz: Warum definierst du dich auf eine bestimmte Weise? Warum bist du so, wie du bist? Warum magst du bestimmte Dinge oder lehnst diese ab? Warum hast du dir bestimmte Ziele gesetzt?

All das beruht auf dem Sinn, den du aus früheren Erlebnissen gezogen hast, sowie auf der Identität, die du dir dadurch geschaffen hast.

Unser Weltbild wird durch den Sinn geprägt, den wir aus unseren Erfahrungen und den verschiedensten Informationen ableiten. Dabei ist zu beachten, dass wir Menschen meist zunächst einen Sinn für uns selbst schaffen und unsere Umwelt dann durch die Linse unseres Selbstbilds betrachten. Dr. Stephen Covey erklärt das so: »Wir sehen die Welt nicht so, wie sie ist, sondern so, wie wir sind.«[102]

Wer sich selbst negativ sieht, hat meist auch eine negative Sicht auf die Welt. Bei einem positiven Selbstbild ist auch die Sicht auf die Welt eher positiv. *Die Welt wird durch die Linse der Identität betrachtet.*

Deine Wahrnehmung beschränkt sich auf das, was für dich von Bedeutung und relevant ist. Deshalb nahm Andre Norman die kriminellen Machenschaften im Gefängnisalltag nicht mehr wahr, als er sich Harvard zum Ziel und zur Grundlage seiner Identität auserkoren hatte. Und deshalb sah Aldrin keine Wachstumsmöglichkeiten mehr, während er im Status seines früheren Ich gefangen war.

Deine Sicht auf die Welt verrät mehr über dich als über die Welt. Dein Blick auf die Vergangenheit verrät mehr über dich als über die Vergangenheit. Deshalb solltest du den Sinn auf *der Grundlage deines angestrebten zukünftigen Ichs* formulieren. Dazu musst du deine Erfahrungen – auch die schwierigen – *gezielt deuten.*

Wie würde mein zukünftiges Ich auf diese Erfahrung reagieren?

Was würde es darüber denken?

Was würde es dagegen tun?

Wie könnte es davon profitieren?

Das stößt mir nicht zu, sondern geschieht für mich.

Nachdem Kaleb den Kinderwagen losgelassen hatte, stand er im Bann seiner Emotionen, während er dem Erlebten einen Sinn gab. Obwohl den Mädchen nichts passiert war, hätte der

Vorfall bei Kaleb bleibende Schäden hinterlassen und ihn traumatisieren können. Höchstwahrscheinlich machte mein Sohn die drei Phasen der Sinnschaffung durch: (1) Definition einer Ursache, (2) Prägung der eigenen Identität und (3) Prägung der Sicht auf die Welt unter dem Einfluss der Identität.

Zu Ursache und Wirkung dachte er vielleicht:

Ist der Kinderwagen losgerollt, weil ich ihn nicht richtig festgehalten habe?

Wieso habe ich ihn nicht festgehalten?

War Papa schuld, weil er unseren Spaziergang gestört hat?

Warum hat Papa uns abgelenkt?

Lag es daran, dass wir auf einem Feldweg unterwegs waren?

Warum wollte Mama unbedingt spazieren gehen? Ich wollte sowieso lieber zu Hause bleiben.

Aus diesen Überlegungen zu Ursache und Wirkung hätten sich identitätsbildende Gedanken ergeben, zum Beispiel:

Ich bin nicht gerne mit meinen Eltern zusammen.

Ich bin kein guter Bruder.

Ich gehe nicht gerne mit Mama spazieren.

Ich werde so etwas nicht mehr machen.

Meine kleinen Schwestern sind empfindlich, mit ihnen kann man keinen Spaß haben.

Aus diesen Gedanken über das Ereignis und sich selbst hätte Kaleb einen »universellen Sinn« für das Leben an sich abgeleitet, etwa:

Spaziergänge sind gefährlich.

Die Welt ist gefährlich.

Das Leben ist schrecklich.

Papa ruiniert immer alles.

Dieser Prozess der Sinnschaffung läuft im Gehirn in Sekundenschnelle ab. Die Szenarien zu Ursache und Wirkung beruhen weniger auf Gedanken als vielmehr auf Kalebs spontaner emotionaler Reaktion auf das Ereignis. Ohne die Fähigkeit zur Emotionsregulation, die Zeit und Übung erfordert, und ohne Unterstützung durch empathische Zeugen, die ihm bei der proaktiven, gesunden Deutung des Vorfalls helfen, könnte er aus dem Erlebten nachträglich einen negativen Sinn ableiten.

Der Mensch ist im Prinzip eine Sinnschaffungsmaschine. Wir schaffen Sinn, um unser Leben zu begreifen. Sobald du das verstanden hast, wirst du überall Hinweise darauf finden. Selbst in den kleinsten und banalsten Erlebnissen sehen wir einen Sinn. Jeder kleine Vorfall zählt und wirkt sich auf unsere Identität und Weltanschauung aus.

So war ich zum Beispiel kürzlich lange mit dem Auto unterwegs und musste ganz unverhofft *sehr dringend* auf die Toilette. Nach etwa fünf Minuten konnte ich anhalten. Während dieser fünf Minuten schossen mir verschiedene Gedanken durch den Kopf.

Das ist doch lächerlich.

Das nervt mich.

Warum muss das ausgerechnet jetzt passieren?

Als ich merkte, in welche Richtung ich dachte, bemühte ich mich, meine Gedanken gezielt zu steuern – das ist eine Schlüsseltechnik der *Emotionsregulation*, wie es in der Psychologie genannt wird. Wenn du dein Leben bewusster gestaltest, wirst du kleine Situationen wie diese bald als »Übung« oder »Wiederholung« sehen, mit der du deiner gewünschten Persönlichkeit näherkommst. Wer schon mit kleinen Situationen überfordert ist, in denen wenig auf dem Spiel steht, wird sich in entscheidenden nicht bewähren.

Leben ist Übung.

Indem du schwierige Emotionen regulierst, kannst du den Sinn deiner Erlebnisse gezielt definieren. Bei den meisten Menschen laufen Emotionen und Sinnzuschreibung genau umgekehrt ab. Gedanken werden meist *von Emotionen* gesteuert, besonders dann, wenn die Gefühle hochkochen. Solche Gedanken sind reaktiv und unabsichtlich, prägen jedoch den langfristigen Sinn und das Narrativ der betroffenen Person.

Stattdessen sollten deine Emotionen durch deine Gedanken oder vielmehr deine Ziele gesteuert werden, und zwar auch dann, wenn ein Erlebnis spontan Emotionen auslöst, die dir schwer zu schaffen machen.

Je besser du deine Emotionen bei kleineren und größeren Ereignissen regulieren kannst, desto größer wird deine psychologische Flexibilität. Wer psychologisch flexibel ist, wird nicht mehr reaktiv durch Emotionen und Erfahrungen definiert, sondern kann sich gezielt und wertorientiert weiterentwickeln. Dazu musst du Abstand zu deinen spontanen Emotionen und Gedanken entwickeln und trainieren, diese zu steuern.

Der erste Schritt der Emotionsregulation besteht darin, **deine Emotionen zu erkennen und sie zu benennen**, wenn sie auftreten (je anschaulicher, desto besser). Etwas, das du nicht wahrnimmst, kannst du nicht steuern.[103]

Im zweiten Schritt der Emotionsregulation gilt es, zwischen **primären** und **sekundären Emotionen** zu unterscheiden.

Primäre Emotionen sind die spontane Reaktion auf äußere Ereignisse. Diese Gefühle solltest du nicht werten, denn sie sind natürliche Reaktionen auf unsere Umgebung. So ist es zum Beispiel eine natürliche spontane Reaktion, dass man traurig wird, wenn ein geliebter Mensch stirbt, oder sich ärgert, wenn man im Stau steckt.

Eine sekundäre Emotion ist das, was du *über das Gefühl an sich* empfindest. Zum Beispiel könntest du dich darüber ärgern, dass du gekränkt wurdest, oder dich für deine Angst schämen. Sekundäre Emotionen verstärken deine Reaktionen und können destruktive Verhaltensweisen auslösen. Für die psychologische Flexibilität ist es deshalb wichtig, Distanz zur spontanen Reaktion zu schaffen – sie nicht zu ernst zu nehmen und sich nicht zu sehr mit ihr zu identifizieren, sondern sie zur Kenntnis zu nehmen, zu benennen und dann zu entscheiden, wie du das Erlebte deutest und welche Gefühle du dabei empfinden willst.

Der dritte Schritt der Emotionsregulation besteht darin, dass du **negative Gefühle loslässt.** Um eine negative Emotion loszuwerden, darfst du diese nicht verleugnen, sondern musst sie akzeptieren und zur Kenntnis nehmen. Dann solltest du dich von dieser Emotion distanzieren und überlegen, welche Folgen es hätte, wenn sie die Basis für dein Handeln wäre. In der Regel werden diese Folgen nicht den Werten und Zielen deines zukünftigen Ichs entsprechen.

Dumme Entscheidungen gehen oft darauf zurück, dass man aufgrund spontaner Emotionen handelt und nicht bedenkt, welche Folgen das haben wird. Ein Beispiel: Spontan mögen sich gute Gefühle einstellen, wenn man bei Stress Kekse isst, doch letztendlich hat das negative Folgen. Diese Folgen sollten für dich im Vordergrund stehen, da sie über deine langfristigen Gefühle entscheiden. Sie schaffen dein zukünftiges Ich.

Da Kaleb erst elf Jahre alt ist, kann er seine Emotionen noch nicht sehr gut regulieren. Lauren und ich bemühen uns, ihm dabei zu helfen, diese Fähigkeit auszubauen und Gefühle nicht zu unterdrücken, sondern gefahrlos und offen zu äußern. Die offene, ehrliche Äußerung von Gefühlen ist der Schlüssel zur Emotionsregulation und zur psychologischen Flexibilität. Je besser es dir gelingt, Emotionen auszudrücken, desto besser wirst du damit umgehen und positiv darauf reagieren.

Kaleb brauchte einen empathischen Zeugen. Vorwürfe hätten ihm in diesem emotionalen Moment nur geschadet. Wir versicherten ihm, er habe sich nach Kräften bemüht, den Mädchen zu helfen, und alles sei in Ordnung. Er durfte Zorah auf den Arm nehmen und trösten, und wir lobten ihn dafür, dass er sich um sie kümmerte. »Unfälle können immer passieren«, versicherten wir.

Wir halfen ihm, seine Emotionen auszudrücken, und legten als Familie fest, wie wir mit dem Erlebnis umgehen wollten. Wir gaben dem Vorfall einen positiven, konstruktiven Sinn, statt ihn negativ zu sehen.

Für den Prozess der Sinnzuschreibung ist es von entscheidender Bedeutung, dass man Geschichten entwickelt. Den Sinn unserer Erlebnisse erfassen wir *durch* Geschichten. Auch unsere Identität begreifen wir durch Geschichten. Wir haben Geschichten für unser Leben, für bestimmte Ereignisse, sogar für bestimmte Tage. Je bewusster du dein Leben angehst, desto stärker gestaltest du diese Geschichte selbst. Du formst den Sinn deiner Vergangenheit und auch den Sinn aktueller und zukünftiger Erfahrungen, damit deine Vergangenheit der Geschichte entspricht, die du dir wünschst.

Wir entschieden uns gegen eine Geschichte, in der Kaleb versagt hat, sondern erzählten stattdessen eine Geschichte, in der er als heldenhafter Retter auftrat. Auch der Zauberer im Musical *Wicked* weiß: »Ein ehrbarer Rächer? Ein mieser Verbrecher? Wer lichtet den Nebel? Aufs Label kommt es an.« Wir haben die spontanen Gefühle von Angst und Versagen überwunden und das Narrativ selbst gestaltet.

Inwieweit beruht dein aktuelles Narrativ auf primären Emotionen, der spontanen Reaktion auf bestimmte Ereignisse oder Erlebnisse?

Schreibst du Ereignissen aus der Vergangenheit einen Sinn zu, der nicht mehr zu der Geschichte passt, die du über dich selbst erzählen möchtest?

Was ist »deine« Geschichte?

Wer bist du?

Warum bist du der Mensch, der du bist?

Mit diesen Fragen werden wir uns im Laufe des Kapitels befassen. Du wirst feststellen, dass du deine Geschichte selbst gestalten kannst und solltest.

Deine Vergangenheit ist Fiktion: Es ist *deine* Geschichte – gestalte sie kreativ!

Ken Arlen wuchs in den 1970er Jahren auf und fing in der neunten Klasse an, reichlich Marihuana zu rauchen. Damit man das nicht roch, rauchte er auch Zigaretten – das fanden seine Eltern zwar auch nicht gut, aber deutlich weniger schlimm. Damals wurde Nikotin noch nicht so kritisch gesehen wie heute.

Auch im letzten Jahr an der Highschool und während der vierjährigen Collegezeit rauchte Ken weiter. Auf dem College verbrauchte er irgendwann sogar eine ganze Schachtel Zigaretten pro Tag. Als er mir davon berichtete, sagte Ken, er habe es damals tatsächlich für unmöglich gehalten, Bier zu trinken, ohne gleichzeitig zu rauchen. Nicht einmal eine Tasse Kaffee brachte er ohne Zigarette hinunter.

Auf dem College versuchten seine Freude und er mehrfach vergeblich, mit dem Rauchen aufzuhören. »Das war ständig Thema«, so Ken. »Ich habe bestimmt zwanzig Mal einen Aufhörversuch gestartet, es aber nie geschafft.«

Das Rauchen war ein entscheidender Bestandteil seiner Identität und mit allem, was er tat, verbunden. Er rauchte beim Lernen, schon morgens nach dem Aufwachen und wenn er mit seinen Freunden zusammensaß. Er wollte wirklich aufhören, weil ihm klar war, dass es der Gesundheit schadete. Er wusste, dass es sich um eine schlechte Angewohnheit handelte und er süchtig nach Nikotin war. Zudem hatte er das Ziel, Trompete zu spielen.

Nach dem Collegeabschluss begann für Ken ein neuer Lebensabschnitt. Er zog nach Madison in Wisconsin und wurde Pfleger auf einer Station für Querschnittsgelähmte.

Im Krankenhaus gab es einen Aufenthaltsraum für die Pflegekräfte, in dem Rauchen erlaubt war. Als Ken an seinem ersten Arbeitstag in diesen Aufenthaltsraum kam, bot ihm einer der anderen Pfleger eine Zigarette an.

Ken antwortete: »Nein, danke. Ich rauche nicht. Habe ich noch nie und werde ich niemals tun.«

Dieses Ereignis liegt über vierzig Jahre zurück. Ken hat seitdem nie wieder eine Zigarette geraucht.

Ken hatte sein Narrativ geändert. Er änderte seine Vergangenheit, und das ermöglichte ihm eine neue Identität in seinem neuen Umfeld.

Schließlich befand er sich in einer neuen Umgebung, in der niemand von seiner früheren Identität als Raucher wusste. Die Entscheidung, sich als Nichtraucher auszugeben, sei zwar impulsiv, aber dennoch überlegt gewesen, so sagt Ken heute. Indem er sich seinen Kollegen gegenüber öffentlich als Nichtraucher bezeichnete, sorgte er dafür, dass es ihm unmöglich wurde, in ihrem Beisein zu rauchen.

»Ich glaube, das war ein schlauer Schachzug meines Unterbewusstseins, denn ich wusste, dass viele Gewohnheiten und Süchte auf Gruppenzwang und das Umfeld zurückgehen. In einem neuen Umfeld wollte ich Nichtraucher sein.«

Nach etwa einer Woche war das Verlangen nach Nikotin verschwunden. Diese Phase zu überstehen fiel Ken nicht schwer, da er die meiste Zeit bei der Arbeit verbrachte, wo er die Identität eines Nichtrauchers pflegte. Nach dieser ersten Woche *dachte er nie wieder ans Rauchen.*

Er hat seine Geschichte neu geschrieben.

Lücke und Zuwachs: Das Narrativ umdeuten

Nach der Theorie der »narrativen Identität«, die der Wissenschaftler und Forscher Dr. Dan McAdams entwickelt hat, bilden wir alle unsere Identität, indem wir unsere Lebenserfahrungen in eine Geschichte einbauen, die wir verinnerlicht haben und die sich immer weiterentwickelt. Die Geschichte sorgt dafür, dass wir in unserem Leben ein einheitliches, sinnvolles Ganzes sehen.[104]

Diese Lebenserzählung verbindet unsere rekonstruierte Vergangenheit, die wahrgenommene Gegenwart und die vorgestellte Zukunft. Alle drei existieren gleichzeitig. Hinsichtlich des Erlebens sind Vergangenheit, Gegenwart und Zukunft keine voneinander getrennten, linear aufeinander folgenden Phasen, sondern ein Ganzes, das gleichzeitig abläuft. Vergangenheit, Gegenwart und Zukunft finden *genau jetzt* statt – zumindest in deinem Kopf.

Unsere Geschichten über uns selbst entwickeln sich ständig weiter und verändern sich durch die Erfahrungen, die wir machen. Auch wenn die »Tatsachen« zu deiner Vergangenheit gleich bleiben, kann sich die Geschichte, die du dir über diese Tatsachen erzählst, sehr wohl verändern. Und wenn du deine eigene Geschichte umgestaltest, kann es vorkommen, dass du bestimmte »Tatsachen«, die in deiner Geschichte früher eine entscheidende Rolle spielten, weglässt und letztendlich sogar vergisst. Vielleicht waren bestimmte Tatsachen in Wirklichkeit gar keine Tatsachen, sondern nur deine frühere Perspektive.

Viele Menschen schaffen sich kein Narrativ, das ihnen guttut, sondern bleiben in Geschichten gefangen, die auf ihre spontane Reaktion auf eine Erfahrung zurückgehen.

Um dein Narrativ »umzudeuten«, musst du das, was zuvor als negative Erfahrung definiert wurde, unbedingt in eine positive Erfahrung umwandeln. Vielleicht fragst du dich jetzt ratlos: »Warum sollte ich das wollen? Warum sollte ich so tun, als wäre eine negative Erfahrung positiv gewesen?«

»Positiv« und »negativ« sind keine Tatsachen, sondern der zugeschriebene *Sinn.*

Der Sinn, den du Ereignissen aus der Vergangenheit zuschreibst, legt fest, wer du bist und wie deine Zukunft aussieht. Eine bessere Identität und bessere Zukunft erreichst du nur, wenn du deine Sicht auf die Vergangenheit änderst. Damit sich deine Identität ändert, musst du auch deine Geschichte ändern. Eine neue Zukunft schafft eine neue Vergangenheit.

Mit diesem Thema beschäftige ich mich seit über zehn Jahren, und die effektivste Umdeutungstechnik, die ich bislang kennengelernt habe, stammt von Dan Sullivan.[105] Er spricht von »Lücke und Zuwachs« und meint, man verharre in der »Lücke«, wenn man sich auf das konzentriert, was im Leben fehlt.

Solange man sich in der Lücke befindet, kann man die guten Seiten des Lebens weder genießen noch erkennen, sondern konzentriert sich nur darauf, warum bestimmte Dinge nicht so sind, wie man sie sich vorgestellt hat. Wer in der Lücke lebt, sieht beispielsweise nur die Mängel an dem tollen Haus, in dem er wohnt, oder die kleinen Unzulänglichkeiten des wunderbaren Partners an seiner Seite.

Die Lücke richtet den Blick auf das Negative.

Vielleicht hast du tolle Kinder, siehst aber nur ihre Schwächen.

Vielleicht bist du deinem Ziel in den letzten drei Monaten deutlich näher gekommen, hast aber nur Augen für das, was nicht nach Plan gelaufen ist.

Ganz anders verhält es sich, wenn man »im Zuwachs« lebt. In diesem Fall misst du dich nicht an deinem Ideal, sondern daran, wo du früher warst.

Das mag nicht auf Anhieb einleuchten, deshalb möchte ich es näher erläutern.

In der *Geschichte, die du dir* selbst und anderen *erzählst*, geht es um deine Zukunft – dein Ideal. Um deinen kurzfristigen *Fortschritt zu messen*, solltest du jedoch einen Blick zurück werfen. Die regelmäßige Messung des Zuwachses verdeutlicht dir deine Fortschritte. Und wenn du Fortschritte siehst, nimmst du Bewegung und Schwung wahr. Damit steigen Selbstvertrauen und Durchhaltevermögen, sodass du weiter auf ein zukünftiges Selbst hinarbeitest, das alles übertrifft, was du bislang gewesen bist.

Warum ist es wichtig, den Zuwachs zu messen?

Erstens: So wird deine »selektive Aufmerksamkeit« neu ausgerichtet. Wir betrachten die Welt nicht objektiv, sondern durch eine subjektive Linse. Diese Linse hängt davon ab, worauf wir uns konzentrieren wollen. Sobald du dich auf den Zuwachs konzentrierst, sorgst du dafür, dass du Fortschritt und Schwung siehst. Du erzeugst das Gefühl, dass du »gewinnst«, und steigerst damit Selbstvertrauen und Begeisterung.

Darin besteht Sinn und Zweck der Zuwachsmessung. Sie hat eine rein psychologische Funktion und soll bewirken, dass du dich gut fühlst, weil diese positiven Emotionen und das damit verbundene Selbstvertrauen Auftrieb geben und dazu führen, dass du dir größere und ehrgeizigere Ziele setzt. Selbstvertrauen ist die Grundlage für die Vorstellungskraft und entsteht, wenn man Fortschritte sieht.

Bei der gezielten Gestaltung des eigenen Narrativs ist es ungeheuer effektiv, ein »Lücken«-Narrativ in ein »Zuwachs«-Narrativ zu verwandeln. Vielleicht gibt es ein Ereignis aus deiner Vergangenheit, das du negativ siehst – etwas, bei dem du in erster Linie daran denkst, dass du darunter gelitten oder dafür einen hohen Preis gezahlt hast. Vielleicht führst du deine aktuelle Situation auf solche Erfahrungen aus der Vergangenheit zurück.

Was jedoch würde geschehen, wenn du das Drehbuch für dieses Erlebnis komplett umschreiben würdest? Wie wäre es, wenn du deine Aufmerksamkeit gezielt verschiebst und herausstellst, inwiefern diese Erlebnisse einen »Zuwachs« bedeutet haben? Was würde geschehen, wenn du die Geschichten aus einer anderen Perspektive neu deutest und anders erzählst?

Die Geschichtswissenschaft ändert die Sicht auf die Vergangenheit unablässig durch neue Blickwinkel, Erfahrungen und Erkenntnisse. Wenn sich deine eigene Vergangenheit nicht verändert, bleibst du darin gefangen. So kannst du dich nicht weiterentwickeln und nicht wachsen.

Eine Verschiebung von der Lücke hin zum Zuwachs erfolgt durch die *strategische Erinnerung* an deine Erlebnisse. Du erinnerst dich dann *gezielt* an deine Vergangenheit, und zwar auf der Grundlage deiner selbstgewählten Identität und Ziele, nicht auf der Grundlage deiner spontanen emotionalen Reaktion. Du selbst gibst deinen Erlebnissen einen Sinn. Du schreibst deine eigene Geschichte.

Wie also änderst du dein Drehbuch?

Indem du die Vergangenheit *neu erinnerst*, filterst du diese durch deine selbstgewählte Identität – dein zukünftiges Ich. Wie würdest du diese Ereignisse sehen, wenn du dich weiterentwickelt hättest? Inwiefern haben diese Ereignisse dazu beigetragen, dass du heute der Mensch bist, der du bist?

Deine Vergangenheit ist dir nicht zugestoßen, sondern *für dich* geschehen – genauer gesagt geschieht sie jetzt gerade *für dich.*

Als der renommierte amerikanische Journalist und Erzähler Russell Wayne Baker seine Autobiografie verfasste, wurde deren erste Fassung von mehreren Verlagen mit der Begründung, sie sei »uninteressant«, abgelehnt. Daraufhin sagte Baker seiner Frau: »Ich gehe jetzt ins Arbeitszimmer und erfinde meine Lebensgeschichte.«

Das Ergebnis war der Bestseller *Growing Up,* für den er den Pulitzer-Preis bekam.[106]

Diese »neu erfundene« Version seiner Geschichte war nicht weniger wahr als die ursprüngliche Fassung – Baker hatte lediglich einen Weg gefunden, diese Geschichte fesselnder und anschaulicher zu erzählen.

Auch für dich gibt es unzählige Sichtweisen auf die Vergangenheit. Ein schreckliches Erlebnis lässt sich als lehrreiche Erfahrung umdeuten. Einen langweiligen Schultag kann man als kraftvolle, positive Erfahrung sehen.

Je nachdem, welche Elemente einer Geschichte du betonst, verlagern sich Fokus und Wirkung. Der Psychiater Gordon

Livingston erklärt: »Jeder Mensch hat den gleichen Spielraum zur Interpretation der eigenen Geschichte. Wir können die Personen, die in unserer Lebensgeschichte auftauchen, idealisieren oder verunglimpfen. Wir müssen lediglich erkennen, dass beide Alternativen davon zeugen, wie wir uns aktuell sehen wollen, und uns bewusst machen, dass jeder Mensch die Vergangenheit entweder glücklich oder traurig darstellen kann.«[107]

Ich bin in einer zerrütteten Familie aufgewachsen. Meine Eltern ließen sich scheiden, als ich elf war. Diese Scheidung stürzte meinen Vater in tiefe Depressionen, letztendlich wurde er drogensüchtig. Als Teenager fehlte es mir an Rückhalt, ich schaffte nur knapp den Highschool-Abschluss. Ich habe unzählige Fehler gemacht und hatte mit großem emotionalem Leid und Orientierungslosigkeit zu kämpfen.

In dieser Phase meines Lebens versuchte ich, meine Erfahrungen zu verstehen und zu bewältigen, indem ich sie auf verschiedenste Weise deutete. Eine Deutung lautete, dass mein Vater mich und meine jüngeren Brüder im Stich gelassen hatte. Er war schuld – die »Ursache« für alles, was in meiner Welt falsch lief.

Ich sah mich als hilfloses Opfer eines Schicksals, das mir *zugestoßen* war. Nach der Highschool machte ich fast ein Jahr lang so gut wie gar nichts, doch dann fasste ich den Entschluss, mein Leben zu ändern. Ich war es leid, fünfzehn Stunden am Tag mit Videospielen zu verbringen.

Dass ich mein Leben änderte, lag vor allen Dingen daran, dass die Beziehung zu meinem Vater wieder auflebte. Als ich noch in der Highschool war, hatte er immer wieder versucht, Kontakt zu mir aufzunehmen, doch ich hatte stets abgeblockt. Allerdings war mir klar, dass ich mit ihm reden musste, um einen Schlussstrich zu ziehen und mein Leben in den Griff zu bekommen. So ergab es sich, dass wir uns einmal in der Woche zum Mittagessen trafen. Mein Vater ermutigte mich dazu, den Missionsdienst anzutreten.

Dass der Kontakt zu meinem Vater wieder auflebte und ich mich auf die Missionstätigkeit vorbereitete, ist jetzt ungefähr zehn Jahre her. Mittlerweile bin ich ein völlig neuer Mensch. Ich habe einen neuen Blick auf die Vergangenheit entwickelt – statt der Lücken sehe ich jetzt den Zuwachs. Wie Tucker Max mache ich meinem früheren Ich keine Vorwürfe, sondern empfinde in erster Linie Mitgefühl. Auch für meine Eltern habe ich Mitgefühl und Verständnis.

Um die Perspektive von Lücke zu Zuwachs zu verschieben, braucht man unbedingt *mehr Informationen.* Seit damals habe ich mit meinem Vater mehrfach über unsere schwierige Phase gesprochen. Er hat sein Leben mittlerweile in den Griff bekommen und war sogar einige Jahre als Suchtberater tätig.

Wie mein Vater meine Jugend *aus seiner Perspektive* schilderte, machte mich sehr betroffen. Er hat diese Zeit ebenfalls als sehr traumatisch erlebt.

Die Scheidung hatte ihn schwer erschüttert, und dann wurde er in seiner größten Not auch noch von seinen Kindern verlassen. Ich will sein Verhalten nicht entschuldigen. Aber ich entscheide selbst, *wie* ich mich an meine Erlebnisse erinnere. In meinem aktuellen Kontext und aus meiner Perspektive treffe ich die Entscheidung, dass ich mich auf den Zuwachs und nicht auf die Lücken konzentriere, wenn ich meine Vergangenheit betrachte.

Früher bestand meine Geschichte darin, dass mein Vater mich und meine Brüder im Stich gelassen hat. Als ich später von meiner Vergangenheit erzählte, erklärte ich stets, ich hätte meinem Vater vergeben, was er uns angetan hatte, und die Vergangenheit liege nun »hinter mir«.

Aber dieses »hinter mir« war nicht genug. Mein Vater war als Säugling adoptiert worden. Mittlerweile habe ich selbst drei adoptierte Kinder, denen ich geholfen habe, mit ihren Traumata umzugehen. Das gab mir die Fähigkeit, die Geschichte meines Vaters neu zu schreiben. Ich sehe ihn jetzt mit mehr Mitgefühl und Verständnis.

Wie ich das Verhalten meines Vaters und den Gesamtkontext dieses Lebensabschnitts deute, ändert sich nach wie vor. Diese Phase ist für mich jetzt weniger schmerzlich, gewinnt jedoch an Bedeutung für das Wachstum, das ich bislang erlebt habe und weiterhin erlebe. Heute tut es mir nicht mehr weh, daran zu denken oder darüber zu sprechen. Alles, was damals passierte, geschah für mich.

In den letzten zehn Jahren konnte ich beobachten, wie mein Vater sein Leben auf schier unglaubliche Weise veränderte, sich selbst in den Griff bekam und zu einem meiner besten Freunde wurde. Er ist für mich ein absoluter Held. Was er überwinden konnte, ist wirklich überwältigend. Mein Narrativ über diesen Teil meines Lebens ist daher »Bewunderung« für das, was mein Vater durchgemacht hat und was er dadurch geworden ist. Was ich dadurch gewinne, ist so viel wichtiger als hartnäckig auf dem zu beharren, was vor all den Jahren im Einzelnen geschehen ist.

Je weiter ich mich emotional entwickele, desto weniger kann mich meine Vergangenheit negativ beeinflussen und desto stärker gestalte ich selbst, wie ich sie deute.

Und du kannst das ebenfalls.

Deine Aufgabe besteht nun darin, dein bisheriges Narrativ umzugestalten. Dazu musst du zunächst die Perspektive von der Lücke zum Zuwachs verlagern. Wie das geht, erfährst du jetzt.

SCHRITT EINS: VERLAGERE DEN BLICK VON DER »LÜCKE« AUF DEN »ZUWACHS«

Zunächst wollen wir erreichen, dass du dich nicht auf die Lücken konzentrierst, sondern auf den Zuwachs. Das kannst du mit deinem Tagebuch trainieren. Beantworte dazu die folgenden Fragen:

Welchen entscheidenden »Gewinn« oder welches »Wachstum« hast du in den letzten zehn Jahren erlebt?

Wie hast du dich als Mensch verändert?

Von welchen negativen Dingen hast du dich getrennt?

Wie hat sich deine Sicht auf dich selbst und das Leben in den letzten Jahren verändert?

Welche Erfolge oder Anzeichen für Fortschritte konntest du in den letzten neunzig Tagen verzeichnen (notiere dir bis zu drei)?

Indem du dich auf den Fortschritt konzentrierst, sorgst du dafür, dass Veränderung und Wachstum im Vordergrund stehen. Das fördert deine Vorstellungskraft und dein Selbstvertrauen bei der Gestaltung deiner zukünftigen Identität. Wenn du diese Sichtweise konsequent umsetzt, trainierst du dein Gehirn und deine selektive Aufmerksamkeit darauf, nur Wachstum wahrzunehmen. Du trainierst dir also eine positive Identität an.

SCHRITT ZWEI: DENKE AN BIS ZU DREI NEGATIVE ERFAHRUNGEN AUS DEINER VERGANGENHEIT

Nachdem du deine Vergangenheit unter dem Gesichtspunkt des Zuwachses betrachtet hast, rufe dir nun bis zu drei wichtige Erlebnisse in Erinnerung, die deiner Ansicht nach negative Folgen für dein Leben hatten. Notiere dir diese Erlebnisse in deinem Tagebuch.

SCHRITT DREI: NOTIERE DIR SÄMTLICHE VORTEILE ODER »ZUWÄCHSE«, DIE AUS DIESEN ERFAHRUNGEN ENTSTANDEN SIND

Nimm dir nun ausreichend Zeit, um alle Vorteile, Möglichkeiten oder Erkenntnisse zu ermitteln und aufzuführen, die sich aus diesen Erfahrungen ergeben haben. Inwiefern haben sich diese Begebenheiten *für dich* ereignet?

SCHRITT VIER: LASS DEIN ZUKÜNFTIGES ICH MIT DEINEM FRÜHEREN ICH SPRECHEN

Dein früheres Ich ist nicht verschwunden, sondern noch sehr lebendig. Wo du auch gehst und stehst, es ist immer bei dir, genau wie dein zukünftiges Ich. Allerdings ist das frühere Ich, das du mit dir herumträgst, vermutlich nicht intakt und unversehrt, sodass es dein aktuelles und dein zukünftiges Ich stark einschränkt.

Deshalb musst du dein früheres Ich heilen und verändern. Damit änderst du die Deutung der Vergangenheit. Du verabschiedest dich von dem Schmerz, den du bislang mit dir herumgetragen hast. Dein früheres Ich erhält eine andere Identität und wird restlos geheilt.

Indem du ermittelst, welchen Zuwachs deine Erfahrungen bewirkt haben, kannst du entscheidend dazu beitragen, dass die Stärken deines früheren Ichs gegenüber dessen Schwächen in den Vordergrund rücken. Eine weitere wirkungsvolle Technik besteht darin, dass du dein zukünftiges Ich mit deinem früheren sprechen lässt. Dieses Gespräch kann in deinem Tagebuch, in deiner Fantasie, in einer Therapiesitzung oder auf andere Weise stattfinden, ganz wie du willst.

Stell dir dazu dein ideales zukünftiges Ich vor. Es ist unglaublich mitfühlend, weise und verständnisvoll. Es hat viel durchgemacht und die Freiheit und Fähigkeiten erreicht, die du dir für dein Leben wünschst. Die folgenden Fragen können den Ausgangspunkt für das Gespräch bilden, das du in deinem Tagebuch festhältst:

Welches Bild hat dein zukünftiges Ich von deinem früheren Ich?

Was würde dein zukünftiges Ich zu deinem früheren Ich sagen?

Welche Erfahrungen würden die beiden an einem gemeinsamen Nachmittag machen?

Was würde dein früheres Ich über dein zukünftiges Ich denken?

Wie würde sich dein früheres Ich fühlen, wenn es die liebevollen Ratschläge deines zukünftigen Ichs hören könnte?

Wie würde sich dein früheres Ich verändern, wenn ihm im Gespräch mitfühlend erlaubt wird, loszulassen und einen Schlussstrich zu ziehen?

SCHRITT FÜNF: ÄNDERE DAS NARRATIV DER IDENTITÄT DEINES FRÜHEREN ICHS

Wenn du deine Geschichte veränderst, erkennst du neue Möglichkeiten für dich selbst. Du bist dem Geschehen nicht mehr ausgeliefert, sondern gestaltest deine Erfahrungen selbst. Deine Vergangenheit ist nicht mehr als eine Deutung, eine Geschichte, die du dir erzählst. Du kannst sie hier und jetzt umgestalten und neu entwerfen.

Immer, wenn du dich mit deiner Vergangenheit befasst, bewirkst du eine Veränderung.

Ist die Vergangenheit heil und gesund, liefert sie lediglich Informationen, die du nutzen kannst (keine Gefühle, mit Ausnahme ausgewählter, positiver Emotionen). Die Vergangenheit ist nur Rohmaterial, mit dem du arbeiten kannst. Sie ist uneingeschränkt formbar und flexibel. Du kannst frei entscheiden, welche Bestandteile du behältst und wie du diese deuten willst.

Jedes Mal, wenn du eine Erinnerung abrufst, veränderst du diese Erinnerung. Je öfter das geschieht, desto stärker die Veränderung. Das Gedächtnis ist wie Stille Post – je häufiger du die Geschichte erzählst oder sie dir vorstellst, desto stärker verändert sich diese Geschichte. Die Neurowissenschaftlerin Dr. Donna Bridge sagt dazu: »Eine Erinnerung ist nicht einfach ein Bild, das durch eine Zeitreise zurück zum ursprünglichen Ereignis entsteht – sie kann durch die vorherigen Erinnerungsprozesse verzerrt sein ... deine Erinnerung an ein Ereignis kann mit jedem Abruf etwas unschärfer werden, bis sie irgendwann vollkommen falsch ist.«[108]

Welche Folgen hatte das Gespräch mit dem zukünftigen Ich für das frühere Ich?

Welche ehemalige Version deiner selbst trägst du nun mit dir herum?

Wie hat sich dein früheres Ich verändert, seit es geheilt und gewandelt wurde?

Wie stehst du zu deinem früheren Ich?

Welche neue Geschichte wirst du erzählen, wenn sich jemand nach deiner Vergangenheit erkundigt?

Wenn du dich in dieser Weise mit deinen Erinnerungen auseinandersetzt, musst du planvoll vorgehen. Befasse dich nicht mit schwierigen Erinnerungen, wenn du deprimiert oder verunsichert bist, sondern setze dich damit gezielt dann auseinander, wenn du dich geborgen, glücklich und unbeschwert fühlst und Leute um dich hast, die dich lieben.

Wie gut sich der Mensch an Informationen erinnert, überprüfte Dr. Bridge im Rahmen einer Studie, bei der den Testpersonen verschiedene Objekte in einem Raster gezeigt wurden. Die Studie erstreckte sich über drei Tage. Am ersten Tag sahen die Teilnehmenden 180 einzelne, nicht zusammenhängende Gegenstände an verschiedenen Stellen des Rasters. Am zweiten Tag befanden sich nur einige dieser 180 Objekte in dem Raster, aber sie waren alle eher mittig platziert. Am dritten Tag bekamen die Teilnehmenden dann eine lange Liste verschiedenster Gegenstände und sollten angeben, welche davon auf dem Raster zu sehen waren und wo sie sich am ersten Tag befanden.

Dabei stellte sich heraus, dass Gegenstände vom zweiten Tag zuverlässiger erinnert wurden als diejenigen, die nur am ersten Tag zu sehen gewesen waren. Allerdings erinnerten sich die Testpersonen niemals exakt an die richtige Position von Tag Eins, sondern ordneten das Objekt meist eher der falschen Stelle zu, die sie vom zweiten Tag im Gedächtnis hatten.

Das Geschehen vom zweiten Tag hatte die Erinnerung an den ersten Tag verändert. Erinnerungen verändern sich, wenn man sie abruft. »Unsere Ergebnisse zeigen: Wie sich die Teilnehmenden am dritten Tag an die Position des Objekts erinnern, wird durch die falsche Erinnerung an die Position von Tag Zwei beeinflusst ... Der Abruf der Erinnerung hat nicht einfach die ursprüngliche Assoziation verstärkt. Vielmehr wurde die gespeicherte Erinnerung verändert und die Position verstärkt, die sich die Testpersonen in der zweiten Sitzung eingeprägt hatten«, so Bridge.

Jedes Mal, wenn du etwas anschaust oder betrachtest, veränderst du diese Sache. In der Physik kennt man den sogenannten *Beobachtereffekt*, der besagt, dass man ein Phänomen unweigerlich verändert, wenn man es beobachtet. Selbst wenn du lediglich den Reifendruck am Auto überprüfst, lässt du eine kleine Menge Luft entweichen und veränderst damit den Druck. Wenn du ein Objekt betrachtest, fällt Licht auf dieses Objekt und wird reflektiert. Das hat Veränderungen zur Folge, so minimal sie auch sein mögen.

Indem du deine Vergangenheit betrachtest, änderst du diese Vergangenheit. Immer, wenn du auf deine Vergangenheit zurückblickst, verändert sie sich. Immer, wenn du dich im Spiegel betrachtest, *veränderst du dich.*

Kamal Ravikant hatte eine tolle Strategie, mit der er den Beobachtereffekt zu seinem Vorteil nutzte. Bei jedem Blick in den Spiegel sagte er: »Ich liebe dich.« Da er unter Depressionen litt, fiel es ihm anfangs schwer, daran zu glauben. Doch mit jedem Mal, dass er diese Worte äußerte, veränderte er sich, wenn auch kaum merklich.[109]

Er wiederholte diese gezielten Bemerkungen viele tausend Mal, und mit der Zeit verschwanden Depressionen und Suizidgedanken, sodass er sich uneingeschränkt lieben konnte. Ganz allmählich veränderte sich die Person, die ihm aus dem Spiegel entgegenblickte. Er hat jetzt eine völlig neue Persönlichkeit mit einer neuen emotionalen Basis. Seine gesamte Geschichte hatte sich verändert – Vergangenheit, Gegenwart und Zukunft.

Ganz gleich, was dir in der Vergangenheit widerfahren ist, so einzigartig, schrecklich (oder wunderbar) es gewesen sein mag, auch du kannst selbst gestalten, wer du warst und wer du sein wirst.

Ich will das, was dir geschehen ist, nicht kleinreden und die emotionalen Folgen deiner früheren Erlebnisse nicht ausklammern.

Allerdings möchte ich dir deutlich machen, dass du deine Vergangenheit tatsächlich selbst gestalten kannst. Deine Vergangenheit wird weitaus stärker dadurch geprägt, *wie du dich daran erinnerst,* als durch das, was tatsächlich geschehen ist.

> Was ist deine Geschichte?
>
> Welche Erfahrungen aus deiner Vergangenheit haben dich entscheidend geprägt?
>
> Was hast du aus diesen Erfahrungen gewonnen?
>
> Wer war dein früheres Ich?
>
> Wie denkst du über dein früheres Ich?
>
> Wer bist du jetzt?
>
> Wer ist dein zukünftiges Ich?

Deine Zukunft ist Fiktion: Wie wird sie aussehen?

> Oft ist das Ende, was wir den Anfang nennen. Und etwas beenden heißt, etwas beginnen. Das Ende ist unser Ausgangspunkt.
>
> – *T. S. Eliot*

Nate Lambert hatte von klein auf mit seinem Gewicht zu kämpfen – wie seine gesamte Familie. Nach unzähligen vergeblichen Diät- und Abnehmversuchen kam Nate zu dem Schluss, es sei nun einmal sein Schicksal, übergewichtig und ungesund zu bleiben. Das wollte er kompensieren, indem er in anderen Lebensbereichen Erfolg hatte.

Allerdings war es für ihn schwer zu ertragen, dass seine Eltern unter extremen gesundheitlichen Problemen litten. Ihr Übergewicht hatte die verschiedensten Krankheiten und Beschwerden zur Folge. Angesichts dessen fragte sich Nate, wie seine eigene Zukunft aussehen würde:

Wie wird es mir ergehen, wenn ich weiterhin Gewichtsprobleme habe? Wie werde ich mit siebzig Jahren aussehen?

Vor dem Hintergrund seiner aktuellen Geschichte und Identität malte er sich ein zukünftiges Ich mit starken gesundheitlichen Einschränkungen aus, das zu allem, was Nate liebte – zum Beispiel lange Wanderungen oder Reisen in aller Welt –, nicht in der Lage war. Er dachte auch an seine fünf Kinder und seine zukünftigen Enkelkinder. Mit siebzig Jahren würde er seine Familie nicht mehr richtig genießen können. Wenn er den gleichen Weg nahm wie seine Eltern, stand ihm enormes Übergewicht mit unzähligen Leiden bevor, die ihn stark einschränken würden.

Diese Vision seiner Zukunft war Nate so unerträglich, dass sie einen Wendepunkt markierte. Er überlegte, ob es *einen einzigen Entschluss* gab, mit dem sich die größtmögliche Wirkung für seine Gesundheit erzielen ließe, und beschloss, *für den Rest seines Lebens* komplett auf raffinierten Zucker zu verzichten.

Er konnte sich vorstellen, sein Gewicht in den Griff zu bekommen, wenn er ungesunden Zucker ein für alle Mal aus seiner Ernährung strich. Dann würde er als topfitter, gesunder Siebzigjähriger wandern und mit seinen zukünftigen Enkeln spielen können. Ein solches zukünftiges Ich wünschte er sich von ganzem Herzen.

Diese Vision seines zukünftigen Ichs bewegte Nate dazu, seine Identität und sein Verhalten zu ändern. Er traf diese eine

Entscheidung und musste sich von nun an nicht mehr unablässig mit seinem Gewicht beschäftigen.

In der Psychologie kennt man das Phänomen der »Entscheidungsmüdigkeit«, die unsere Willenskraft erschöpft und unsere mentalen Ressourcen verbraucht, weil wir bei jeder Entscheidung, mit der wir konfrontiert werden, sämtliche Vor- und Nachteile abwägen.

Diese Entscheidungsmüdigkeit lässt sich vermeiden, indem man eine verbindliche Entscheidung trifft. Nate zum Beispiel entschied, künftig keinen Zucker mehr zu essen, und musste deshalb niemals wieder überlegen, ob er Zucker zu sich nehmen wollte oder nicht. Die Entscheidung stand fest, deshalb hatte er nicht mehr mit Entscheidungsmüdigkeit – dem Abwägen von Für und Wider sowie möglichen Konsequenzen – zu kämpfen.

Wer nicht *von Vornherein* eine klare Entscheidung für sich selbst trifft, *verschiebt* den Entscheidungsprozess auf einen Zeitpunkt in der Zukunft, zu dem man dann zur Entscheidung gezwungen ist.

Wenn du dir nicht fest vorgenommen hast, sofort aufzustehen, wenn morgens um fünf der Wecker klingelt, machst du dir selbst das Leben schwer. Dann musst du nämlich *in dieser Situation* entscheiden – wenn du schlaftrunken im Bett liegst. Stell den Wecker deshalb außer Reichweite auf, sodass du keine Wahl hast und aufstehen musst, um ihn auszuschalten. Ungewissheit ist Gift für die Willenskraft und bewirkt, dass du den negativen Einflüssen in deiner Umgebung ausgeliefert bist. Du musst von Vornherein wissen, was du in einer bestimmten Situation tun wirst. Die Entscheidung muss gefällt werden, bevor es so weit ist, sonst wirst du inkonsequent und gerätst ins Wanken.

Verbindliche Entscheidungen sind das Gegenteil von Entscheidungsmüdigkeit. Basketball-Legende Michael Jordan wird der Spruch zugeschrieben: »Wenn ich einmal eine Entscheidung getroffen habe, denke ich nie mehr darüber nach.«

Erinnerst du dich an Ken, der angeblich »nie geraucht« hat? Nach seinem Entschluss, nie wieder zu rauchen, hat er bald *nie mehr ans Rauchen gedacht.* Entscheidungsmüdigkeit ist ein wesentlicher Faktor des Suchtverhaltens. Die Sucht kann nur existieren, weil keine Aufhörentscheidung getroffen wurde und der Verstand deshalb weiter mit der Sucht beschäftigt ist.

Clayton Christensen, Professor für Wirtschaft an der Harvard University, sagte einst: »Es ist einfacher, seinen Prinzipien zu 100 Prozent treu zu sein als nur zu 98 Prozent.«[110]

Wenn du dich einer Sache nur zu 98 Prozent verschrieben hast, dann *ist deine Entscheidung nicht endgültig.* Folglich musst du in jeder zukünftigen Situation erneut entscheiden und jedes Mal abwägen, ob die jeweilige Situation eine der wenigen Ausnahmen rechtfertigt, die du dir zugestehst. Du kannst dir in keiner Lebenslage sicher sein, wie dein Verhalten oder deine Entscheidung ausfallen wird.

Diese fehlende Entschlossenheit hat eine unklare Identität zur Folge und schadet dem Erfolg. Erfolg stellt sich ein, wenn du dich dem, was du erreichen willst, zu 100 Prozent verschreibst. Indem du verbindliche, unter Umständen schwierige Entscheidungen triffst, statt diese auf später zu vertagen, förderst du Selbstvertrauen und Fortschritt.

Sobald Nate beschlossen hatte, auf raffinierten Zucker zu verzichten, änderte sich seine gesamte Identität. Seine aktuelle Identität und seine Entscheidungen waren nun durch sein neues zukünftiges Ich geprägt – einen kerngesunden Mann, der später mit seinen Enkeln spielen, reisen und wandern konnte.

Dabei gilt es zu beachten, dass nicht unbedingt der »Zucker« an sich so problematisch war. Vielmehr hatte sich Nate eine Zukunft *mit Zucker* ausgemalt und diese mit seiner Zukunft ohne Zucker verglichen. Ohne Zucker sah er für sich die verschiedensten Möglichkeiten, die es mit Zucker nicht gab.

Diese Technik kannst und solltest du ebenfalls anwenden. Überleg dir, was in deinem Leben nicht optimal ist. Wie würde deine Zukunft ohne diese Sache aussehen?

Das soll nicht heißen, dass diese »Sache« – sei es nun Zucker, Videospiele oder irgendwelche anderen »Laster« oder Zeitvertreibe – grundsätzlich »schlecht« ist. Es geht darum, dass dein zukünftiges Ich anders aussieht, wenn du darauf verzichtest.

Entscheidungen prägen deine Zukunft.

Deine Zukunft prägt deine Identität.

Deine Identität prägt deine Entscheidungen und letztlich deine Persönlichkeit.

Das zukünftige Ich, das durch seinen radikalen Verzicht auf raffinierten Zucker möglich wurde, hatte zur Folge, dass Nate bald außerordentliches Interesse an seiner Gesundheit entwickelte. Er las Gesundheitsratgeber, informierte sich über die vielen negativen Nebenwirkungen von Zucker und notierte sich sämtliche Krankheiten, die mit Zucker in Verbindung gebracht werden, beispielsweise Demenz.

Nate änderte proaktiv seine Identität, *damit sie zu seiner Entscheidung passte.*

Jeden Morgen verkündete er laut und deutlich, er sei gesund, voller Energie und zuckerfrei. Wenn ihm zuckerhaltige oder ungesunde Nahrung angeboten wurde, bekräftigte er seine Identität durch die Antwort: »Nein, danke. Ich lebe zuckerfrei.«

In den folgenden sechs Monaten nahm Nate fast 30 Kilo ab, während sein Selbstvertrauen und seine Vision für seine Zukunft ungeahnte Ausmaße annahmen.

Nates Narrativ über sich selbst und seine Vergangenheit änderte sich ebenfalls. Seine Geschichte drehte sich jetzt nicht mehr darum, wo er stand, sondern darum, *wo er hinwollte.* Nate ist nicht mehr der ehemalige Dicke, sondern der gesunde, energiegeladene Mensch, der er sein möchte.

Und jetzt bist du an der Reihe.

SCHRITT EINS: MACH DIR EHRLICH UND AUFRICHTIG DEUTLICH, WELCHE ZUKUNFT DIR BEVORSTEHT

Ehe du dir dein *gewünschtes* zukünftiges Ich ausmalst, überleg bitte ganz ehrlich, welche Zukunft dir derzeit bevorsteht. Du weißt ja, Nate hatte sich mit der Tatsache abgefunden, dass sein zukünftiges Ich so stark eingeschränkt sein würde wie seine Eltern.

Erst als er die eine Entscheidung traf, die alles veränderte, wurde sein zukünftiges Ich nicht nur möglich, sondern wahrscheinlich.

Welche Zukunft steht dir aktuell bevor?

Wie stehst du zu dieser Zukunft?

Willst du das wirklich?

Kannst du dir vorstellen, dass du die Ziele erreichst, von denen du schon immer geträumt hast?

Wenn du mit der Zukunft, die du ehrlich vor dir siehst, nicht uneingeschränkt glücklich bist, dann gibt es ein Problem. Dieses eingeschränkte zukünftige Ich schränkt auch dein aktuelles Ich ein. Deine Identität wird durch deine Zukunft und deine Ziele bestimmt. Ist dein zukünftiges Ich eingeschränkt, dann sind folglich auch deine aktuelle Identität und dein aktuelles Verhalten nicht so, wie sie sein könnten. Dan Sullivan sagt dazu: »Je größer deine Zukunft, desto besser deine Gegenwart.«

Um deine Identität, dein Tun und dein Verhalten zu verbessern, brauchst du ein neues zukünftiges Ich. Du brauchst etwas, mit dem du dich uneingeschränkt identifizierst und das dich begeistert. Ein starkes Ziel, das du zur Gestaltung deines aktuellen Ichs nutzen kannst.

SCHRITT ZWEI: SCHREIB DEINE EIGENE BIOGRAFIE

> Zunächst musst du dir mehr zutrauen, als du kannst. Du darfst dich nicht im Geringsten um die Grenzen deiner Fähigkeiten scheren. Versuch Dinge zu tun, die du nicht kannst. Wenn du glaubst, dass du nicht für das beste Unternehmen in der Branche arbeiten könntest, dann sollte genau das dein Ziel sein. Wenn du glaubst, dass du es niemals auf den Titel des *Time Magazine* schaffen könntest, dann wird es Zeit, dass du es versuchst. Mach deine Vision von dir selbst zur Wirklichkeit. Nichts ist unmöglich.[111]
>
> *– Paul Arden*

Du darfst deine eigene Geschichte schreiben. Greif zum Tagebuch und erzähl deine Biografie, als würdest du von einem anderen Menschen berichten, der nicht mehr lebt.

> Was war deine Geschichte?
>
> Welche entscheidenden Ereignisse gab es?
>
> Wie wird man sich an dich erinnern?
>
> Wie hast du dein Leben gelebt?
>
> Was hast du vollbracht?

Nimm dir etwas Zeit, um deine Biografie von der Geburt bis zur Gegenwart zu umreißen. Anschließend schreibst du weiter, von der Gegenwart bis zum Ende deines Lebens. Wenn du das etwa einmal im Jahr wiederholst, wirst du feststellen, dass sich deine Erzählungen über die Vergangenheit und die Zukunft genauso verändern und weiterentwickeln wie du selbst. Je öfter du diese Schreibübung absolvierst, desto bewusster und kreativer wirst du deine Geschichte erzählen.

Es wird dir immer besser gelingen, die Geschichte, die du dir vorstellst, darzustellen und auszuleben. Wenn du bewusster lebst, werden sich häufiger Gipfelerlebnisse einstellen. Diese Gipfelerlebnisse werden deine Sichtweise ändern und dein Selbstvertrauen stärken, sodass eine flexiblere Identität möglich wird. Und je flexibler du wirst, desto weniger starr siehst du deine Vergangenheit und das, was dich als Menschen ausmacht. Es wird dir gelingen, dir ein zukünftiges Ich vorzustellen und dieses Ich bald zu verkörpern.

SCHRITT DREI: STELL DIR DEIN ICH IN DREI JAHREN VOR

> Wer willst du in drei Jahren sein? Beschreibe das ganz konkret.
>
> Wie viel verdienst du?
>
> Wer gehört zu deinem Freundeskreis?
>
> Wie sieht dein typischer Alltag aus?
>
> Wie kleidest du dich?

Welche Frisur hast du?

Welche Arbeit hast du?

In welchem Umfeld lebst du?

Wenn du es nicht gewohnt bist, in die Zukunft zu schauen, kannst du dich anfangs auf die nächsten 90 Tage beschränken.

Wer willst du in neunzig Tagen sein?

Was willst du bis dahin erreicht haben?

Inwiefern würdest du dich gerne ändern?

Welche Änderungen möchtest du in deinem Umfeld vornehmen?

Beantworte diese Fragen nicht nur in Gedanken. Viel effektiver ist es, wenn du deine »Vision« oder dein »zukünftiges Ich« schriftlich festhältst. Dieses Dokument kannst du dann ausdrucken und illustrieren, um dein zukünftiges Ich und deine zukünftigen Verhältnisse zu veranschaulichen und dich davon inspirieren zu lassen. Dazu eignen sich beispielsweise Bilder von:

- dir selbst mit deinen Angehörigen, die du liebst,
- Persönlichkeiten, denen du nacheifern willst,
- einer Umgebung, die du dir wünschst, zum Beispiel einem schönen Haus,

- Erfahrungen, die du machen möchtest, zum Beispiel ein Marathon oder eine Auslandsreise.

Dieses Dokument kann so lang sein, wie du möchtest. Oft hilft es aber schon, kurze und prägnante Ziele zu formulieren.

SCHRITT VIER: ERZÄHLE ALLEN VON DEINER NEUEN GESCHICHTE ... *DEINEM ZUKÜNFTIGEN ICH*

> Überleg dir nicht, wer du bist. Überleg dir, wer du sein willst.
> – *Robert Brault*

Bei den meisten Menschen ist das Identitätsnarrativ in der Vergangenheit verwurzelt. Von nun an gründet sich dein Identitätsnarrativ – deine »Geschichte« – jedoch auf dein zukünftiges Ich. Diese Geschichte wirst du von nun an erzählen, wenn man dich fragt, wer du bist.

Im Musical *Hamilton* schildert das Lied »Satisfied« die erste Begegnung zwischen Alexander Hamilton und den Schuyler-Schwestern, von denen er schließlich eine heiratet. Zunächst trifft Hamilton auf Angelica und stellt die üblichen Fragen, die sich um Status und Klasse drehen.

»Ich bin Angelica Schuyler.«
»Alexander Hamilton.«
»Woher stammt Ihre Familie?«
»Unwichtig. Millionen Dinge habe ich noch nicht getan, aber warten Sie nur ab ...«[112]

Alexander hatte keine unglaubliche Vergangenheit. Er hatte keine unglaubliche Herkunft. Er war nicht reich. Aber er hatte Träume. Seine Erzählung beruhte nicht darauf, wo er gerade war oder was er früher getan hatte, sondern er identifizierte sich über das, was er vorhatte.

Cameron Herold, Gründer der COO Alliance, hat Hunderten von Organisationen dabei geholfen, eine sogenannte »lebendige Vision« zu entwickeln. Er rät den Organisationen, diese Visionen auf drei bis fünf Seiten zu schildern und anschließend *überall* zu verbreiten.

Wenn du ein Unternehmen leitest, sollte das gesamte Team deine Vision kennen (und nicht etwa deinen Persönlichkeitstyp). Auch sämtliche Kunden und Interessenten sollten von deiner Vision erfahren.

Wenn du dir eine mehrseitige Beschreibung deines zukünftigen Ichs ausdruckst, erreichst du damit, dass du dieses Ich deutlicher vor dir siehst und daran glaubst. Zudem solltest du dein Visions-Dokument allen weiterleiten, die du kennst. Wenn andere Menschen in deinem Leben von deiner Vision und deinen Zielen wissen, wird man dich stärker zur Rechenschaft ziehen.

Damit deine Vision als Inspiration und Ansporn wirkt, muss sie weit über deine aktuelle Realität hinausgehen. Sie muss dir Motivation und Hoffnung verleihen und bewirken, dass du dich weiterentwickelst und veränderst. Sie muss so groß sein, dass du einen Schreck bekommst, wenn du darauf zurückblickst, wo und wer du gerade bist.

Dein »zukünftiges Ich« und deine »Vision« müssen ständig aktualisiert werden und sind niemals abgeschlossen. Damit die Vision strategisch sinnvoll und hilfreich bleibt, sollte sie höchstens drei Jahre in die Zukunft blicken. Sie sollte sich dabei auf ein Hauptziel beschränken, das dein zukünftiges Ich und alles andere, was du im Leben erreichen willst, möglich macht.

Fazit

Jetzt, da du deine Vergangenheit neu gedeutet und dir deine ideale Zukunft ausgemalt hast, ist es Zeit, aktiv zu werden.

Es ist Zeit zu handeln.

Damit sich deine neue Identität festigt, musst du von nun an im Einklang mit dieser neuen Identität handeln, nicht nach deinem früheren Ich. In der Psychologie spricht man in diesem Zusammenhang von *Selbstsignalisierung* – das bedeutet, dass unsere Handlungen uns signalisieren, wer wir sind. Wir bewerten und messen uns anhand unserer Handlungen. Wenn du dein Verhalten änderst, verändert sich im Zuge dessen auch deine Identität.

Wenn du künftig als dein zukünftiges Ich handelst, wirst du irgendwann zu diesem zukünftigen Ich. Deine Persönlichkeit wird sich deinen Zielen anpassen, sodass du die Eigenschaften, Attribute und Lebensumstände erreichst, die du dir wünschst.

Dazu muss dein zukünftiges Ich zum neuen Standard für dein tägliches Verhalten werden. Gelegenheiten und Entscheidungen, die dem aktuellen Ich entsprechen, musst du ablehnen und stattdessen auf solche setzen, die zum zukünftigen Ich passen.

Dein zukünftiges Ich ist der neue Standard.

Ein Beispiel: Wenn du für einen öffentlichen Vortrag bislang 5.000 Dollar verlangst, erhöhst du dein Honorar auf 15.000 Dollar und sagst ab, wenn dieser Preis nicht gezahlt wird. Dabei nimmst du in Kauf, dass der neue Standard abgelehnt wird, doch den alten akzeptierst du nicht mehr.

Wenn du mutig auftrittst, zieht dein Unterbewusstsein mit der Zeit nach, sodass sich ein neuer Normalzustand entwickelt. Irgendwann wird auch der neue Standard durch einen anderen, höheren ersetzt – und zwar nicht nur in finanzieller Hinsicht. Manchmal bedeutet der neue Standard auch eine Verbesserung in die Breite. Mach dein zukünftiges Ich zum neuen Standard für dein aktuelles Denken und Verhalten.

Das nächste Kapitel verrät dir alles, was du dazu wissen musst.

KAPITEL 5

Dein Unterbewusstsein fördern

> Das Unbewusste ist das Lager all unserer Gefühle, ganz unabhängig von ihrer sozialen oder persönlichen Akzeptanz. Es ist sehr wichtig, über das Unbewusste Bescheid zu wissen, weil das, was dort unten vor sich geht, verantwortlich sein könnte für jene Persönlichkeitsmuster, die uns dazu veranlassen, uns so zu benehmen, wie wir es tun.[113]
>
> *– Dr. John E. Sarno*

Im Sommer 1996 fuhr Jane Christiansen zum ersten und einzigen Mal im Leben Wasserski. Die Sechsunddreißigjährige war zwar unglaublich gesund und fit, hatte aber keinerlei Erfahrung. Als ein anderes Boot so dicht an ihr vorbeifuhr, dass unter Janes Skiern die Wellen hochschlugen, kam sie nicht auf die Idee, einfach loszulassen.

Ehe sie sich's versah, flog sie durch die Luft. Dabei wurde ihr rechtes Bein in einem ungünstigen Winkel in die Höhe geschleudert. Als Jane auf der Wasseroberfläche aufschlug, waren die Schmerzen unerträglich. Sie konnte sich nicht bewegen und musste von anderen aus dem Wasser gezogen werden. Vor Schmerz war sie wie gelähmt.

Bei der anschließenden Untersuchung stellte man fest, dass ihr Oberschenkelmuskel fast vollständig von der Gesäßmuskulatur abgerissen war. Der Arzt prophezeite Jane, sie werde vermutlich niemals wieder joggen können. Eine schreckliche Nachricht, denn Jane war sehr aktiv und erst wenige Monate zuvor einen Marathon gelaufen. So bitter diese Nachricht auch war, Jane glaubte dem Arzt aufs Wort und fand sich damit ab, den Laufsport aufzugeben. Daraus entstand eine vorschnelle kognitive Festlegung.

Allerdings erholte sich Jane recht schnell von ihrem Unfall und konnte bald wieder ein normales, gesundes und aktives Leben führen – allerdings ohne Laufen. Sie setzte sich nicht mit dem Trauma auseinander, sodass sich ihr statisches Selbstbild in Bezug auf den Laufsport verfestigte.

Springen wir nun ins Jahr 2011: Ganz unverhofft verlor Janes Mann seinen vermeintlich sicheren Arbeitsplatz. Statt sich eine neue Stelle zu suchen, ging er vorzeitig in den Ruhestand. Jane war darüber entsetzt und verärgert. Sie arbeitete hart in ihrem eigenen Betrieb und konnte nicht verstehen, dass ihr Mann seine Zeit nun auf dem Golfplatz verbrachte. Das behielt sie jedoch für sich, um ihn nicht zu kränken und nicht den Eindruck zu erwecken, sie würde ihm den Ruhestand nicht gönnen.

Sie unterdrückte ihre wachsende Wut.

Was sich dann ereignete, wirkt auf den ersten Blick sehr rätselhaft. Auf einmal hatte Jane nämlich wieder Schmerzen im rechten Oberschenkel, und zwar genauso starke wie bei dem Wasserski-Unfall *vor fünfzehn Jahren.* Nicht nur das, auch ihr linker Fuß begann zu pochen. Der Schmerz kam aus heiterem Himmel, war nicht zu erklären und sehr intensiv.

Wo lag die Ursache? Jane ging zum Arzt, der die Schmerzen als *natürliche Alterserscheinung* deutete, schließlich war sie mittlerweile über fünfzig. Außerdem diagnostizierte er eine Sehnenentzündung und Arthritis. Jane erschien das nicht plausibel, doch wie schon vor fünfzehn Jahren hinterfragte sie die ärztliche Diagnose nicht.

Das muss am Alter liegen, lautete das Narrativ, das sich aufgrund der kognitiven Festlegung in Janes Kopf festsetzte und letztendlich zur biologischen Realität wurde.

Im Laufe der Zeit wurden die Schmerzen immer schlimmer. Janes Fitness litt sehr darunter. In der Wandersaison 2011 machte sie keine einzige Tour, obwohl Wandern ihr liebstes Hobby war. Die Schmerzen beeinträchtigten sie auch bei der Arbeit.

Unterdessen empfand sie weiterhin stille Wut auf ihren Mann und war manchmal so erbost, dass sie gar nicht mehr gehen konnte. Allerdings vertraute sie niemandem an, dass sie unter Schmerzen litt. Sie wollte den äußeren Schein aufrechterhalten, da sie in der Gesundheitsbranche tätig war und allgemein als Inbegriff von Gesundheit und Positivität galt.

Jane hatte seit jeher einen Hang zum Perfektionismus und wollte sich nicht anmerken lassen, wie schlecht es ihr ging.

Der nächste Sprung führt uns ins Jahr 2014: Damals besuchte Jane eine Wirtschafts- und Marketing-Veranstaltung und wurde dort Joe Polish vorgestellt, dem Gründer von Genius Network und Genius Recovery. Als Jane auf Joe zuhumpelte, erkundigte er sich nach ihrem Bein.

»Was ist denn los?«, wollte er wissen.

Jane erwiderte leichthin: »Ach, nichts weiter, nur leichte Beinschmerzen.«

»Was meinen Sie mit ›Beinschmerzen‹? Haben Sie sich verletzt?«

»Ja, ich hatte einen Unfall beim Wasserski und bin außerdem schon über fünfzig.«

»Wann war denn der Unfall?«

»Vor fast zwanzig Jahren.«

»Wie bitte? Sie haben Schmerzen, weil Sie vor zwanzig Jahren einen Unfall hatten?«

»Ja, so ist es wohl, ich kann es mir selbst nicht erklären«, entgegnete Jane.

Joe verwies Jane daraufhin an seinen Bekannten Steven Ozanich, einen Experten für den Zusammenhang zwischen unterdrückten Emotionen und körperlichen Schmerzen.

Ein paar Tage später telefonierte Jane mit Steven. Er erkundigte sich nicht nach ihren körperlichen Symptomen, nach ärztlichen Diagnosen oder physiotherapeutischer Behandlung. Stattdessen stellte er zahlreiche Fragen zu ihren Lebensumständen.

»Sind Sie verheiratet?«

»Ja.«

»Was macht Ihr Mann beruflich?«

»Er arbeitet nicht mehr. Vor drei Jahren hat er seine Stelle verloren.«

»Welche Gefühle weckt das in Ihnen?«

»Das ist nicht so einfach.«

»Nein, meine Frage war, welche *Gefühle* das in Ihnen weckt«, bohrte Steven nach.

Jane druckste weiter herum. »Es ist schwierig.«

»Nein, ganz ehrlich: Welche Gefühle weckt die Tatsache, dass Ihr Mann nicht arbeitet?«

»Es macht mich ärgerlich.«

»Nur ärgerlich?«

»Wenn ich ganz ehrlich bin, kotzt es mich richtig an.«

»Das klingt, als wären Sie sehr wütend darüber.«

»Das stimmt. Manchmal empfinde ich große Wut.«

»Seit wann haben Sie die Schmerzen?«

»Seit etwa drei Jahren. Es fing an, als mein Mann seinen Job verlor.«

»Dann ist die Sache klar«, sagte Steven. »Ihre Schmerzen haben rein gar nichts mit dem Wasserskiunfall zu tun, sondern werden durch die Gefühle ausgelöst, die Sie gegenüber Ihrem Mann empfinden. Sie müssen einen Weg finden, Ihren Emotionen Ausdruck zu verleihen.«

So in etwa lief das erste Gespräch ab. Steven riet Jane, sein Buch *Die große Schmerzlüge* zu lesen, danach könnten sie sich erneut unterhalten.

Nach dem Telefonat kaufte Jane sofort das Buch, las es dann jedoch nicht. Das Gespräch mit Steven war zwar interessant gewesen, hatte sie aber nicht überzeugt. Sie konnte nicht akzeptieren, dass die unterdrückten Gefühle die wahre Ursache für ihre Probleme sein könnten.

Einige Monate später, im Februar 2015, bekam Jane eine E-Mail von Steven:

»Hey, Jane, wie geht es Ihnen?«

»Mir geht es gut, aber ich habe immer noch Schmerzen. Ich habe Ihr Buch noch nicht gelesen, aber ich werde es ganz bestimmt tun.«

Kaum hatte sie die E-Mail abgeschickt, holte sie Stevens Buch aus dem Bücherregal und las es in der gleichen Woche von vorne bis hinten durch. Als sie damit fertig war, spürte Jane, dass die Schmerzen in beiden Beinen so gut wie verschwunden waren. Aufgeregt schrieb sie eine Mail an Steven und vereinbarte ein erneutes Telefonat. Steven erklärte ihr, die Schmerzen seien durch die »Erkenntnistherapie« verschwunden, die Jane die wahre Ursache ihrer Schmerzen und Probleme bewusst gemacht habe.

Bei einem weiteren Anruf erkundigte sich Steven, was Jane in den letzten Jahren gegen die Schmerzen unternommen habe und was sie derzeit dagegen tue.

Sie hatte die verschiedensten teuren Therapien und Behandlungen durchgeführt und war sogar quer durchs ganze Land geflogen, um experimentelle neue Ansätze auszuprobieren. Steven sagte ihr, sie solle all das sein lassen. Keine Akupunktur mehr, keine Massage, Chiropraktik und dergleichen.

»Hören Sie mit dem ganzen Zeug auf«, sagte er ihr. »Es befeuert die Überzeugung, dass Sie ein körperliches Problem haben. Leben Sie so, als wäre alles in Ordnung. Wenn Sie beim Training Schmerzen haben, lassen Sie sich nicht beirren. Trainieren Sie weiter, als ob der Schmerz gar nicht da wäre. Außerdem müssen Sie von nun an Ihren Gefühlen Ausdruck verleihen.«

Von diesem Moment an nahm Jane vier Veränderungen vor:

1. Sie brach sofort alle teuren Physiotherapien ab.
2. Sie notierte allen Ärger und Zorn in ihrem sogenannten »Wut-Tagebuch«.
3. Sie sprach mit ihrem Mann über ihre Gefühle.
4. *Sie fing wieder an zu laufen.*

Durch diese vier Verhaltensänderungen wandelte sich Janes gesamtes Leben. Sie erkannte, dass sie ihre Gefühle äußern musste, um ohne Schmerzen zu leben. Sie konnte ihre Emotionen nicht mehr unterdrücken und für sich behalten. Außerdem gewann sie an Selbstvertrauen, weil sie wieder laufen konnte.

Sprung in das Jahr 2019: Jane ist mittlerweile achtundfünfzig Jahre alt und so aktiv und gesund, wie sie es seit dem Unfall nicht mehr war. Seit über vier Jahren hat sie keine Schmerzen in den Beinen mehr und wirkt mit jedem Jahr jünger. In den Sportkursen, die sie leitet, motiviert sie andere zu Höchstleistungen. Sie ist eine rundum strahlende Erscheinung.

Jane hat jetzt mehr Verständnis für ihre Vergangenheit. Sie macht ihrem Mann weitaus weniger Vorwürfe und erkennt auch, dass sie jahrelang für Stress in der Ehe gesorgt hat. Sie geht davon aus, dass sie bis ins hohe Alter gesund, fit und schmerzfrei leben wird. Außerdem glaubt sie, dass sie den Rest ihres Lebens glücklich mit ihrem Mann verheiratet bleiben wird – noch vor einigen Jahren war sie sich dessen nicht so sicher gewesen.

Jane ist jetzt nicht mehr perfektionistisch und emotional starr, sondern hat eine größere psychologische Flexibilität erreicht. Früher hat sie sich über die kleinste Unordnung im Haus sehr empört, jetzt jedoch ist sie im Umgang mit anderen deutlich flexibler.

»Manches ist einfach nicht so wichtig, zum Beispiel, ob das Bett gemacht ist oder nicht.«

Bei der Arbeit hat sie ihre hohen Ansprüche zwar beibehalten, merkt jedoch, dass sie auch dort offener geworden ist und zulässt, dass ihre Belegschaft eigene Ideen umsetzt, statt sich starr an ihre Vorgaben zu halten.

Jane hat jetzt einen viel besseren Zugang zu ihren Emotionen. Wenn sie merkt, dass sie etwas nervt, oder wenn sie bei der Arbeit oder in privaten Situationen Stress oder Ärger empfindet, nimmt sie sich sofort Zeit, ihre Gedanken mit ihrem Tagebuch zu verarbeiten. Ohne ihr Wut-Tagebuch geht sie nicht mehr aus dem Haus.

Bevor sie ihre Gedanken und Gefühle gegenüber anderen äußert, verarbeitet und ordnet sie diese zunächst in ihrem Tagebuch. Das ermöglicht ihr eine klarere Kommunikation, die sich auf ihre selbstgewählte sekundäre Emotion stützt und nicht auf die unmittelbare Reaktion oder spontane Verfassung. Mit Hilfe ihres Tagebuchs horcht Jane in sich hinein und verhindert damit in emotional schwierigen Situationen eine vorschnelle kognitive Festlegung. So kann sie sich wieder auf ihr zukünftiges Ich und das Leben, das sie erreichen möchte, besinnen.

Sie hat gelernt, ihre Bedürfnisse zu kommunizieren. Sie setzt sich selbst und ihren Beziehungen bessere Grenzen. Sie versucht seltener, es anderen recht zu machen. Sie hat in ihrer emotionalen Entwicklung und ihrer persönlichen Flexibilität einen Schritt nach vorn gemacht und damit ihre Persönlichkeit verändert. Sie ist nicht mehr so starr und in der Vergangenheit verhaftet, sondern lebt mehr im Hier und Jetzt, hat besseren Zugang zu anderen Menschen und wird durch ihr zukünftiges Ich angetrieben.

Das ist Janes ganz persönliche Geschichte, eine von vielen. Schmerzen können die unterschiedlichsten Gründe haben, und obwohl ich keine medizinischen Ratschläge geben kann und will, ist es sehr besorgniserregend, wie viele Menschen unter chronischen körperlichen Schmerzen leiden, die auf ein tiefliegendes psychologisches Trauma zurückzuführen sind.

Im weiteren Verlauf dieses Kapitels werde ich auf wissenschaftliche Erkenntnisse eingehen, die sich mit der Verbindung zwischen unseren Emotionen, unserem Unterbewusstsein und unserem Körper befassen. Dabei gilt es zu beachten, dass die Wissenschaft zwar allgemeingültige Trends beschreiben kann, die persönliche Situation jedoch bei jedem Menschen einzigartig ist. Die Informationen auf den folgenden Seiten dürfen deshalb nicht als medizinische Beratung missverstanden werden.

Deine Erinnerungen sind körperlich – dein Körper ist emotional

Wir betrachten unsere Erinnerungen meist als abstraktes, psychisches Phänomen, dabei sind sie *physisch und physiologisch.* Dein physischer Körper zeugt von deiner Vergangenheit – er verkörpert die Erinnerung an alles, was früher geschehen ist. Der Psychiater Bessel van der Kolk hat ein Buch geschrieben, das dies bereits im Titel deutlich macht: *Verkörperter Schrecken: Traumaspuren in Gehirn, Geist und Körper.*[114]

Die Erfahrungen in unserem Leben werden zu unserer Biologie. Diese Erfahrungen werden in bestimmten Bereichen unseres Körpers als Erinnerungen abgespeichert. In Janes Fall entstand durch ihre Verletzung beim Wasserski eine Erinnerung, die in ihrem Bein gespeichert wurde. Dr. Steven Cole, der Direktor des UCLA Social Genomics Core Laboratory, erläutert das so: »Eine Zelle ist eine Maschine, die Erfahrungen in Biologie umwandelt.«[115]

Janes Geschichte verdeutlicht den grundlegenden Zusammenhang zwischen Gefühlen und Körper. In der Medizin bringt man beides selten in Verbindung, dabei ist es nicht voneinander zu trennen.

Unsere Gefühle sind der Klebstoff, der unseren Körper, unsere Erinnerungen und unsere Identität zusammenhält.

Auch Gefühle betrachten wir meist als etwas Abstraktes, das sich nur in unserem Kopf abspielt. Das stimmt jedoch nicht. *Emotionen sind körperlich.*

Darauf möchte ich genauer eingehen. Gefühle und Erinnerungen sind physisch messbar. Die Molekularbiologin und Neurowissenschaftlerin Dr. Candice Pert erläutert, dass jede einzelne Körperzelle mit »Rezeptoren« ausgekleidet ist, die durch Neuropeptide Botschaften erhalten – diese Neuropeptide sind kleine Proteinmoleküle, die für den Informationsaustausch zwischen Körper und Gehirn sorgen. Dr. Pert bezeichnet diese Peptide als »Gefühlsmoleküle« und erklärt, dass es sich bei den Informationen, die in Gehirn und Körper weitergeleitet und gespeichert werden, um *Emotionen* handelt.[116]

Mit anderen Worten: Die Informationen, die sich durch Gehirn und Körper bewegen, sind emotionaler Natur. Aus diesen Informationen – dem emotionalen Inhalt – *entsteht der Körper.*

Unsere Erfahrungen verändern nicht nur unsere Sichtweise und Identität, sondern beeinflussen auch unsere Biologie.

Warum ist das wichtig? Weil wir unsere Sicht auf den Körper ändern und *ihn als emotionales System betrachten* müssen. Emotionen entstehen durch chemische Abläufe, und unser Körper gewöhnt sich an diese chemischen Stoffe. Das gilt zum Beispiel für Dopamin. Dein Körper gewöhnt sich an eine bestimmte

Dosis Dopamin, und wenn der Dopaminspiegel niedrig ist, *braucht* er im wahrsten Sinne des Wortes mehr von diesem Stoff. Folglich greifst du wie von selbst zum Smartphone und wiederholst unbewusst ein Verhalten, das du in der Vergangenheit schon häufig ausgeführt hast.[117]

Bei derartigem Verhalten ertappen wir uns immer wieder.

Viele unserer Handlungen sind auf Gewohnheit oder Sucht zurückzuführen. Wir zeigen unwillkürlich immer wieder das gleiche Verhalten, weil unser Körper süchtig nach den Emotionen ist, die durch dieses Verhalten erzeugt werden. Die Emotion ist ein chemischer Stoff, der im ganzen Körper weitergeleitet und freigesetzt wird und so das körpereigene Gleichgewicht wiederherstellt.

Deshalb ist es so schwierig, eine Sucht wieder loszuwerden. Eine Sucht ist mehr als eine psychische Beeinträchtigung, sie ist körperlich. Um deine Sucht zu ändern, musst du deine Biologie ändern. Du brauchst ein zukünftiges Ich mit einer neuen Identität, einer neuen Geschichte, einer neuen Umgebung und einem neuen Körper.

Nach welchen chemischen Stoffen bist du süchtig?

Von welchen Gefühlen nährt sich dein Körper und erzeugt sie deshalb ständig neu?

Viele Menschen sind süchtig nach dem Stoff Cortisol, der Stress auslöst. Wenn sie nicht gestresst sind, werden sie unruhig und sorgen dafür, dass in ihrem Leben mehr Stress entsteht.

In seinem Buch *The Big Leap* erläutert Dr. Gay Hendricks, dass Menschen, die eine grundlegende Änderung ihrer Persönlichkeit vornehmen wollen, sich unbewusst selbst sabotieren, um wieder ihre vertraute Verfassung zu erreichen. »Wir alle haben eine individuelle Thermostateinstellung, die festlegt, wie viel Liebe, Erfolg und Kreativität wir uns zugestehen. Wenn dieser innere Sollwert überschritten wird, sabotieren wir uns oft selbst, damit wir wieder in den vorherigen, vertrauten Bereich gelangen, in dem wir uns sicher fühlen.«[118]

Dr. Hendricks bezeichnet dieses Phänomen als »Problem der Obergrenze«. Obwohl du dich bemühst, dein Leben zu optimieren, bist du unbewusst versucht, wieder in deinen Wohlfühlbereich zurückzukehren. Das hat emotionale Ursachen.

Wenn du es nicht gewohnt bist, dich die ganze Zeit toll zu fühlen, wird dein Unterbewusstsein unruhig, wenn du dir plötzlich gute Gefühle zugestehst. Es will negative Emotionen, denn dein Körper besteht im wahrsten Sinne des Wortes aus negativen chemischen Stoffen.

Ich habe das selbst erlebt, sogar ganz drastisch, als ich dieses Buch schrieb. In den Jahren zuvor war es bei mir in Sachen Bildung, Finanzen, Netzwerk, Familie und allgemeine Zufriedenheit mit Riesenschritten vorangegangen. Im letzten Jahr jedoch habe ich alles zunichte gemacht.

Ich musste feststellen, dass ich unbewusst versuchte, all das Wunderbare in meinem Leben zu sabotieren. Ich wurde süchtig nach Koffein, Reisen und Durcheinander. Ich konnte mich nicht zum Schreiben aufraffen. Ich verschwendete unendlich viel Zeit mit YouTube-Videos und konnte mich kaum motivieren.

Allerdings erkannte ich rechtzeitig, in welche Richtung ich mich bewegte. Als ich merkte, dass ich mir selbst schadete, wurde mir klar, dass ich Hilfe brauchte. Zunächst vertraute ich meiner Frau und anderen Menschen an, dass es mit mir bergab ging. Wir begannen eine Therapie, setzten uns neue Ziele und nahmen in unserer Familie und unserem Alltag wichtige Änderungen vor.

Ich habe mein zukünftiges Ich neu erschaffen. Ich habe meine Vision wiederbelebt. Ohne klare Vision, die uns antreibt, geht es im Leben nur darum, tagtäglich genug Willenskraft aufzubringen. Ich brauchte etwas, auf das ich meine Identität und mein Verhalten ausrichten konnte. Ich brauchte ein Ziel.

Aus der Perspektive meines zukünftigen Ichs steckte ich mir engere Grenzen. Dazu war es nötig, schwierige Gespräche mit Menschen zu führen, die mir sehr am Herzen lagen, um ihnen zu sagen, dass ich unsere Beziehung neu ausrichten und meinen Prioritäten – Glauben, Familie und Gesundheit – wieder Vorrang geben musste. Ich war sehr dankbar dafür, dass die meisten dieser Menschen respektvoll reagierten und mich unterstützten, selbst wenn sie ein wenig verärgert waren, weil ich beispielsweise berufliche Pläne änderte oder Vorträge absagte, für die ich engagiert worden war.

All diese Gespräche, Neuausrichtungen und Verhaltensweisen förderten mein Unterbewusstsein – durch sie kam ich meinem zukünftigen Ich nicht nur theoretisch, sondern auf einer grundlegenden Ebene näher. Eine solch tiefgehende Arbeit ist immer emotional.

Wenn du dein Unterbewusstsein nicht änderst, wird es schwierig, deine Persönlichkeit zu ändern. Bei einer Änderung des Unterbewusstseins dagegen erfolgt die Änderung der Persönlichkeit ganz automatisch.

Kraftvolle Veränderungen in unserem Leben können wir nur erreichen, wenn wir uns auf der Ebene des Unterbewussten verändern. Andernfalls ist die Veränderung nicht von Dauer.

So kannst du beispielsweise versuchen, dich zu einer positiven Einstellung zu zwingen, aber wenn Unterbewusstsein oder physischer Körper an negative Gefühlszustände gewöhnt sind, wirst du automatisch Verhaltensweisen zeigen, die solche Gefühle reproduzieren. Eine Sucht lässt sich nicht mit Willenskraft überwinden, zumindest nicht effektiv oder gezielt.

Dein Körper strebt nach Gleichgewicht, deshalb veranlasst er dich zu Verhaltensweisen und Erfahrungen, die das vertraute emotionale Klima reproduzieren, und nicht unbedingt zu Verhaltensweisen, die besonders gut für dich sind.

Du bist ein emotionales Wesen. Dein Körper ist dein »Unterbewusstsein«, und das Unterbewusstsein lässt sich nur verändern, indem du den emotionalen Rahmen veränderst, der dich zu dem macht, was du bist.[119]

Eine Zeitlang hatte sich Jane an Ärger und Wut gewöhnt. Nach diesen Gefühlen war sie süchtig geworden. Ihr Leben war darauf ausgerichtet, diese Gefühle hervorzurufen, auch wenn ihr Bewusstsein alles daran setzte, positiv zu sein. Infolgedessen wurden diese Gefühle zu ihrer Biologie, die sich in Schmerzen in den Beinen manifestierte.

Dr. John E. Sarno, ein ehemaliger Professor für Rehabilitationsmedizin und Arzt an der New York University, vertritt die Auffassung, körperliche Schmerzen wie Rückenschmerzen seien »nur dazu da, die Aufmerksamkeit [der Betroffenen] von den Emotionen abzulenken. Nichts lenkt so gut von emotionalen Problemen ab wie ein wenig körperlicher Schmerz.« Dr. Sarno erklärt, dies sei ein Überlebensmechanismus des Körpers, weil wir leichter mit physischem Schmerz leben können als mit emotionalem.[120]

In vielen Fällen haben körperliche Schmerzen gar keine »körperliche« Ursache, sondern eine *emotionale*. Sobald man die Tatsache akzeptiert, dass man bestimmte Gefühle unterdrückt, und lernt, diese zu äußern und neu zu formulieren, werden Schmerzen nicht mehr als körperlicher Zustand fehlinterpretiert. Dazu schreibt Steven Ozanich in *Die große Schmerzlüge*: »Schmerzen und andere chronische Symptome sind körperliche Manifestationen ungelöster innerer Konflikte. Symptome treten als instinktiver Überlebensmechanismus auf. Sie sind Botschaften des inneren Selbst, das gehört werden will, doch das Ich übernimmt das Ruder und verbannt die Wahrheit in den Schatten des Unbewussten: unseren Körper.«[121]

Wenn du dein Unterbewusstsein veränderst, wandelt sich auch deine Persönlichkeit. Die Persönlichkeit ist lediglich eine Begleiterscheinung oder Reflexion deines emotionalen Zustands. Wenn du unterdrückte Gefühle hegst, entwickelst du eine Persönlichkeit, die sich entweder damit auseinandersetzt oder ihnen aus dem Weg geht.[122]

Ein unverarbeitetes Trauma (sowie das statische Selbstbild, das dadurch entsteht) hemmt deine Vorstellungskraft immens. Dein zukünftiges Ich und dein Ziel sind dann stark eingeschränkt oder im Extremfall gar nicht vorhanden. Somit kannst du deine Möglichkeiten nicht einmal annähernd ausschöpfen, sondern suchst nach Verhaltensweisen und Situationen, in denen Emotionen entstehen, die deinen unterdrückten Schmerz betäuben.

Das solltest du nicht tun. So willst du nicht sein. Überleg bitte selbst:

Warum bist du so geworden, wie du bist?

Bist du aus freien Stücken oder aufgrund bestimmter Lebenserfahrungen der Mensch geworden, der du bist?

Was würde geschehen, wenn du der Mensch wirst, der du wirklich sein willst?

Was würde geschehen, wenn du häufiger zulassen würdest, dass du dich gut fühlst?

Was würde passieren, wenn du deinem Schmerz nicht mehr aus dem Weg gehen würdest?

Fasten

> Ruhe und Fasten sind die besten Heilmittel.[123]
>
> – *Benjamin Franklin*

Das Unterbewusstsein lässt sich besonders gut fördern, indem man mindestens achtzehn Stunden lang auf Nahrung verzichtet. Da dein Körper dein Unterbewusstsein ist, kannst du einen richtiggehenden Reset auslösen, indem du dir Nahrung vorenthältst, denn wenn der Körper nicht mit Verdauen beschäftigt ist, kann er sich ausruhen und erholen.

Man hat festgestellt, dass das Verlangen nach Nikotin, Alkohol, Koffein und anderen Drogen schnell schwindet, wenn man fastet.[124] Auch steigt dadurch der Gehalt an Katecholaminen wie beispielsweise Dopamin, sodass Glücksempfinden und Selbstvertrauen steigen, während gleichzeitig Ängste abgebaut werden.[125] Fasten erhöht sogar die Anzahl deiner Gehirnzellen.[126]

Durch Fasten lassen sich Langlebigkeit und Lebenserwartung steigern.[127] Die Forschung hat herausgefunden, dass man dem altersbedingten Nachlassen der kognitiven und motorischen Fähigkeiten (wie beispielsweise der Körperbalance) entgegenwirken kann, indem man regelmäßig fastet.[128] Auch kognitive Stressfaktoren, die den Alterungsprozess, den kognitiven Abbau und chronische Krankheiten begünstigen, werden dann reduziert.[129]

Andere Forschungen haben ergeben, dass Fasten die allgemeine Schlafqualität verbessern kann[130] und auch das Konzentrations- und Lernvermögen, das Gedächtnis und die Fähigkeit zur Informationsverarbeitung erhöht.[131] An der Yale-Universität wurde nachgewiesen, dass man bei leerem Magen besser denkt und konzentrierter ist.[132] Viele Menschen, so zum Beispiel Malcolm Gladwell, verzichten deshalb ganz bewusst auf das Frühstück, um sich besser auf ihre kreative Arbeit konzentrieren zu können.[133]

Über die Vorzüge des Fastens wurden zahlreiche Bücher verfasst. In Bezug auf das Unterbewusstseins lässt sich sagen, dass Fasten das Selbstvertrauen, die emotionale Flexibilität und die Selbstbeherrschung verbessern kann. Fasten ist eine Form der körperlichen und emotionalen *Übung*, mit der du deinem tieferen Ich näherkommst.

Ich persönlich faste schon seit fast fünfzehn Jahren regelmäßig. Üblicherweise verzichte ich ein- bis zweimal im Monat 24 Stunden lang auf jegliche Nahrung und kalorienhaltige Getränke. Das hat nicht nur meine Spiritualität und Entscheidungsfähigkeit gefördert, sondern auch meine geistige Klarheit und mein Konzentrationsvermögen.

Sofern du körperlich dazu in der Lage bist, kann regelmäßiges Fasten entscheidend dazu beitragen, dass du dein zukünftiges Ich klarer siehst und schneller erreichst. Während des Fastens steigern sich oft Wahrnehmung und intuitive Erkenntnis. Du kannst dir besser vorstellen und festlegen, wer du sein willst. Bei weitreichenden oder wichtigen Entscheidungen kann Fasten dir zu einem klaren Entschluss verhelfen.

Es gibt die verschiedensten Fastenmethoden. 16 bis 24 Stunden ohne Nahrung und kalorienhaltige Getränke sind eine gute Möglichkeit, sich zu heilen und Körper und Geist in Einklang zu bringen. Auch wenn man 24 Stunden oder noch länger auf Technik verzichtet, vor allem auf das Internet, kommt man sich selbst deutlich näher und verschafft sich Klarheit.

Vielleicht nimmst du dir vor, einmal pro Woche eine Phase ohne Nahrungs- und Internetkonsum einzulegen. Du wirst staunen, wie sehr das Klarheit und Selbstvertrauen fördert. Noch wirkungsvoller wird das Fasten, wenn es einem bestimmten Zweck und einer bestimmten Absicht dient. Jede Aktivität wird besser, wenn man sie gezielt durchführt, und dann stellen sich häufig Gipfelerlebnisse ein. Ich kann versichern, dass ich beim Fasten viele Male genau die Erkenntnisse gefunden habe, die nötig waren, um wichtige Entscheidungen oder Veränderungen vorzunehmen. Ohne gezielten Verzicht auf Nahrung und Internet hätte ich diese klare Sicht nicht entwickelt. Mein Leben wäre nicht so, wie es jetzt ist.

Teile dein Geld: Spende regelmäßig für wohltätige Zwecke

> Sie müssen das Gefühl haben, dass Sie Gutes verdienen, sonst ist es gut möglich, dass Ihr Unterbewusstsein all Ihr Bemühen sabotiert. Wenn Sie nicht fest davon überzeugt sind, dass Sie großen finanziellen Erfolg verdienen, kämpfen Sie gegen ein schier unüberwindliches Hindernis: Ihr Unterbewusstsein. Indem Sie regelmäßig einen Teil Ihres Einkommens für wohltätige Zwecke spenden, können Sie Ihr Unterbewusstsein nachdrücklich davon überzeugen, dass Sie Ihr Ziel verdienen. Dann endet nicht nur die Sabotage, sondern das Unterbewusstsein wird Sie künftig aktiv bei Ihren Bestrebungen unterstützen.[134]
>
> – *Rabbi Daniel Lapin*

Untersuchungen mit funktioneller Magnetresonanztomographie (fMRT) konnten nachweisen, dass wohltätige Spenden mit Glücksgefühlen einhergehen.[135] Auch andere Forschungsergebnisse bestätigen, dass selbstloses Finanzgebaren wie Schenkungen oder Spenden Glück auslösen.[136] Es ist wissenschaftlich erwiesen, dass das Glücksempfinden mit Erfolgserlebnissen zusammenhängt.[137] Somit lohnt es sich offenbar, ein Verhalten zu zeigen, das einen glücklich macht.

Diese Glücksgefühle sind zwar gut und schön, doch wenn man Geld spendet, hat das darüber hinaus auch eine starke Wirkung auf das Unterbewusstsein. Du machst dir damit selbst deutlich, dass du der Typ Mensch bist, der mit anderen teilt. Geldspenden fördern das Unterbewusstsein. Diese Möglichkeit kannst und solltest du nutzen, um deine Identität auszubauen. Die Geschichte von George Cannon ist zwar ein religiöses Beispiel, zeigt aber, wie wohltätige Spenden die Identität und die Fähigkeit zur Liebe beeinflussen können.

George Cannon war Christ. Sein Glaube legte ihm nahe, den zehnten Teil seines Einkommens zu spenden, wie es in der Bibel an verschiedenen Stellen verlangt wird. Doch George entschied sich für einen ganz besonderen Ansatz, der schnell große Wirkung zeigte – und das, obwohl er noch sehr jung war und in Armut lebte.

Er gab nicht im Nachhinein zehn Prozent seiner Einkünfte, sondern zahlte vielmehr zehn Prozent der Summe, die er *in Zukunft verdienen wollte.* In einem Vortrag über diese Geschichte erklärte die Psychologin und Therapeutin Dr. Wendy Watson Nelson: »Als der Bischof den armen George auf den hohen Betrag ansprach, den er als Zehnten zahlte, erwiderte dieser sinngemäß: ›Bischof, ich zahle den Zehnten nicht auf das, was ich verdiene, sondern auf das, was ich künftig verdienen werde.‹ Und schon im Jahr darauf nahm George genau die Summe ein, für die er im Vorjahr den Zehnten entrichtet hatte!«[138]

Für George war die Spende keine Transaktion, sondern eine *Transformation.* Er sah den Zehnten nicht als Kosten, sondern als Investition in sein zukünftiges Ich und seine Beziehung zu Gott.

Mit diesem Verhalten erweiterte George sein Unterbewusstsein. Sichtweise und Handeln entsprachen dem zukünftigen Ich, nicht dem aktuellen oder früheren. Er handelte auf der Grundlage seiner zukünftigen Verhältnisse, als wären diese bereits Wirklichkeit geworden.

Durch seine Investition setzte er sich selbst unter Druck. Er brachte sich finanziell und psychologisch in eine Situation, in der er nicht nur motiviert, sondern geradezu gezwungen war, nach seiner Überzeugung zu handeln. Er zahlte zehn Prozent der Summe, die er verdienen wollte. Nach dieser Investition handelte er aus der Perspektive eines Menschen, der das Zehnfache des Betrags verdiente, den er investiert hatte.

Infolgedessen entwickelte sich George sehr rasch zu diesem Menschen.

Seit ich im Januar 2017 zum ersten Mal diese Geschichte gehört habe, spende ich deutlich proaktiver. Meine Einnahmen sind drastisch gestiegen, doch meine Identität und mein Selbstvertrauen haben sich noch stärker verändert als meine Finanzen. Ich bin überzeugt davon, dass ich noch mehr lernen und wachsen kann. Ich bin deutlich flexibler. Ich habe größere Zuversicht, dass die Dinge sich so entwickeln werden, wie ich es möchte. Ich bin eher bereit, mutig etwas zu wagen.

Außerdem nutze ich häufiger Gelegenheiten, Menschen in Not zu helfen, wenn es sinnvoll ist. Kürzlich stellte sich bei einer Uber-Fahrt heraus, dass die Frau am Steuer alleinerziehende Mutter von vier Kindern war. Mit Anfang fünfzig arbeitete sie über sechzig Stunden pro Woche, um ihren Kindern den College-Besuch zu ermöglichen. Auch sie selbst wollte gern einen Abschluss machen, konnte sich das jedoch nicht leisten, weil sie etliche Rechnungen abbezahlen musste.

Spontan beschloss ich, eine dieser Rechnungen zu übernehmen, die sich auf ein paar Hundert Dollar belief. Damit konnte die Fahrerin ihre Ausbildung ein Jahr früher fortsetzen als erwartet.

Ihr stiegen Tränen in die Augen. Sie konnte ihr Glück kaum fassen. Ich war verblüfft, welche Wirkung meine Spende zeigte. Das rührte mich und weckte in mir den Wunsch, selbst mehr zu verdienen, damit ich weitere Menschen finanziell unterstützen konnte. So erweiterte dieses Erlebnis mein Unterbewusstsein und mein zukünftiges Ich.

Auch du solltest auf wohltätige Spenden setzen, um dein Unterbewusstsein zu fördern. Je mehr du gibst, desto mehr wirst du geben können. Mark Victor Hansen und Robert Allen erklären das so: »Spenden eröffnet eine spirituelle Dimension, die uns, unser Denken und unsere Leistungen vervielfacht. ... Reichtum ist ein Meer, aus dem man mit einem Teelöffel, einem Eimer oder einem Tankwagen schöpfen kann. Dem Meer ist das gleichgültig.«[139]

Fazit

Um dein zukünftiges Ich zu werden, musst du dich tief in deinem Inneren und auf der Ebene des Unbewussten transformieren. Wunschdenken und gelegentliches Visualisieren reichen nicht aus. Du musst Verhaltensweisen zeigen und für Gipfelerlebnisse sorgen, die deine Identität verändern und einen neuen »Normalzustand« schaffen. Fasten und Spenden für wohltätige Zwecke sind nur zwei von vielen Methoden, mit denen sich das Unterbewusstsein fördern lässt.

Nicht früheres Verhalten, sondern deine zukünftigen Verhaltensweisen kannst und solltest du definieren. Lass dich nicht durch Erlebnisse aus deiner Vergangenheit prägen, sondern definiere dich über die Gipfelerlebnisse, die du in Zukunft erwartest – die Erlebnisse, durch die du von dem Menschen, der du bist, zu dem wirst, der du sein willst.

KAPITEL 6

Dein Umfeld neu gestalten

> Wann immer ich die Umgebung veränderte, änderte sich auch das Schicksal der Zellen. Anfangs hatte ich die gleichen Muskelvorläufer, doch in einer anderen Umgebung bildeten sie mit der Zeit Knochenzellen. Wenn ich die Bedingungen weiter änderte, wurden aus diesen Zellen Fett- oder Adipositaszellen. Das waren spannende Ergebnisse, denn die Experimente zeigten: Obwohl alle Zellen genetisch identisch waren, hing ihr Schicksal von der Umgebung ab, der ich sie aussetzte.[140]
>
> *– Dr. med. Bruce Lipton*

Im Jahr 1979 richtete die Harvard-Psychologin Dr. Ellen Langer mit einer Gruppe Doktoranden ein Haus so ein, dass es aussah wie 1959, also zwanzig Jahre zuvor. Es gab einen Schwarz-Weiß-Fernseher, alte Möbel und Zeitschriften und Bücher aus den 1950er Jahren. In diesem Haus sollten acht Männer, alle über siebzig oder sogar schon jenseits der achtzig, fünf Tage lang wohnen.[141]

Vor Beginn der Studie bekamen die Teilnehmer die Anweisung, nicht nur über diese Zeitperiode zu sprechen, sondern sich auch *so zu verhalten,* als wären sie tatsächlich ihr früheres Ich von vor zwanzig Jahren.

»Wir gehen davon aus, dass Sie sich wie 1959 fühlen werden, wenn Ihnen das gelingt«, versicherte Langer.

Von diesem Moment an wurden die Testpersonen so behandelt, als wären sie zwanzig Jahre jünger. Obwohl einige von ihnen gebückt am Stock gingen, half ihnen niemand, ihr Gepäck die Treppe hinaufzutragen.

»Wenn es sein muss, tragen Sie eben jedes Teil einzeln«, lautete die Anweisung der Forschungsassistenten.

Die Männer verbrachten ihre Zeit damit, Radio zu hören, Filme zu schauen und über Sport und andere »aktuelle Ereignisse« aus der damaligen Zeit zu diskutieren. Alles, was nach 1959 geschehen war, durften sie nicht erwähnen. Auch ihre persönliche, familiäre und berufliche Situation schilderten sie so, wie sie in jenem Jahr gewesen war.

Die Studie hatte nicht das Ziel, die Männer zurück in die Vergangenheit zu befördern. Vielmehr sollten Geist und Körper dazu gebracht werden, die Energie und die biologischen Reaktionen eines viel jüngeren Menschen zu zeigen.

Und was geschah?

Kurz und bündig: Die Männer wurden *jünger.*

Sie wurden im wahrsten Sinne des Wortes größer. Hör- und Sehvermögen, Gedächtnis, motorische Fähigkeiten und Appetit verbesserten sich deutlich. Sie legten an Gewicht zu, was für diese Teilnehmer ein positiver Effekt war.

Diejenigen, die bei der Anreise einen Gehstock benutzt und die Hilfe ihrer Kinder benötigt hatten, verließen das Haus beim Auszug aus eigener Kraft und trugen ihre Koffer selbst.

Langer und ihre Studierenden behandelten die Männer nicht als »Alte«, sondern als Individuen, von denen Selbstständigkeit zu erwarten war. Damit gaben sie ihnen »die Möglichkeit, sich selbst anders zu sehen« – und das hatte *biologische Folgen.*

Der Kontext prägt die Rollen: Rollen prägen Identität und Biologie

Wie man sich anderen gegenüber verhält, wirkt sich darauf aus, wie diese sich selbst sehen. Und wie man sich selbst sieht, beeinflusst Denkweise und Gefühle, das ist klar. Allerdings beeinflusst es auch die Biologie, und das hat extreme Konsequenzen. Dazu passt ein Zitat von Goethe: »Wenn wir die Menschen nur nehmen, wie sie sind, so machen wir sie schlechter; wenn wir sie behandeln, als wären sie, was sie sein sollten, so bringen wir sie dahin, wohin sie zu bringen sind.«

Wir Menschen fügen uns meist in die Rollen, die unser soziales Umfeld vorgibt. Wer von der gesellschaftlich oder kulturell erwarteten Rolle abweichen will, muss ganz gezielt und entschlossen vorgehen.

Die Senioren in der Studie hatten sicherlich nicht damit gerechnet, ihr Gepäck selbst tragen zu müssen. Schon seit vielen Jahren hatte sich niemand mehr für ihre Meinung interessiert. Vermutlich hatten sie mittlerweile vergessen, wie es sich anfühlte, stärker, jünger und selbstbewusster zu sein. Doch als sie in einen neuen Kontext versetzt wurden und dann die Rolle dieser Umgebung spielten, stellten sich Veränderungen ein.

Ein Wandel der Persönlichkeit, ob zum Guten oder zum Schlechten, lässt sich beschleunigen, wenn man sich in ein neues Umfeld begibt, neue Menschen um sich hat und neue Rollen übernimmt. Wenn du in der neuen Rolle ganz aufgehst, veränderst du dich von außen nach innen.

Mittlerweile ist es mir hoffentlich gelungen, dich davon zu überzeugen, dass deine Persönlichkeit dynamisch ist und sich ständig verändert. Das geschieht in erster Linie durch die Rollen, die du spielst, und die Situationen, in denen du dich befindest.

Das Wort »Persönlichkeit« kommt vom Lateinischen *persona.* Im Altertum war eine *Persona* eine Maske, die Schauspieler im Theater trugen. Der Begriff kann auch eine Figur bezeichnen, die ein Schauspieler verkörpert. Wer eine andere Maske aufsetzte oder einen anderen Charakter spielte, stellte eine andere Persona dar. Schon William Shakespeare schrieb: »Die ganze Welt ist Bühne, und alle Frau'n und Männer bloße Spieler. Sie treten auf und gehen wieder ab, sein Leben lang spielt einer manche Rollen.«[142]

Bitte überlege kurz: Bist du immer derselbe Mensch?

Die Frage mag seltsam klingen, denn innerlich fühlst du dich doch immer wie du selbst, oder?

Oder etwa nicht?

Fühlst du dich *wirklich* in allen Situationen und Lebenslagen gleich? Nein, natürlich nicht. Manchmal bist du gelangweilt, gehemmt oder eingeschüchtert, dann wiederum überglücklich. Das »Ich«, das zu sehen ist, unterscheidet sich je nach Situation ganz erheblich.

Wenn dein Haus ausgeraubt wird, ist dir anders zumute als in einem Flugzeug oder bei der Arbeit oder auf einem Rockkonzert. In Gesellschaft bestimmter Menschen, zum Beispiel unter alten Schulfreunden, gibst du dich vielleicht jünger und weniger reif als üblich. Manchmal bist du eher introvertiert, dann wieder eher extrovertiert.

Interessant ist dabei Folgendes: Je älter ein Mensch wird, desto geringer wird die Bereitschaft, sich auf neue Situationen, Erfahrungen und Umgebungen einzulassen. Mit anderen Worten: Die Persönlichkeit eines Menschen verändert sich weniger, weil er sich nicht mehr in neue Kontexte begibt. Der Philosoph und Psychologe William James vertritt sogar die Auffassung, dass die Persönlichkeit eines Menschen mit etwa dreißig Jahren fast vollständig ausgebildet und gefestigt ist, weil das Leben danach oft sehr gleichförmig und vorhersehbar wird.

Trotz der rasanten Veränderung unserer Kultur bleibt das grundlegende Muster ähnlich. Nach dem dreißigsten Geburtstag macht ein Mensch meist nicht mehr so viele »erste« Erfahrungen. In der Kindheit, als Teenager und sogar in den Zwanzigern gibt es viele derartige Erlebnisse: Der erste Kuss. Die erste Autofahrt. Der erste Job. Das erste große Scheitern. Der erste Umzug in eine neue Stadt. Aber irgendwann werden wir »sesshaft«. Wir lassen uns nicht mehr auf neue Rollen und neue Situationen ein, die neue und andere Facetten unserer selbst zum Vorschein bringen.

Das Leben ist dann sowohl hinsichtlich der gesellschaftlichen Rolle als auch in Bezug auf das Umfeld von Routine geprägt, deshalb werden Verhaltensweisen und Einstellungen sehr vorhersehbar. Aus diesem Grund glauben so viele Menschen, die Persönlichkeit sei beständig und würde sich im Laufe der Zeit nicht verändern. Nicht deine Persönlichkeit an sich hat Bestand, sondern dein Umfeld und deine gesellschaftlichen Rollen halten dich in dem vertrauten Muster gefangen.

Der Stanford-Psychologe Lee Ross vertritt die Ansicht: »Die Gleichförmigkeit des Alltags ist auf die Macht der Situation zurückzuführen.«[143] Ross erklärt weiter, letztendlich sei es die Situation und nicht die Person, die darüber bestimmt, wie man sich gibt. »Menschen sind berechenbar, das stimmt ... Aber sie sind berechenbar, weil wir sie in Situationen sehen, in denen ihr Verhalten durch diese Situation und die Rollen, die sie innehaben, sowie durch ihre Beziehung zu uns beschränkt wird.«

Wann hast du zuletzt etwas zum ersten Mal gemacht?

Wann hast du zuletzt etwas Unvorhergesehenes getan?

Wann hast du dich zuletzt in eine neue Situation oder eine neue Rolle begeben?

Hast du Kleidung im Schrank, die du schon seit über fünf Jahren besitzt?

Forschungen zu den fünf großen Persönlichkeitsfaktoren – Offenheit, Gewissenhaftigkeit, Extraversion, Verträglichkeit, Neurotizismus – zeigen, dass der Mensch mit zunehmendem Alter immer weniger offen für neue Erfahrungen wird. Man umgibt sich nicht mehr mit neuen Menschen. Man lässt sich nicht mehr auf neue Rollen und neue Umgebungen ein. Man stellt sich keinen neuen Herausforderungen mehr. Man erlebt keine neuen Gefühle mehr.

Der Mensch wird viel zu schnell alt.

Je psychologisch starrer man ist, desto stärker sieht man sich stets als den gleichen Menschen und versucht sogar, *in jeder Situation derselbe Mensch* zu sein. Bei diesem engstirnigen Ansatz wird übersehen, dass man in unterschiedlichen Situationen nicht nur ein anderer Mensch sein sollte, sondern dass einem oft *gar nichts anderes übrig bleibt.*[144]

Aus abendländischer Perspektive mag das nicht besonders logisch klingen. Im Westen neigt man zu einer sogenannten »atomistischen« Sicht auf die Welt, die davon ausgeht, dass man Dinge (oder Personen) unabhängig vom Kontext verstehen kann. Man zieht die Dinge aus ihrem Kontext, abstrahiert und versucht, sie anhand ihrer »inhärenten« Eigenschaften zu erklären.

Dass in unserer Kultur individuelle Merkmale wie »Gewohnheiten« und »Techniken« einen so hohen Stellenwert haben, ist auf diese atomistische Weltsicht zurückzuführen. Sie ist auch der Grund, warum uns die Persönlichkeit als fest und unveränderlich gilt und wieso wir Persönlichkeitstests so lieben.

Eine »relationale« Perspektive wäre dagegen deutlich zutreffender und wissenschaftlicher. In der *relationalen Weltsicht* lässt sich nichts ohne Kontext verstehen.[145] Kontext oder die »Beziehung zu anderem« entscheidet sogar über die *Bedeutung* einer Sache.

Wenn du einen geliebten Menschen verlierst, verlierst du nicht nur diesen Menschen, sondern auch *den Menschen, der du warst, als du mit der anderen Person zusammen warst.* Jeder Verlust bedeutet einen Verlust des Ichs. Umgekehrt bewirkt die Begegnung mit neuen Menschen oder eine neue Beziehung, dass ein neues Ich entsteht.

Die Beziehung zwischen meiner Frau Lauren und mir macht uns zu den Menschen, die wir sind. Der Mensch, den ich in Lauren sehe, ist nicht der gleiche, den andere wahrnehmen. Wenn man Laurens Kontext ändert, ändert man Lauren.

Ebenso kann man dich als Person nur im Kontext verstehen. Wenn du zu einer anderen Zeit und an einem anderen Ort aufgewachsen wärst, *wärst du ein anderer Mensch.* Du hättest andere Erinnerungen, Assoziationen und Überzeugungen. Hättest du vor zweitausend Jahren in einer anderen Kultur gelebt, wärst du nicht süchtig nach deinem Handy. Du würdest andere Kleidung, Menschen, Zeitvertreibe und Ziele bevorzugen.

Deine Persönlichkeit wird unbestritten durch das geprägt, was dich umgibt. Die Kultur wird oft außer Acht gelassen, weil sie unsichtbar zu sein scheint, doch sie prägt die Identität, das Verhalten, Beziehungen und Persönlichkeit. In einer immer gleichen Umgebung und immer gleichen gesellschaftlichen Rolle wird deine Persönlichkeit mit der Zeit starr und unveränderlich.

So wurde beispielsweise in zahlreichen Forschungen belegt, dass die Peer-Group Verhalten und Entscheidungen stark beeinflusst.[146] Insbesondere zeigt die Forschung, dass sich Gleichaltrige und die soziale Gruppe auf Folgendes auswirken:

- schulische Leistung,
- Wahl der Hochschule und des Studiengangs,
- Produktivität bei der Arbeit,
- ob man in der Schule und anderen Lebenslagen schummelt oder nicht,
- ob man zu außerschulischen Aktivitäten bereit ist und mehr leistet, als unbedingt erwartet wird,

- ob man gefährliche Verhaltensweisen wie Zigaretten-, Drogen- und Alkoholkonsum zeigt,
- die Wahrscheinlichkeit strafbarer Handlungen,
- finanzielle Entscheidungen und letztendlich die finanzielle Situation,
- die Wahrscheinlichkeit, ein Unternehmen zu gründen.

Deine sozialen Gruppen prägen deine Identität und deine Sicht auf das, was du bist und was du wirst. Du zeigst Verhaltensweisen, die der Kultur deiner Gruppe entsprechen. Du entwickelst eine Rolle und Identität innerhalb deiner Peer-Gruppe, und diese bestimmen, welche Entscheidungen du triffst, welche Ziele du dir setzt und wie es dir im Leben ergeht.

Als Lauren und ich noch nicht verheiratet waren, trafen wir uns einmal mit einer bestimmten Gruppe meiner alten Highschool-Freunde. Bei diesem Anlass erlebte Lauren eine Seite von mir, von der sie nichts geahnt hatte und die ihr offen gesagt nicht gefiel. Eines steht fest: In der Highschool wären wir beide niemals befreundet gewesen, geschweige denn ein Liebespaar.

Mit meinen alten Freunden rutschte ich sofort wieder in die Rolle mit der Identität, dem Verhalten und sogar den Sprachmustern, die ich an der Highschool gezeigt hatte. Vor Laurens Augen verwandelte ich mich von einem Moment auf den anderen von ihrem Partner Ben zum Highschool-Ben – und zwar nur, weil sich Kontext und Rolle geändert hatten.

Auf dem Heimweg an jenem Abend erklärte Lauren, dass sie den Ben, den sie gerade erlebt hatte, nicht mochte. Sie war fassungslos. Uns beiden war überdeutlich klar geworden, wie sehr sich mein aktuelles Ich von meinem früheren unterschied und wie schnell das frühere Ich wieder zum Vorschein kommen konnte, wenn Rolle und Kontext stimmten. Ich versicherte Lauren, dass ich mich der Zukunft verschrieben habe, nicht der Vergangenheit.

Somit ist es kein Wunder, dass die Forschung herausgefunden hat, wie stark die Ergebnisse eines Persönlichkeitstests von situationsbedingten Faktoren beeinflusst werden. Zudem funktioniert das Big-Five-Persönlichkeitsmodell in anderen Kulturen nicht so wie in der westlichen und amerikanischen Kultur, in der es entstanden ist. Andere Kulturen haben oft einen anderen Blick auf die Persönlichkeit und liefern in Tests daher auch andere Antworten.[147]

Außerdem haben Forschungsarbeiten gezeigt, dass die Testergebnisse auch von den spezifischen Bedingungen abhängen, unter denen der Persönlichkeitstest absolviert wird. In einer Studie wurde einer Probandengruppe zweimal ein und derselbe Persönlichkeitstest vorgelegt. Bei der einen Hälfte der Gruppe wurde den Probanden der Test beide Male von derselben Person präsentiert, während bei der anderen Hälfte jeweils jemand anderes die Fragen stellte. Dr. Christopher Soto, einer der Psychologen, die die Studie betreuten, erklärt: »Für mich war es besonders erstaunlich, dass die Antworten in beiden Tests weitgehend gleich waren, wenn die Probanden von derselben Person befragt wurden. ... Wurde die zweite Befragung jedoch von jemand anderem vorgenommen, fielen die Antworten oft vollkommen anders aus.«[148]

Wie man sich sieht und sich verhält, hängt davon ab, mit wem man zusammen ist.

Dieses Kapitel soll dir dabei helfen, dein Umfeld strategisch sinnvoll zu nutzen. Nur wenn du deinen Kontext gezielt und wohlüberlegt gestaltest, gelingt dir, so zu werden, wie du sein willst.

Zwar ist der Mensch häufig nur ein Produkt seiner Umgebung, doch du kannst lernen, wie du dafür sorgst, dass deine Umgebung zu deinen gewünschten Ergebnissen passt. Wenn dir das gelingt, wird sich deine Persönlichkeit von selbst entsprechend entwickeln.

Konkret lernst du in diesem Kapitel drei grundlegende Strategien zur Gestaltung deines Umfelds:

1. Strategisches Erinnern
2. Strategisches Ignorieren
3. Erzwingungsfunktionen

Strategisches Erinnern

Vielleicht kennst du die Anekdote über den amerikanischen Künstler James Abbott McNeill Whistler, der einst einen kleinen Rosenstrauß malte. Viele Künstler und Sammler der damaligen Zeit bewunderten das Bild. Andere Maler ließen sich davon inspirieren und beneideten Whistler um seine Fähigkeiten. Es schien, als hätte ihn die Muse geküsst, als er das Gemälde erschuf.

Sammler rissen sich um das Werk, doch Whistler weigerte sich, sein schönstes Bild zu verkaufen. Er behielt es stets bei sich, als *ständige Erinnerung* an das, was er vollbringen konnte. Er äußerte sich so:

> Immer, wenn mir ist, als hätte meine Hand an Geschick verloren, wenn ich an meinem Können zweifle, betrachte ich das kleine Bild mit dem Rosenstrauß und sage mir: »Whistler, das hast du gemalt. Das hat deine Hand geschaffen. Diese Farben sind deiner Fantasie entsprungen. Dein Können hat die Rosen auf die Leinwand gebannt.« Ich weiß, dass ich das, was ich vollbracht habe, noch einmal schaffen kann.[149]

Whistler setzte seine Umgebung strategisch ein. Er plante strategisch, wie er sich fühlen und an was er sich erinnern wollte. Das Kunstwerk an seinem Arbeitsplatz diente ihm als ständige Erinnerung an das, was er vollbringen wollte. Es hielt ihn dazu an, sich selbst aus einer anderen Perspektive zu sehen. An Tagen, an denen er deprimiert oder frustriert war, gab es ihm Auftrieb.

Auch du solltest genau wie Whistler strategisch planen, woran du dich erinnerst. Du brauchst ein Umfeld, das dir stets dein künftiges Ich vor Augen führt. Wenn in deinem Umfeld nicht das zukünftige Ich im Vordergrund steht, aktiviert deine Umgebung ein anderes Ich.

Auch wenn wir uns manchmal jahre- oder jahrzehntelang an unsere schlimmsten traumatischen Erlebnisse erinnern, sind wir Menschen generell *unglaublich vergesslich*. Wir können vergessen, wo wir das Auto geparkt haben. Wir können vergessen, dass wir unserem Kind versprochen haben, morgens mit ihm Brötchen zu holen. Wir können vergessen, was wir im Leben wirklich wollen. Im hektischen Alltag geht es oft nur darum, das Hier und Jetzt zu bewältigen. Für den Broadway-Hit *The Music Man* schrieb Meredith Wilson die Zeilen: »Man sammelt Morgen um Morgen, bis schließlich nur eine Menge leerer Gestern bleibt.«[150]

Nicht nur James Whistler gestaltete sein Umfeld so, dass es dem strategischen Erinnern diente. Der Autor und Podcaster Tim Ferriss hat ein Exemplar von *Denken Sie groß* deutlich sichtbar im Bücherregal stehen. Dieses Buch las Tim in einer entscheidenden Phase seines Lebens, und es hat ihn komplett verändert. Seither sorgt es dafür, dass er größer denkt und Größeres »wagt«. Ein Blick auf das Cover genügt, sofort verändern sich innere Einstellung, Gefühle und Identität.

Eine solche Erinnerung kann dir auch als Warnung dienen oder dir ins Gedächtnis rufen, was wirklich zählt. Der Autor Ryan Holiday trägt immer eine Münze bei sich, auf der *Memento Mori* steht, was übersetzt so viel heißt wie »Denke an den Tod«. Mit dieser Münze will Holiday sich an seine Sterblichkeit erinnern, damit er sich nicht ablenken lässt, sondern seine Prioritäten im Blick behält.

Ich selbst habe mir kürzlich eine sogenannte »Culture Wall« anfertigen lassen, um mich strategisch an die Identität zu erinnern, die ich mir am meisten wünsche, und danach zu leben. Für eine solche Culture Wall werden zwölf (oder mehr) deiner wichtigsten Überzeugungen oder Ziele individuell illustriert und dann wie Kacheln an der Wand angeordnet. Culture Walls sind immersive Symbole, die wie ein »Schrein der Ideen« wirken.

Meine Culture Wall bei mir zu Hause zeigt viele meiner höchsten Ideale, an die ich nicht nur mich selbst, sondern auch meine Kinder jederzeit erinnern möchte. Ich freue mich immer sehr, wenn ich aus ihrem Mund Sätze von unserer Culture Wall höre, an der sie mehrmals täglich vorbeikommen, zum Beispiel:

»Handele richtig und nimm die Konsequenzen in Kauf.«
»Lieber produktiv als perfekt.«
»Was du bis acht Uhr morgens tust, bestimmt dein Leben.«
»100 Prozent sind einfacher als 98 Prozent.«
»Erwarte alles und hänge an nichts.«
»Das Maß der Intelligenz ist die Fähigkeit zur Veränderung.«
»Fühle dich so, als wäre dein Wunsch in Erfüllung gegangen.«
»Ohne Ungewissheit keine Freiheit.«
»Was dich hierher gebracht hat, bringt dich nicht weiter.«
»Definiere dich niemals als das, was du früher warst.«
»Nimm die Zukunft an, um die Vergangenheit zu ändern.«
»Dankbarkeit schafft Veränderung.«
»Gutes Holz wächst nicht ohne Mühe.«
»Vorwärts geht es erst, wenn alle Brücken abgebrochen sind.«

Diese Überzeugungen will ich mir selbst und meinen Kindern vermitteln. Immer, wenn ich auf dem Weg ins Obergeschoss an meiner Culture Wall vorbeigehe, erinnern mich die Bilder daran, welcher Mensch ich sein möchte – im hektischen Alltag vergesse ich das gelegentlich.

Du solltest dich mit zahlreichen strategischen Erinnerungen umgeben, die dir vor Augen führen, wer du sein willst, und dazu beitragen, dass du dich zu deinem gewünschten zukünftigen Ich entwickelst.

Whistlers Rosenbild war für ihn mehr als nur ein Bild. Es wurde zu einem Symbol mit einem tiefen Sinn und großer Bedeutung. Wenn er das Bild ansah, konnte er seine Identität und seine Gefühle schlagartig ändern. Statt Unzulänglichkeit empfand er dann Tatendrang und Kompetenz. Im Bruchteil einer Sekunde spürte er die Kraft seiner Zukunft und seiner Ziele. Seine Emotionen wandelten sich, und seine gestärkte Identität befähigte ihn, Kunst zu schaffen.

Das ist die Kraft des strategischen Erinnerns.

Um dir ein Leben voller Sinn und Wachstum zu schaffen, musst du deine Umgebung proaktiv mit *transformativen Triggern* versehen. Bei den meisten Menschen ist es jedoch genau umgekehrt – sie sind von negativen Triggern umgeben, die unerwünschte und problematische Emotionen erzeugen.

Du solltest jedoch für Trigger sorgen, die nicht zu deinem früheren Ich, sondern zu deinem zukünftigen passen. Gestalte deine Umgebung so, dass du strategisch an deine Zukunft erinnert wirst. Erinnerungen müssen sich nicht nur auf die Vergangenheit beziehen.

Wirf einen kritischen Blick auf das Umfeld, das du dir geschaffen hast. Hängst du immer noch an Konzertplakaten aus Studienzeiten? Rufen die Bilder, Fotos und anderen Objekte, die bei dir zu sehen sind, die Denk- und Verhaltensweisen deines zukünftigen Ichs hervor? Treibt dein Umfeld dich voran oder hemmt es dich?

Wenn du wirklich dein zukünftiges Ich werden willst, muss dein Umfeld dich an dieses zukünftige Ich erinnern, nicht an dein früheres. Ohne ständige Erinnerung werden Ziele nicht zur Realität. Deshalb notieren sich viele Menschen tagtäglich ihre Ziele. Sie müssen sich daran erinnern, wo sie hinwollen, so wie ein Flugzeug ständig die Flugbahn korrigieren muss, um nicht vom Kurs abzukommen.

Welche transformierenden Trigger kannst du in dein Umfeld integrieren?

Wo würdest du diese strategischen Erinnerungen platzieren?

Mach es dir nicht zu kompliziert. Du kannst zum Beispiel einfach im Auto oder am Badezimmerspiegel einen Klebezettel anbringen, der dich an etwas erinnert, das du nicht vergessen willst. Zum Beispiel: »Sag deiner Frau, dass du sie liebst.«

Ändere dein Computer-Passwort zu einer Wendung, die dein zukünftiges Ich verwenden würde.

Stell deinen Fernseher so um, dass er nicht mehr den Mittelpunkt deiner Wohnung bildet. Besser noch: Schaffe ihn ganz ab und stell stattdessen etwas Sinnvolleres auf. Lösche alle Social-Media-Apps von deinem Handy. Sortiere alle Kleidungsstücke aus, die dein zukünftiges Ich nicht tragen würde.

So kannst du dein gesamtes Umfeld mit Erinnerungen an deine höchsten Ziele und Absichten füllen. Und genau das solltest du tun.

Strategisches Ignorieren

> Dein Input bestimmt deine Sichtweise. Deine Sichtweise bestimmt deinen Output, und dein Output bestimmt deine Zukunft.[151]
>
> *– Zig Ziglar*

Auf der Welt gibt es jede Menge Mist. Das Internet bietet zum allergrößten Teil primitivste Ablenkung oder Schund, den du schlichtwenig nicht kennen musst oder willst.

Die meisten Filme taugen nichts.

Die meisten Nachrichten sind für dich persönlich irrelevant.

Die meisten Menschen passen nicht zu deinem zukünftigen Ich.

Unsere heutige Welt bietet schier unendliche Möglichkeiten. Mehr Möglichkeiten bedeuten mehr *Auswahl.* Das mag positiv erscheinen, doch für die meisten Menschen ist es das nicht. Mehr Auswahl bedeutet mehr Entscheidungen, und wie bereits erörtert kann Entscheidungsmüdigkeit einen negativen Kreislauf anstoßen, aus dem du nicht mehr herausfindest. Viele der Entscheidungen, die du tagtäglich treffen musst, sind schier endlose Kaninchenbauten, die ins Nirgendwo führen. Du musst dir nicht die Tür zu weiteren Auswahlmöglichkeiten offen halten, sondern brauchst Urteilskraft und das Selbstvertrauen, die meisten Türen fest zu schließen, damit du diese gar nicht mehr wahrnimmst.

Ist das förderlich oder schädlich für mein zukünftiges Ich?

Wenn du ernsthaft nach Erfolg und Veränderung strebst, kannst du es dir nicht erlauben, dich auf die falschen Dinge zu konzentrieren. In dem Buch *Anleitung zur Unzufriedenheit* erklärt der Psychologe Barry Schwartz:[152]

- Wir gehen davon aus, dass größere Auswahl bessere Optionen und größere Zufriedenheit bedeutet.
- Das Übermaß an Optionen führt jedoch dazu, dass wir unsere Entscheidungen bereits in Frage stellen, noch bevor wir sie getroffen haben.
- Durch das Übermaß an Optionen leben wir in der permanenten Angst, etwas zu verpassen. Wir blicken unablässig zurück und zweifeln an unseren Entscheidungen.
- Das bewirkt ständigen Stress, das Gefühl, zu kurz zu kommen, lässt uns an unseren Entscheidungen zweifeln und darüber nachgrübeln, was hätte sein können.

Optionen sind etwas Positives. Ohne Optionen kannst du keine Entscheidungen treffen. Die besten Entscheidungsträger der Welt blenden den allergrößten Teil der vorhandenen Optionen jedoch ganz gezielt aus. Jason Fried, der Gründer von Basecamp, sagte einmal: »Viele Dinge lasse ich absichtlich außer Acht. Ich will mich nicht so stark beeinflussen lassen.«[153]

Man braucht Selbstvertrauen und Mut, um zu sagen: »Ich stehe zu dieser Entscheidung. Darauf lege ich mich fest. Das ist mir wichtig. Deshalb schließe ich vorläufig alles andere aus. Ich muss mich konzentrieren. Ich kann mich nicht von dem Lärm und den Plänen anderer ablenken lassen.«

Wenn es dir ernst damit ist, deine Ziele zu erreichen und im Leben gezielt vorwärtszukommen, musst du ein Umfeld schaffen, das dich von vielem auf der Welt abschirmt.

Strategisches Ignorieren bedeutet nicht, dass man engstirnig ist. Vielmehr ist damit gemeint, dass man weiß, was man will und wie leicht man beeinflusst und auf Abwege geführt werden kann. Statt in dumme Situationen zu geraten, in denen du dich mangels Vorausplanung auf deine Willenskraft verlassen musst, vermeidest du die dummen Situationen einfach. Außerdem vermeidest du auch tolle Situationen, von denen du weißt, dass sie letztendlich eine Ablenkung von deinem angestrebten zukünftigen Ich bedeuten würden.

Du setzt Grenzen.

Du lebst nach deinen Prioritäten, Werten und Träumen.

Peter Diamandis, einer der führenden Experten für Unternehmensführung und die Zukunft der Innovation, hat gesagt: »Ich schaue keine Fernsehnachrichten mehr. Für kein Geld der Welt.«[154] In seinen Augen ist es zu leicht, sich vom Negativen und Neuen verführen zu lassen.

Diamandis hat recht. Nachrichten sind nicht objektiv, sondern beruhen auf selektiver Wahrnehmung. In den Nachrichten wird dir eine Geschichte präsentiert, eine subjektive Sicht auf die Welt. Du kannst dieser Geschichte Glauben schenken, doch dann wird diese Sichtweise deine Identität und deine Ziele einschränken.

Diamandis sorgt für strategische Ignoranz. Er hat sich ein Umfeld geschaffen, das ihn von den Ablenkungen und der Negativität der Nachrichtenwelt abschirmt, während er sich gezielt und bewusst über die Themen auf dem Laufenden hält, die ihm wichtig sind.

Ein erfolgreicher, kreativer Mensch wird man nur mit selektiver Ignoranz. Das zeigt auch das Beispiel von Seth Godin, der sich ganz bewusst nicht ansieht, wie seine Bücher auf Amazon kommentiert werden. Früher las er die Kommentare, fühlte sich dabei schrecklich und zweifelte an sich selbst. Deshalb tut er das mittlerweile nicht mehr.

Godin zeigt selektive Ignoranz gegenüber Trollen, und damit geht es ihm besser. Er kann darauf verzichten, dass sich der Mist, den andere von sich geben, in seine Psyche schleicht und seine Identität und seine Ziele aus der Bahn wirft.

Selektives Ignorieren bedeutet nicht, dass man nicht lernen will oder sich gegen Feedback sperrt, sondern zeugt von der Erkenntnis, dass manche Dinge oder Menschen die Mühe nicht wert sind. Selektives Ignorieren bedeutet, dass man weiß, worauf man verzichten kann.

Natürlich bekommt Godin Rückmeldung zu seiner Arbeit. Aber dieses Feedback kommt aus wertvollen Quellen, die ihm helfen, *seine Arbeit zu verbessern.* Er bekommt Feedback, das ihn nicht niedermachen will, sondern ihn letztendlich weiterbringt.

Diamandis weiß selbstverständlich über aktuelle Ereignisse und das Weltgeschehen Bescheid. Darauf kann er nicht verzichten, denn schließlich arbeitet er als Futurist daran, globale Veränderungen zu bewirken. Aber er bezieht seine Informationen aus wertvollen Quellen. Er hat sich ein Umfeld geschaffen, in dem ihn nur die besten Informationen erreichen. Alles andere ist für ihn strategisch unwichtig.

Wenn du ernsthaft auf dein zukünftiges Ich hinarbeitest, musst du auf selektive Ignoranz setzen. Dein Input prägt deine Identität, deine Biologie und deine Persönlichkeit. All das ändert sich, wenn du den Input änderst.

Aus psychologischer Sicht gilt, dass dich das, was du nicht kennst, vermutlich nicht in Versuchung führen wird. Wenn ein Teller Kekse auf dem Küchentisch steht, kannst du ihn schwerlich ignorieren. Sofern deine Entscheidung nicht vorab feststeht, bist du der Situation nicht gewachsen. Wenn du Kekse dagegen einfach aus deiner Umgebung verbannst, bist du gegen Entscheidungsmüdigkeit und mangelnde Willenskraft gewappnet. Du musst deine Zeit nicht damit verschwenden, über etwas nachzudenken, von dem du bereits weißt, dass du es nicht willst.

Damit du nicht bei jeder Entscheidungsmöglichkeit über das Für und Wider nachgrübeln musst, empfiehlt es sich, nach einem bestimmten System vorzugehen. Meine Assistentin und ich haben beispielsweise Regeln für Anfragen aufgestellt, die bei ihr eingehen. Anfragen, die meinen Kriterien nicht entsprechen, legt sie mir gar nicht erst vor, sondern teilt in einer freundlichen Antwort-Mail mit, dass ich im Augenblick keine Kapazitäten frei habe.

Allerdings solltest du natürlich dafür sorgen, dass du wie die bedürftigen Kinder in Charlie Trotters Restaurant immer wieder neue Impulse bekommst, die dich weiterbringen. Wachstum und Wandlung gelingen nur, wenn man Dinge wahrnimmt, von denen man derzeit nichts weiß. Strategische Ignoranz bedeutet, gezielt das zu ignorieren oder zu vermeiden, von dem du bereits weißt, dass es von deinem zukünftigen Ich ablenkt oder diesem schadet. Sie wirkt wie ein Filter, durch den nur die richtigen neuen Dinge zu dir vordringen. Dieser Filter wird nie perfekt sein, aber durch deine Systeme und deine persönliche Intuition wird es dir immer besser und schneller gelingen, Ablenkungen zu ignorieren.

Um ein Umfeld zu schaffen, das dich vor den Ablenkungen dieser Welt bewahrt, musst du wissen, was du willst. Du musst wissen, wofür du stehst. Du musst Regeln und Systeme aufstellen, die verhindern, dass du im Rausch der endlosen Möglichkeiten versinkst. Du musst eine Entscheidung treffen, durch die eine Million anderer Entscheidungen einfacher, automatisiert oder irrelevant werden. So verhinderst du Entscheidungsmüdigkeit. So hütest du dich vor dem Input und den Absichten, die auf dich einprasseln und Zeit und Aufmerksamkeit fordern.

Wenn du ernsthaft danach strebst, dein zukünftiges Ich zu werden, musst du ein Umfeld schaffen, das strategische Ignoranz ermöglicht. Überlege dir, inwiefern du derzeit Input bekommst, der dein zukünftiges Ich sabotiert.

> Wie könntest du ohne Willenskraft erreichen, dass du davon nicht behelligt wirst?
>
> In welchen Lebensbereichen ist strategische Ignoranz erforderlich?
>
> Welche einfachen Entscheidungen könntest du jetzt sofort treffen, um dich vor Entscheidungsmüdigkeit zu schützen?
>
> Worüber bist du unnötig gut informiert? Welche irrelevanten Dinge beschäftigen dich? (Denk an alles, das dich ablenkt – bei mir sind es Sportberichte und Neuigkeiten aus der Welt der Promis).

Welche anderen Ablenkungen oder unerwünschten Versuchungen spielen in deiner Welt eine Rolle und sollten abgestellt werden?

Erzwingungsfunktionen

> Der durchschnittliche Mensch könnte seine Fähigkeiten verdoppeln, wenn es sein müsste. Wenn die Situation es verlangen würde.[155]
>
> *– Will Durant*

Christina Tosi wurde in Ohio geboren und wuchs in Springfield, Virginia, auf. Sie machte zwar einen Abschluss in Mathematik, war von diesem Fach aber nicht überzeugt. Von ihrer Mutter hatte Tosi gelernt, sich jeder Tätigkeit mit Leib und Seele zu widmen, deshalb verschrieb sie sich dem Backen und der Konditorei.

Sie zog nach New York, absolvierte das Patisserie-Programm am French Culinary Institute und begann ihre Karriere in der Gastronomie im Edelrestaurant Bouley. Später wechselte sie dann in das Restaurant wd~50, das der Starkoch Wylie Dufresne in Manhattan betrieb.

Dufresne war von Tosis Arbeitseinstellung so beeindruckt, dass er sie an David Chang weiterempfahl, einen anderen berühmten New Yorker Koch. Chang stellte Tosi tatsächlich ein, aber nicht als Köchin oder Bäckerin; vielmehr sollte sie Lebensmittelsicherheitspläne verfassen und die Anforderungen des Gesundheitsamts umsetzen.

Tosi brachte häufig selbstgemachte Backwaren mit zur Arbeit, von denen das ganze Personal probieren durfte. Alle waren hingerissen, auch Chang selbst, der keine Desserts auf der Speisekarte hatte. Er war von Tosis Stil begeistert und wollte sie mehrfach dazu bewegen, eines ihrer Desserts im Restaurant anzubieten. Tosi war jedoch zu schüchtern und zurückhaltend und hatte nicht genug Selbstvertrauen.

Trotzdem fabrizierte sie weiterhin einzigartige, raffinierte Leckereien für die Restaurantbelegschaft. Chang erkannte, dass Tosi sich niemals von allein ein Herz fassen würde, und gab ihr deshalb eines Tages drei Stunden Zeit für eine Dessertkreation. Das, was sie zustande brachte, würde er an diesem Abend servieren.

Er meinte das vollkommen ernst. »Ich musste sie von der Klippe stoßen. Sie wollte einfach nicht von selbst springen«, erklärte er später.

In den nächsten drei Stunden kreierte Tosi einen köstlichen Erdbeer-Shortcake. Die Gäste im Restaurant waren überwältigt – sie hatten gar nicht mit einem Dessert gerechnet und bekamen nun eine so einzigartige, himmlische Köstlichkeit.

Von da an war Tosi für die Patisserie in der Momofuku Ssäm Bar zuständig. Einige Zeit später, im Jahr 2008, wurden im Nachbarhaus Geschäftsräume frei. Tosis enorme Leidenschaft für ihren Beruf, ihr Fleiß und ihr Talent waren für Chang und viele andere unübersehbar, aber Chang sah auch, dass sie einen Schubs in die richtige Richtung brauchte. Von allein würde sie den Sprung, der zur Verwirklichung ihrer Träume nötig war, niemals schaffen.

Wieder stieß er sie »von der Klippe« und drängte sie dazu, ihren eigenen Laden zu eröffnen, den sie Milk Bar nannte. Die

Konditorei war auf Anhieb ein Riesenerfolg. 2019 beschäftigte Tosi in ganz Nordamerika 381 Personen und hatte ihre sechzehnte Milk Bar in Boston eröffnet.[156]

Dazu wäre es nie gekommen, wenn David Chang sie nicht gezwungen hätte, ihren Traum zu verwirklichen. Dass er Tosi drei Stunden Zeit für eine Kreation gab, war eine *Erzwingungsfunktion* – er schuf eine Situation, in der Tosi gezwungen war, über sich hinauszuwachsen.

Eine Erzwingungsfunktion ist jeder Umstand, der einen dazu zwingt, aktiv zu werden und ein Ergebnis zu liefern. Erzwingungsfunktionen versetzen dich in eine Lage, in der die gewünschte Alternative die einzige Alternative ist. Du selbst hast die Situation so gestaltet, dass du in die erwünschte Richtung gezwungen wirst.[157]

Genau das hat Tosi erlebt. Tief in ihrem Inneren hatte sie den Wunsch, ihre Backwaren einem größeren Personenkreis anzubieten. Chang gestaltete eine Situation, die sie dazu zwang, aus sich herauszugehen.

Erzwingungsfunktionen dienen dazu, dein früheres Ich oder die allgegenwärtigen Ablenkungen zu eliminieren. Du schaffst eine Situation, die zu deinem zukünftigen Ich passt, und zwingst dich, hier und jetzt als dieser neue Mensch aufzutreten.

Indem du in deinem Leben für Erzwingungsfunktionen sorgst, stellst du sicher, dass du dich stets in die gewünschte Richtung bewegst, selbst dann, wenn es dir widerstrebt. Erzwingungsfunktionen brauchen ein Zeitlimit, damit das Parkinsonsche Gesetz aktiviert wird. Dieses Gesetz besagt, dass sich Arbeit genau in dem Maß ausdehnt, wie Zeit für ihre Erledigung zur Verfügung steht. Wenn du dir selbst eine Frist setzt, bist du gezwungen, bis zu diesem Termin zu liefern.

Du kannst Erzwingungsfunktionen in dein Leben einbauen, indem du für schnellere Feedbackschleifen und einen hohen Einsatz sorgst. Nur wenn viel auf dem Spiel steht, ist die Erzwingungsfunktion stark genug. In Tosis Fall ging es nicht nur um ihren Stolz, sondern auch um den Ruf des Restaurants. Sie musste ihre Leistung nicht nur für sich selbst, sondern auch für das gesamte Team und für die Gäste erbringen.

In Extremsportarten wie Motocross oder Snowboarden sind die damit verbundene Gefahr und die unmittelbaren Folgen starke Erzwingungsfunktionen. Wenn beim Motocross ein Rückwärtssalto in über zwanzig Metern Höhe misslingt, könnte der Fahrer das mit dem Leben bezahlen. Erzwingungsfunktionen erfordern ein Höchstmaß an Konzentration und Einsatz – mit dem Ziel, in den »Flow« zu kommen und Höchstleistungen zu bringen.[158]

Du solltest Lebenssituationen so gestalten, dass du in deiner Tätigkeit völlig aufgehst. Du kannst dich zu absoluten Bestleistungen zwingen, wenn im Falle eines Scheiterns ein hoher Preis droht.

Ist es dir mit den Änderungen, die du dir wünschst, wirklich ernst?

Bist du bereit, mit Erzwingungsfunktionen zu arbeiten?

Erzwingungsfunktionen müssen wohlüberlegt eingesetzt werden, können jedoch sehr attraktiv sein. Sie bieten die Möglichkeit, das eigene Leben als Spiel zu gestalten und die Motivation zum Erfolg drastisch zu erhöhen.

Finanzielle Investitionen sind eine besonders wirkungsvolle Erzwingungsfunktion. Mit der Investition steigt das eigene Engagement. In der Verhaltensökonomie bezeichnet man dieses

Phänomen als »Sunk-Cost-Effekt«. Man engagiert sich für die Sache, in die man investiert hat. Das gilt gemeinhin als Fehler, weil es oft zur Folge hat, dass man gutes Geld Schlechtem hinterherwirft oder seine Zeit für eine uninteressante Vorstellung verschwendet, nur weil man die Eintrittskarte gekauft hat.

Allerdings kannst du diesen Effekt auch zu deinem Vorteil nutzen. Dazu ein Beispiel: Mein Freund Draye und ich haben über 800 Dollar bezahlt, um uns für einen Ironman-Triathlon anzumelden. Ich hatte damit keinerlei Erfahrung, aber uns war klar, dass wir diese verrückte Idee nur wahrmachen würden, wenn wir für die Anmeldung bezahlten.

Also bissen wir in den sauren Apfel.

Wir schufen eine Erzwingungsfunktion.

Erstaunlich ist dabei Folgendes: Die Investition bildet nicht nur die Grundlage für die Entscheidung, sondern erweitert auch die *Vorstellungskraft*. Vor meiner Anmeldung hatte ich nur passiv daran gedacht, vielleicht auch einmal einen Ironman zu versuchen. Ein paar meiner Freunde hatten an einem solchen Rennen teilgenommen, und es reizte mich zwar, doch ernst war es mir damit nicht.

Doch nachdem wir die Investition getätigt hatten, *dachte ich ständig an den Ironman*. Vor meinem inneren Auge sah ich, wie ich mich dafür ins Zeug legte – beim Training und beim Rennen selbst. Ich sah mich selbst als Menschen, der einen Ironman schaffen *könnte*. Die anfängliche Investition prägte mein Verhalten. Ich besorgte mir Hörbücher über Ausdauersportarten, die mein Input um neue Ideen bereicherten. Ich holte mein Rennrad aus der Garage, wo es über sechs Jahre vor sich hin gestaubt hatte.

Der Ironman beschäftigte mich mehr und mehr, und das hatte auch Folgen für meine Identität. Mein Verhalten und weitere Einflüsse stärkten meine neue Identität. Im Fitnessstudio setzte ich vermehrt auf Ausdauer- statt Krafttraining.

All das hatte seinen Ursprung in der Erzwingungsfunktion.

Wie kannst du Erzwingungsfunktionen in dein Leben einbauen, durch die du der Mensch wirst, der du sein willst?

Wie könntest du Situationen schaffen, die für wirkungsvolle Ergebnisse sorgen?

Fazit

> Wenn wir unser Umfeld nicht selbst erschaffen und kontrollieren, werden wir durch unser Umfeld erschaffen und kontrolliert.[159]
>
> *– Marshall Goldsmith*

Das Umfeld gehört zu den wirkungsvollsten und wichtigsten Stellschrauben der Persönlichkeit. Wenn du dich selbst und dein Leben ernsthaft verändern willst, musst du dein Umfeld ändern.

Du bist das Produkt deiner Kultur und deines Kontexts. Du bist das Produkt der Informationen und des Inputs, die du bekommst. Alles, was du *aufnimmst* – Nahrung, Informationen,

Menschen, Erfahrungen –, prägt dich. Der erste Schritt besteht darin, dass du deinen Kontext bewusst wahrnimmst und erkennst, wie er sich auf das auswirkt, was du bist. Im nächsten Schritt nimmst du dann eine strategische Gestaltung deiner Umwelt und Situation vor.

Umgebung und Lebensumstände sollten nicht deine Identität widerspiegeln, sondern so gestaltet werden, dass sie deine zukünftige Identität ausdrücken. Dein Umfeld sollte dich wie die Strömung mitreißen, nicht zurückhalten.

Wenn du dein Umfeld veränderst, zieht das Änderungen in allen Lebensbereichen nach sich. Du wirst allmählich neue Erfahrungen machen. Du wirst neue Gedanken und Gefühle haben. Du wirst neue Menschen kennenlernen. Du wirst neue Verhaltensweisen zeigen.

Deine Identität und deine Persönlichkeit werden sich ändern.

SCHLUSSFOLGERUNG

Durch einen positiven Blick auf die Zukunft die Vergangenheit ändern

> Leben ist simpel. Nichts geschieht mir, alles geschieht für mich.[160]
>
> *– Byron Katie*

Am 19. Mai 2000 war Melissa Hull bei sich zu Hause in Yuma, Arizona, während ihr Mann für ein paar Tage beruflich nach Phoenix gereist war. Melissa war erschöpft. Ihrem dreijährigen Sohn Devin ging es so schlecht, dass er kaum in den Schlaf fand. Melissa hatte mehrfach versucht, ihren Mann anzurufen, damit er sie mit Devin unterstützte, konnte ihn jedoch nicht erreichen.

Gegen fünf Uhr morgens war der vierjährige Drew, Melissas anderer Sohn, bereits aufgewacht. Melissa half ihm beim Frühstück, dann durfte er *Thomas, die kleine Lokomotive* schauen und mit Buntstiften malen. Anschließend sah Melissa nach Devin, legte sich zu ihm und nickte noch einmal ein. Sie schlief von etwa 5.30 Uhr bis 7.30 Uhr.

Beim Aufwachen hatte sie ein schreckliches Gefühl im Magen. Irgendwie ahnte sie, dass etwas passiert war. Im Haus war es still. Drew war normalerweise laut. Eine Viertelstunde lang suchte Melissa die Wohnung nach dem Kleinen ab, dann bemerkte sie, dass die Glasschiebetür ein paar Zentimeter weit geöffnet war. Offenbar war er nach draußen gegangen.

Sie suchte zwischen den Bäumen auf ihrem Grundstück und entdeckte Drews Fußabdrücke auf den staubigen Wegen, die um ihr ländlich gelegenes Haus führten. Sie folgte den Spuren bis zu einem Bewässerungskanal in der Nähe. Dort sah sie, wo die Böschung unter Drew eingebrochen war, und die frischen Spritzer auf beiden Seiten des Kanals, die bei seinem Sturz entstanden waren.

Melissa schrie um Hilfe. Bald war ein Grenzpolizist bei ihr und leitete die Suche ein. Mehr als sieben Stunden später wurde Drews Leiche gefunden, rund zwölf Kilometer von seinem Zuhause entfernt.

In diesen sieben Stunden wurde Melissa immer wieder befragt, von der Polizei, von ihrem Mann, von anderen Angehörigen. Alle wollten wissen: *Was ist passiert?*

Nachdem man Drew gefunden hatte, gingen die Fragen weiter, klangen jedoch anders.

Wie konntest du das zulassen?

Ihr Mann machte sie für den Tod des gemeinsamen Sohnes verantwortlich und verließ sie einen Monat später.

Melissas ganze Welt geriet aus den Fugen. Ihre Identität war erschüttert. Sie fühlte sich nicht mehr als gute Mutter. Sie verspürte Selbsthass. Sie gab sich die Schuld an Drews Tod. Ihr war, als hätte sie alles verloren – ihren Sohn, ihren Mann, sich selbst.

Sie war auf dem absoluten Tiefpunkt.

Ihre Qualen wurden so unerträglich, dass sie sich kaum noch aus dem Bett hieven konnte. Sie aß nicht mehr und duschte auch nicht. Tagsüber kümmerte sie sich so gut wie möglich um Devin, ansonsten blieb sie im Bett.

Melissas Ehemann Joey holte seinen Sohn abends nach der Arbeit immer für eine Weile zu sich und brachte ihn später wieder nach Hause. In diesen einsamen Stunden trank Melissa oft Alkohol oder nahm Schmerzmittel. Ihr Leid war in diesen finsteren Augenblicken so schlimm wie nie.

Einige Wochen nach dem Unfall war für die meisten Menschen in Melissas Umfeld wieder Alltag eingekehrt. Sie selbst jedoch focht nach wie vor einen stillen Kampf aus. Diejenigen, die ihr helfen wollten, sahen ihren Kummer, wussten aber nicht, was sie tun sollten. Letztendlich ging man ihr aus dem Weg. Melissa wandte sich an Geistliche und therapeutische Beratungsstellen, aber niemand konnte ihr helfen.

Eines Abends, als Drews Tod einige Monate zurücklag, holte Joey Devin wieder einmal nach der Arbeit ab. Diesmal wollte er den Jungen allerdings erst am nächsten Tag zurückbringen. Melissa sollte die ganze Nacht allein zu Hause sein. Sie fasste den Entschluss, sich das Leben zu nehmen.

Sie besaß noch eine Packung der Schmerztabletten, die man ihr verschrieben hatte. Diese Pillen wollte sie nehmen, eine Menge Alkohol trinken, sich ins Bett legen und nie wieder aufwachen. In ihren Augen war ihr Selbstmord das Beste, das sie für Devin tun konnte. Damit würde ihm erspart bleiben, seine Mutter als leere Hülle zu erleben, die sich langsam in nichts auflöste.

Als Melissa in die Küche ging, um die Pillen und den Alkohol zu holen, fiel ihr Blick auf einen Stapel Kondolenzschreiben. In den letzten Monaten waren mit der Post viele Briefe von vollkommen fremden Menschen gekommen, die in den Nachrichten von ihrem Schicksal gehört hatten. Einen dieser Briefe, von einer Unbekannten namens Theresa, riss Melissa an diesem Abend auf.

In dem Brief erzählte Theresa, ihre sechsjährige Tochter sei von einem LKW überfahren worden. Der Unfall habe sich ereignet, als Theresa nur kurz ins Haus gegangen war. Theresa schrieb, anfangs habe sie sich die Schuld am Tod ihrer Tochter gegeben, und es habe lange gedauert, bis das vergangen sei. Sie ermutigte Melissa, sich keine Vorwürfe zu machen, und sagte ihr, sie sei eine großartige Mutter und das Unglück ein tragischer Unfall. Theresa schrieb, es könne nach wie vor Freude und Glück in Melissas Leben geben, aber sie müsse sich gezielt dafür entscheiden, und zwar jeden einzelnen Tag aufs Neue.

Nachdem sie diesen Brief gelesen hatte, brach Melissa zusammen. Sie griff nach einem Foto von Drew, drückte es an die Brust und schluchzte stundenlang. Sie ließ den ganzen aufgestauten Schmerz und sämtliche Emotionen hemmungslos aus sich heraus.

Dieser Brief gab ihr Hoffnung. Er war der Wendepunkt in ihrem Leben und kam genau im richtigen Moment. Theresa war Melissas empathische Zeugin. Melissa fühlte sich gehört und gesehen.

Sie spülte die Tabletten die Toilette hinunter.

Statt des Abschiedsbriefes, den sie Devin schreiben wollte, verfasste Melissa eine Entschuldigung und ein Versprechen an ihren Sohn. Sie entschuldigte sich dafür, dass sie an dem Morgen, an dem Drew starb, eingeschlafen war. Sie entschuldigte sich dafür, dass Devin ohne Bruder aufwachsen würde. Sie entschuldigte sich auch für ihr Verhalten in den Monaten nach Drews Tod und für ihre grenzenlose Trauer.

Sie gab Devin das Versprechen, dass sie ihm die beste Mutter sein würde, die sie sein konnte. Sie versprach ihm ein schönes Leben. Sie dankte ihm dafür, dass er ihr einen Grund zum Weiterleben gab, und entschuldigte sich im Voraus dafür, dass sie sich in Zukunft vielleicht ein wenig zu sehr an ihn klammern würde, weil er ihr Lebensinhalt war. Sie schüttete ihr Herz aus.

Zehn Jahre später, als Devin dreizehn Jahre alt war und Melissa ihn reif genug fand, gab sie ihm den Brief am ersten Weihnachtstag. Sie hatte ihn zehn Jahre lang für sich behalten, die Versprechen darin aber gehalten. Theresas Brief hatte Melissas Leben verändert und gerettet. Sie erlebte zwar Höhen und Tiefen, hatte jedoch neue Hoffnung und ein Ziel, das ihrem Leben Sinn gab.

Dann kam der nächste Schlag.

Knapp ein Jahr, nachdem Devin den Brief bekommen hatte, fanden Melissa und Joey heraus, dass Joeys Assistentin in den letzten zehn Jahren Millionen aus ihrem Unternehmen veruntreut hatte. Als Melissa von der Polizei befragt wurde, erfuhr sie, dass ihr Mann mit eben dieser Assistentin eine Affäre haben sollte. Sie glaubte kein Wort.

Am selben Abend berichtete sie Joey, die Polizei habe ihr unerhörte Fragen gestellt und behauptet, er sei ihr untreu. Ihr Mann sah sie nicht an, sondern hielt den Blick starr auf den Fernseher gerichtet.

»Das stimmt«, erwiderte er.

In diesem Augenblick ging Melissa ein Licht auf.

»O mein Gott, du warst mit ihr zusammen, als Drew starb!«, entfuhr es ihr.

Ihr war, als würde mit einem Mal die ganze Welt um sie herum zusammenbrechen. Der Schmerz war schier unerträglich. Melissa war untröstlich und am Boden zerstört. Ihr fiel wieder ein, wie sie damals verzweifelt versucht hatte, ihren Mann zu erreichen. Devin war krank gewesen, und Joey hatte nicht auf ihre Anrufe reagiert.

Wie sich herausstellte, hatte Joey Melissa mehr als zwölf Jahren lang betrogen. Aus Schuldbewusstsein und Scham machte er ihr das Leben zur Hölle. Er machte sie für Drews Tod verantwortlich und gab ihr das Gefühl, wertlos zu sein.

Die juristischen Folgen der Unterschlagung und der Affäre nahmen Melissa anderthalb Jahre lang in Beschlag. Als sich der Prozess dem Ende zuneigte, sagte ihr Anwalt: »Meine Liebe, ich bin seit vierzig Jahren im Geschäft, aber eine Geschichte wie Ihre ist mir noch nie untergekommen. Sie sollten ein Buch darüber schreiben.«

Das bewegte Melissa dazu, sich die vielen Tagebücher noch einmal vorzunehmen, die sie im Laufe ihres Lebens geführt hatte. In den alten Aufzeichnungen entdeckte sie ein Mädchen, das im Leben viel Schmerz, Orientierungslosigkeit und traumatische Erlebnisse hinnehmen musste. Während sie das, was sie in den Tagebüchern las, durch Schreiben und Gebete verarbeitete, erlebte sie einen Paradigmenwechsel.

Allmählich sah sie ihre Vergangenheit anders. Bislang hatte sie sich meist als Opfer gefühlt. Sie hatte den Eindruck gehabt, Gott habe sie verflucht. Doch als sie erneut in den Tagebüchern las und über ihre Erfahrungen nachdachte, sah sie ihre früheren

Erlebnisse in einem anderen Licht. *Sie sah keinen Fluch, sondern Komplimente.*

»Gott hat großes Vertrauen in dich«, dachte sie im Stillen. »Alles, was ich durchgemacht habe, ist ein riesiges Kompliment von Gott. Damit lobt er nicht nur, was ich ertragen kann, sondern traut mir auch noch mehr zu.«

Wer wirklich einen entscheidenden Wandel erleben will, muss diese tiefgreifende, fundamentale Umdeutung vornehmen: Die Vergangenheit stößt dir nicht zu, sondern geschieht für dich.

Alles in deinem Leben ist *für dich* geschehen.

Du profitierst davon.

Du hast viel gewonnen.

Du hast viel gelernt.

Und in all den Schmerzen und Herausforderungen, die du überstanden hast, liegt ein starker Sinn.

Im Jahr 2011 erfuhr Melissa von der Affäre. 2014 begann sie die Arbeit an ihrem Buch, das 2016 erschien. Mittlerweile ist sie ein ganz anderer Mensch als an dem Morgen, an dem sie in dem stillen Haus aufwachte.

Sie selbst drückt das so aus: »Ich verfolge jetzt ein Ziel. Ich möchte mein Leben anderen Menschen widmen, die das Gefühl haben, dass man sie nicht beachtet.«

Melissa wird nun von ihrem Ziel angetrieben, nicht von ihrer »Persönlichkeit«. Ihr Ziel konfrontiert sie mit Herausforderungen, für die sie über sich hinauswachsen muss. Es wandelt sie und ihre Persönlichkeit.

Seit Jahren versucht sie, Theresa, ihre empathische Zeugin, ausfindig zu machen. Selbst öffentliche Postings in sozialen

Medien sind bislang ohne Erfolg geblieben. Unabhängig davon hat ihr dieser Brief Hoffnung gegeben und ihr Leben verändert. Nun hat sich Melissa dem Ziel verschrieben, all jenen Hoffnung zu spenden, die keine mehr haben. Sie möchte ihre Geschichte weitergeben, um andere Menschen in die Lage zu versetzen, auf ihre eigene innere Stimme zu hören. Ihr Buch und ihre Geschichte sind ihre Version eines »Briefs« an die Welt, denn ein Brief hat ihr einst das Leben gerettet.

Auf meine Frage, wo sie die größte Veränderung ihrer Person sieht, sagte Melissa, sie sei jetzt bereit, sich in die Probleme anderer Menschen einzumischen. Vor ihren transformativen Erlebnissen nahm sie sich keine Zeit für die Schwierigkeiten anderer. Sie war zu sehr mit ihren eigenen Sorgen beschäftigt, um sich um andere zu kümmern. Jetzt dagegen verspürt sie den Wunsch, anderen zu helfen.

Auf die Frage nach ihrem zukünftigen Ich erklärte sie, ihr zukünftiges Ich sei eine mächtige Kraft des Guten. Sie sieht ihr zukünftiges Ich als mutige Botschafterin der Hoffnung und Heilung. Sie sieht sich als Menschen, der viele andere auf der ganzen Welt inspiriert und ihnen hilft.

Ich erkundigte mich auch, wie sich ihre Geschichte und ihre Vergangenheit im Laufe der Jahre verändert haben, und Melissa sagte, sie empfinde nur extreme Dankbarkeit. Sie hat das Gefühl, alles sei aus einem bestimmten Grund geschehen. Obwohl sie durch die Hölle musste, ist sie überzeugt, dass es sich gelohnt hat, weil sie jetzt jeden Tag erstaunliche Erfahrungen macht.

Kürzlich konnte sie mit einem Ehepaar sprechen, das bei einem Bootsunfall seine Tochter verloren hatte. Solche Gespräche führt sie regelmäßig. Sie darf jeden Tag als empathische

Zeugin dienen. Und all das wäre ihr ohne die Erfahrungen, die sie gemacht hat, nicht möglich gewesen.

Sie liebt ihre Vergangenheit.

Sie liebt ihr Leben.

Sie und Joey haben einander verziehen und einen Schlussstrich gezogen. Als Melissa ankündigte, sie wolle ein Buch über ihr Leben und ihre Ehe schreiben, unterstützte er sie uneingeschränkt. Als Familie haben sie ihren Frieden gemacht.

Ihre Zukunft ist heller als ihre Vergangenheit.

Ihre Zukunft verändert ihre Vergangenheit immer weiter.

Jetzt bist du an der Reihe

Du hast es bis hierher geschafft. Nun stellt sich die Frage, wie es weitergeht. Wirst du nach deinem früheren oder nach deinem zukünftigen Ich leben?

Wirst du die vier Stellschrauben deiner Persönlichkeit aktivieren und radikale, gezielte Veränderungen vornehmen?

Wirst du kontinuierlich weiterwachsen – immer wieder ein neues zukünftiges Ich entwerfen und werden?

Wir haben viele Themen behandelt. Wir haben über Traumatisierung, Geschichte, Unterbewusstsein und Umfeld gesprochen sowie darüber, wie diese Kräfte bewirken können, dass du in ungesunden, immer gleichen Kreisläufen stecken bleibst. Wir sind auch auf die allgegenwärtigen kulturellen Mythen der Persönlichkeit eingegangen, die ein mittelmäßiges, durchschnittliches Leben zur Folge haben, wenn man ihnen Glauben schenkt.

Du bist jetzt bestens dafür gerüstet, deine Vorstellungskraft, deine Motivation, deinen Glauben und deinen Mut zu steigern. Du bist dafür gerüstet, deine Zukunft anzunehmen und deine Vergangenheit zu ändern.

Im Verlauf dieses Buches habe ich dir zahlreiche Fragen gestellt. Geh diese Fragen noch einmal durch und beantworte sie in deinem Tagebuch. Nimm dir jeden Tag Zeit für dein Tagebuch, um etwas zu visualisieren, zu entwerfen, Strategien zu entwickeln und den festen Plan zu fassen, deine wildesten Träume zu gestalten und auszuleben.

Die Persönlichkeit ist nicht in Stein gemeißelt, sondern eine Entscheidung.

Deine Persönlichkeit kann sich drastisch verändern. Du kannst erreichen, dass du das Leben deiner Träume irgendwann als selbstverständlich siehst – als neue Normalität. Wenn du dein wildestes und fantasievollstes zukünftiges Ich erreicht hast, nutze das Selbstvertrauen und den Glauben, die du daraus gewinnst, und fang von vorne an, nur mit noch größeren Zielen.

Das Leben ist ein Klassenzimmer. Du bist hier, um dich weiterzuentwickeln. Du bist hier, um eine Entscheidung zu treffen.

Die Entscheidung liegt bei dir.

Wer willst du sein?

Danksagung

Die Arbeit an diesem Buch hat mich sehr gefordert. Mein Herausgeber musste den Erscheinungstermin zweimal verschieben, weil ich ein ganzes Jahr brauchte, um fertig zu werden, und hat trotzdem nicht die Geduld mit mir verloren. Vielen Dank an Adrian Zackheim und das gesamte Team von Portfolio für die Unterstützung bei diesem Buch.

Ein großes Dankeschön an Kaushik Viswanath, der mein E-Book *Slipstream Time Hacking* entdeckte und darin Potenzial sah, obwohl ich nichts veröffentlicht und noch nicht einmal einen Literaturagenten hatte. Danke, dass du in diesem Buch mehr gesehen hast als ich selbst. Danke, dass du mich dazu gedrängt hast, richtig und klar zu denken, und verhindert hast, dass ich mir unfähig oder inkompetent vorkam. Bei der Arbeit an diesem Buch gab es viele Momente, in denen ich an mir selbst zweifelte. Vielleicht ging es dir genauso – vor allem, als es so aussah, als würde das Buch nie zustande kommen –, aber du hast dir nie den Hauch eines Zweifels anmerken lassen. Auch bei Helen Healey möchte ich mich bedanken, die das Buch sorgfältig lektoriert und mich unermüdlich dabei unterstützt hat, bis zum Ende durchzuhalten!

An Laurie Liss vielen Dank für deine wunderbare Freundschaft. Danke, dass du meine Agentin bist und in mir ein Potenzial siehst, das ich noch immer nicht erkennen kann. Danke, dass du hohe Maßstäbe an meine Arbeit anlegst und so viel Geduld zeigst, während ich an beruflicher Reife gewinne. Danke für die vielen Telefonanrufe und für deine Liebe und Unterstützung. Ich bin so dankbar, dass du Teil meines Lebens bist.

Tucker Max, du bist in einem verzweifelten, alles entscheidenden Moment zu diesem Projekt gestoßen. Mit deiner Hilfe habe ich beim Schreiben Fortschritte gemacht wie seit Jahren nicht mehr. Dir habe ich zu verdanken, dass die Arbeit an diesem Buch wieder Spaß gemacht hat, und du hast mir gezeigt, wie ich als Autor anders und besser denken kann. Ich bin überwältigt und zutiefst geehrt, dass du dieses Buch mitlektoriert und mich die ganze Zeit über als Mentor betreut hast. In den drei Wochen, in denen wir gemeinsam den ersten vollständigen Entwurf ausgearbeitet haben, hatte ich so viel Freude am Schreiben wie nie zuvor. Danke, dass du mir so ein großartiger Freund und Mentor warst.

Dank auch an Hal Clifford, der mir geholfen hat, Aufbau und Grundidee dieses Buches zu strukturieren. Mit deiner Unterstützung konnte ich in zwei Wochen das schaffen, was mir allein in fast einem Jahr nicht gelungen war. Die Konzepte in diesem Buch sind so umfangreich und komplex, dass es mir sehr schwerfiel, ihm eine Struktur zu geben. In den ersten zehn Monaten habe ich Inhaltsverzeichnis und Aufbau bestimmt 30 Mal abgewandelt. Keine Version konnte mich überzeugen, und ich hatte das Gefühl, dass ich gar nicht mehr genau wusste, was ich eigentlich erreichen wollte. Du aber, Hal, hast mich wieder zum

Ursprung zurückgeführt und mir geholfen, meine Ideen so zu ordnen und zu strukturieren, dass das Schreiben plötzlich wie von selbst lief. Nochmals vielen Dank.

Vanessa O'Brien, Rosalie Clark, Andre Norman, Nate Lambert, Jane Christiansen und Melissa Hull bin ich dankbar dafür, dass ich ihre Geschichten in diesem Buch verwenden durfte. Ohne diese Geschichten wären die Ideen in diesem Buch weniger wirkungsvoll und weniger nützlich. Danke, dass ich euch Fragen stellen durfte. Danke für eure Verletzlichkeit und euer Vertrauen.

Vielen Dank an Dr. Robert Sinclair, der mich während der Arbeit an diesem Buch bei meiner Promotion in Arbeits- und Organisationspsychologie an der Clemson University betreut und angeleitet hat. In diesem Buch findet sich sicher vieles, dem Sie nicht zustimmen, aber ich werde Sie bei allem, was ich tue, jederzeit wertschätzen. Ich habe dumme Fehler gemacht und passte nicht richtig in die akademischen Strukturen, sodass ich meine Promotion beinahe abbrechen musste. Sie haben erlebt, wie ich wieder und wieder versagte, und mir trotzdem die Möglichkeit gegeben, mein Studium zu beenden. Der Abschluss meiner Promotion zählt zu meinen wichtigsten Lebensleistungen. Fast die gesamte Dissertation ist während der Arbeit an diesem Buch entstanden. Ohne Ihre Geduld, Ihre Güte und Ihre Unvoreingenommenheit gegenüber mir und meinen Zielen hätte ich das nicht geschafft. Vielen Dank, Bob.

Joe Polish, du hast den ersten Anstoß zu so vielen Dingen gegeben, die mein Leben seit 2017 geprägt haben. Danke, dass ich bei der Jahrestagung des Genius Network sprechen durfte. Danke, dass du mich bei allem, was ich tue, unterstützt und mir hilfst. Danke, dass du ein echter Freund und Kollege bist. Danke, dass du ein echter Altruist bist. Ich bin mir sicher, dass wir in Zukunft viele E.L.F.-Projekte durchführen werden, und kann es kaum erwarten!

An Dan Sullivan und Babs Smith, vielen Dank für eure Geduld während der Arbeit an diesem Buch. Wir haben ein gemeinsames Buchprojekt, *Who Not How,* auf Eis legen müssen, weil ich mit diesem Buch kämpfte. In *Game Changer,* der Dokumentation über Dans Leben, sagte Babs, die Mitbegründerin von Strategic Coach: »Er hat eine andere Sicht auf die Zeit. Und es hilft Menschen, in ihrer eigenen Zeit zu leben statt in der Zeit, die die Welt ihnen aufzwingen will. ›Das ist dein Zeitfenster.‹ ›Du musst jetzt handeln.‹ Er sagt: ›Nein, musst du nicht.‹« Ich habe das am eigenen Leib erlebt. Dan, danke, dass ich von dir über 10X Thinking und 100X Collaborations lernen durfte. Danke, dass du mit mir eine 25-jährige Zusammenarbeit ins Leben gerufen hast. Das wird ein Knaller.

An Richie Norton, Richard Paul Evans, Wayne Beck, Jason Korman, Draye Redfern, Chad Willardson, Whitney Bishop, Aubrey Luddington, Eric McKibbin, Alan und Linda Burns, Ross und Krissi Allred und alle anderen, die eine wichtige Rolle in meinem persönlichen und beruflichen Leben spielen: *Vielen Dank für die Liebe und Unterstützung!* Ich bin unendlich dankbar dafür!

Kay und Janae Anderson, danke, dass ich mit eurer Tochter verheiratet sein darf. Danke, dass ihr einem »Weißen« eine Chance gegeben habt! Danke, dass ihr mir die Liebe und Unterstützung schenkt, mit der ich meine Träume verwirklichen kann. Eure Liebe und Unterstützung, sowohl die emotionale als auch die finanzielle, hatten entscheidenden Anteil an meinem heutigen Erfolg. Danke, dass ihr so unglaubliche Menschen in meinem Leben seid. Jeder Kontakt zu euch ist für mich wunderbar.

Meinen eigenen Eltern, Philip Hardy und Susan Knight: Danke, dass ihr mich in diese Welt gebracht habt. Danke, dass ihr mich bedingungslos liebt und mich immer bei meinen Zielen und Träumen unterstützt. Danke, dass ihr meine besten Freunde und meine eifrigsten Cheerleader seid. Danke für alles, was ich von euch gelernt habe und immer noch lerne. Trevor und Jacob, danke, dass ihr meine Brüder seid. Danke für die Liebe, die uns verbindet. Danke für eure Empathie und eure Geduld mit mir als älterem Bruder, besonders während der schwersten Zeit in unserem Leben. Ich konnte euch nicht das geben, was ihr von mir brauchtet. Aber rückblickend denke ich, dass wir nun alle mehr Verständnis und Mitgefühl für unsere Vergangenheit aufbringen können. Ich werde euch beide immer lieben.

Lauren, danke, dass du meine Frau bist. Danke, dass du es erduldest, dass ich nachts oft so lange aufbleibe und schreibe oder unterwegs bin. Danke, dass du in unserem Leben Ordnung schaffst und hältst. Danke, dass du der Fels in meinem Leben bist. Danke für deinen Glauben, deine Liebe, Großzügigkeit, Rücksichtnahme und Geduld mir gegenüber. Meine Liebe zu dir wird jeden Tag größer. Ich hoffe, dass ich der Mann werden kann, den du verdienst und den du in mir siehst. An Kaleb, Jordan, Logan, Zorah und Phoebe, danke, dass ihr meine Kinder seid. Danke, dass ihr mich so inspiriert und motiviert. Danke für eure Nachsicht angesichts der Fehler, die ich als Vater mache. Ich habe euch alle sehr lieb und liebe es, euer Vater zu sein. Ihr seid mein Antrieb, jeden Tag besser zu werden.

Quellenverzeichnis

1 Zitat von Paul Gardner in »›A painting is never finished – it simply stops in interesting places‹ – Paul Gardner«, British International School Hanoi, 10. Oktober 2014, nordangliaeducation.com/en/our-schools/vietnam/hanoi/ bis/article/2014/10/10/a-painting-is-never-finished-it-simply-stops-in-interesting-places--paul-gardner.

2 Hartman, Taylor: *The People Code: It's All About Your Innate Motive* (New York: Simon & Schuster, 2007).

3 Kastrenakes, Jacob: »Facebook Bans Personality Quizzes After Cambridge Analytica Scandal«, *The Verge*, 25. April 2019, theverge.com/2019/4/25/18516608/facebook-personality-quiz- ban-cambridge-analytica.

4 Hudson, Nathan W. und Fraley, R. Chris: »Volitional Personality Trait Change: Can People Choose to Change Their Personality Traits?«, *Journal of Personality and Social Psychology* 109, Nr. 3 (2015): 490.

5 Hoefer, Carl: »Causal Determinism«, in *Stanford Encyclopedia of Philosophy*, Hrsg. Edward N. Zalta, plato.stanford.edu/entries/determinism-causal/; Vihvelin, Kadri: »Arguments for Incompatibilism«, in ibid., plato.stanford.edu/entries/incompatibilism-arguments/.

6 Quoidbach, Jordi, Gilbert, Daniel T. und Wilson, Timothy D.: »The End of History Illusion«, *Science* 339, Nr. 6115 (2013): 96–98.

7 Frankl, Viktor E.: *... trotzdem Ja zum Leben sagen* (München: Kösel, 2009).

8 Hawkins, David R.: *Die Ebenen des Bewußtseins: Von der Kraft, die wir ausstrahlen* (VAK Verlags GmbH, 2014).

9 Rowling, J. K.: *Harry Potter und die Kammer des Schreckens* (Hamburg, Carlsen, 1999).

10 Dweck, Carol S.: *Selbstbild: Wie unser Denken Erfolge oder Niederlagen bewirkt* (München: Piper Taschenbuch, 2017).

11 Shakespeare, William: *Der Sturm,* Akt 2, 1. Szene.
12 Vance, Ashlee: *Elon Musk: Tesla, SpaceX, and the Quest for a Fantastic Future* (New York: HarperCollins, 2015).
13 Pirsig, Robert M.: *Zen und die Kunst, ein Motorrad zu warten* (Frankfurt am Main: Fischer Taschenbuch, 1978).
14 Gilbert, Daniel: »The Psychology of Your Future Self«, TED Talk, März 2014, ted.com/talks/dan_gilbert_you_are_always_changing.
15 »Hero Mountain Climber Visits British High Commission«, Diplomatic News Agency (DNA), 15. August 2017, dnanews.com.pk/hero-mountain-climber-visits-british-high-commission/.
16 »Mountaineering«, *Guinness Book of World Records 2017* (pdf), vobonline.com/wp-content/uploads/2016/12/GWR17.pdf.
17 Gilbert: »The Psychology of Your Future Self«.
18 Jung, Carl: *Psychologische Typen* (Erstveröffentlichung Zürich 1921).
19 Emre, Merve: *The Personality Brokers: The Strange History of Myers-Briggs and the Birth of Personality Testing* (New York: Doubleday, 2018).
20 Grant, Adam: »Goodbye to MBTI, the Fad That Won't Die«, *Psychology Today,* 19. September 2013, psychologytoday.com/us/blog/give-and-take/201309/goodbye-mbti-the-fad-won-t-die.
21 Grant, »Say Goodbye to MBTI, the Fad That Won't Die«; Moffa, Michael: »A Critique of The Myers Briggs Type Indicator (MBTI) – Part I: One Expert's Review«, Recruiter, 1. April 2011, recruiter.com/i/critique-of-the-myers-briggs-type-indicator-critique/.
22 Goldberg, Emma: »Personality Tests Are the Astrology of the Office«, *The New York Times,* 17. September 2019, nytimes.com/2019/09/17/style/personality-tests-office.html.
23 Graham, Paul: »Keep Your Identity Small«, paulgraham.com, Februar 2009, paulgraham.com/identity.html.
24 Miller, William R. und Rollnick, Stephen: *Motivierende Gesprächsführung* (Freiburg: Lambertus, 2015).
25 Langer, Ellen J.: *The Power of Mindful Learning* (Boston: Lifelong Books/A Merloyd Lawrence Book, 2016).
26 Zitat von Kate Rogers in Fisher, Theresa: »I Have Personality Test Anxiety«, *Woolly,* woollymag.com/feelings/i-have-personality-test-anxiety.html.
27 Goldberg: »Personality Tests Are the Astrology of the Office«.
28 Goldberg, Lewis R. Goldberg: »An Alternative ›Description of Personality‹: The Big-Five Factor Structure«, *Journal of Personality and Social Psychology* 59, Nr. 6 (1990): 1216.
29 Heller, Daniel, Perunovic, Wei Qi Elaine und Reichman, Daniel: »The Future of Person-Situation Integration in the Interface Bet-

ween Traits and Goals: A Bottom-up Framework«, *Journal of Research in Personality* 43, Nr. 2 (2009): 171–78.
30 Ozer, Daniel J., und Benet-Martinez, Veronica: »Personality and the Prediction of Consequential Outcomes«, *Annual Review of Psychology* 57 (2006): 401–21.
31 Hudson, Nathan W. und Roberts, Brent W.: »Goals to Change Personality Traits: Concurrent Links Between Personality Traits, Daily Behavior, and Goals to Change Oneself«, *Journal of Research in Personality* 53 (2014): 68–83.
32 Hudson, Nathan W. und Fraley, R. Chris: »Volitional Personality Trait Change: Can People Choose to Change Their Personality Traits?«, *Journal of Personality and Social Psychology* 109, Nr. 3 (2015): 490.
33 Soto, Christopher J.: »Is Happiness Good for Your Personality? Concurrent and Prospective Relations of the Big Five with Subjective Well-Being«, *Journal of Personality* 83, Nr. 1 (2015): 45–55; Specht, Jule, Egloff, Boris und Schmukle, Stefan C.: »Examining Mechanisms of Personality Maturation: The Impact of Life Satisfaction on the Development of the Big Five Personality Traits«, *Social Psychological and Personality Science* 4, Nr. 2 (2013): 181–89.
34 Victor Hugo, *Les Misérables* (Paris: Librairie internationale A. Lacroix, Verboeckhoven, et Cie, 1862).
35 Harris, Mathew A., Brett, Caroline E., Johnson, Wendy und Deary, Ian J.: »Personality Stability from Age 14 to Age 77 Years«, *Psychology and Aging* 31, Nr. 8 (2016): 862.
36 Quoidbach, Jordi, Gilbert, Daniel T. und Wilson, Timothy D.: »The End of History Illusion«, *Science* 339, Nr. 6115 (2013): 96–98.
37 Hershfield, Hal E.: »The Self over Time«, *Current Opinion in Psychology* 26 (2019): 72–75.
38 Gladwell, Malcolm: *Revisionist History* podcast, revisionisthistory.com/seasons.
39 Hoefer, Carl: »Causal Determinism«, in *Stanford Encyclopedia of Philosophy*, Hrsg. Zalta, Edward N., plato.stanford.edu/entries/determinism-causal/; Vihvelin, Kadri: »Arguments for Incompatibilism«, in ibid., plato.stanford.edu/entries/incompatibilism-arguments/.
40 BoxOfficeMojo.com über die Verfilmung von *I Hope They Serve Beer in Hell*, boxofficemojo.com/release/rl140215809/.
41 Bilyeu, Tom: »How to Totally Reinvent Yourself | Tucker Max on Impact Theory«, YouTube, 9. Januar 2018, youtube.com/watch?v=RJaczGjkS3w.

42 Ellsberg, Michael: »Tucker Max Gives Up the Game: What Happens When a Bestselling Player Stops Playing?«, *Forbes*, 18. Januar 2012, forbes.com/sites/michaelellsberg/2012/01/18/tucker-max-gives-up-the-game/#e700de1758dd.

43 Slife, Brent D.: *Time and Psychological Explanation* (Albany: SUNY Press, 1993).

44 Scheich Saadi: *Gulistan. Der Rosengarten.*

45 Proust, Marcel: *La Prisonnière* (Paris: Le Livre de Poche, 2011; Erstveröffentlichung 1923).

46 Kashdan, Todd B. und Rottenberg, Jonathan: »Psychological Flexibility as a Fundamental Aspect of Health«, *Clinical Psychology Review* 30, Nr. 7 (2010): 865–78.

47 Newport, Cal: *Die Traumjoblüge: Warum Leidenschaft die Karriere killt* (Frankfurt am Main: Campus Verlag, 2013).

48 Bruner, Jerome S.: *On Knowing: Essays for the Left Hand,* 2. Auflage (Cambridge, Massachusetts: Belknap Press of Harvard University Press, 1979).

49 Christensen, Clayton: *How Will You Measure Your Life?* (New York: Harper Business, 2012).

50 Lorenz, Taylor: »Teens Are Protesting In-Class Presentations«, *Atlantic,* 12. September 2018, theatlantic.com/education/archive/2018/09/teens-think-they-shouldnt-have-to-speak-in-front-of-the-class/570061/.

51 Grant Adam: »USU 2017 Commencement Speech – Dr. Adam Grant«, YouTube, 12. Mai 2017, youtube.com/watch?v=YJeLTHs-bSug.

52 Arden, Paul: *Es kommt nicht darauf an, wer du bist, sondern wer du sein willst* (Phaidon, 2005).

53 Plato, *Euthyphro, Apology of Socrates, and Crito,* Hrsg. John Burnet (Oxford: Clarendon Press, 1977).

54 Cole, Patrick: »David Bouley, Charlie Trotter to Cook for Disabled Kids«, *Bloomberg,* 30. Mai 2012, bloomberg.com/news/articles/2012-05-31/david-bouley-charlie-trotter-to-cook-for-disabled-kids.

55 Brooks, David: »The Man Wishes He Were Here.« *The New York Times*, 29. August 2019, nytimes.com/2019/08/29/opinion/jim-mattis-trump.html.

56 Wilson, Colin: *New Pathways in Psychology: Maslow and the Post-Freudian Revolution* (London: Victor Gallancz, 1972).

57 Zitat von Albert Einstein in Calaprice, Alice: *Einstein sagt: Zitate, Einfälle, Gedanken* (München: Piper Taschenbuch, 2007).

58 Suddendorf, Thomas, Brinums, Melissa und Imuta, Kana: »Shaping One's Future Self – The Development of Deliberate Practice«, in *Seeing the Future: Theoretical Perspectives on Future-Oriented Mental Time Travel,* Hrsg. Michaelian, Kourken, Klein, Stanley B. und Szpunar, Karl K., 343–66 (New York: Oxford University Press, 2016).

59 McConaughey, Matthew: »Matthew McConaughey Winning Best Actor«, YouTube, 11. März 2014, youtube.com/watch?v=wD2cVhC-63I.

60 Elrod, Hal: *Miracle Mindset: Die Wunderformel für unausweichlichen Erfolg* (München: Irisiana, 2020).

61 Thiel, Peter, mit Masters, Blake: *Zero to One: Wie Innovation unsere Gesellschaft rettet* (Frankfurt am Main: Campus Verlag, 2014).

62 Van Eerde, Wendelien und Thierry, Henk: »Vroom's Expectancy Models and Work-Related Criteria: A Meta-analysis«, *Journal of Applied Psychology* 81, Nr. 5 (1996): 575.

63 Snyder, C. R., Rand, Kevin L. und Sigmon, David R.: »Hope Theory: A Member of the Positive Psychology Family«, in *Handbook of Positive Psychology,* Hrsg. Snyder, C. R. und Lopez, Shane, 257–76 (New York: Oxford University Press, 2002).

64 Dethmer, Jim, Chapman, Diana und Klemp, Kaley: *The 15 Commitments of Conscious Leadership: A New Paradigm for Sustainable Success* (Conscious Leadership Group, 2015).

65 John Assaraf. Abgerufen im Dezember 2019 unter lewishowes.com/podcast/john-assaraf/.

66 Baumeister, Roy F. und Tierney, John Tierney: *Die Macht der Disziplin: Wie wir unseren Willen trainieren können* (München: Goldmann Verlag, 2014).

67 Maslow, Abraham H.: »Peak Experiences as Acute Identity Experiences«, *American Journal of Psychoanalysis* 21, Nr. 2 (1961): 254–62.

68 Maslow, Abraham H.: *Religions, Values, and Peak-Experiences* (Columbus: Ohio State University Press, 1964).

69 Langer, Ellen J.: *Kluges Lernen* (Hamburg: Rowohlt Verlag, 2001).

70 Shohamy, Daphna: »Learning from Experience: How Our Brains Remember the Past and Shape Our Future«, YouTube, 7. April 2016, youtube.com/watch?v=vCPtpXaH5Zw.

71 Carlton, R. N.: »Fear of the Unknown: One Fear to Rule Them All?«, *Journal of Anxiety Disorders* 41 (2016): 5–21.

72 Wimmer, G. Elliott, Braun, Erin Kendall, Daw, Nathaniel D. und Shohamy, Daphna: »Episodic Memory Encoding Interferes with Reward Learning and Decreases Striatal Prediction Errors«, *Journal of Neuroscience* 34, Nr. 45 (2014): 14901–12.

73 Suddendorf, Brinums und Imuta: »Shaping One's Future Self«.
74 Watkins, Philip C., Woodward, Kathrane, Stone, Tamara und Kolts, Russell L.: »Gratitude and Happiness: Development of a Measure of Gratitude, and Relationships with Subjective Well-Being«, *Social Behavior and Personality: An International Journal* 31, Nr. 5 (2003): 431–51.
75 Redwine, Laura, et al.: »A Pilot Randomized Study of a Gratitude Journaling Intervention on HRV and Inflammatory Biomarkers in Stage B Heart Failure Patients«, *Psychosomatic Medicine* 78, Nr. 6 (2016): 667.
76 Joe Burrow, Interview mit ESPN, 6. Januar 2020, youtube.com/watch?v=O-CJBHcAUOM.
77 van der Kolk, Bessel: *Verkörperter Schrecken: Traumaspuren in Gehirn, Geist und Körper und wie man sie heilen kann* (Lichtenau: G. P. Probst Verlag, 2021).
78 Pressfield, Steven: *The War of Art: Break Through the Blocks and Win Your Inner Creative Battles* (New York: Black Irish Entertainment LLC, 2002).
79 Ruef, Jennifer: »Think You're Bad at Math? You May Suffer from ›Math Trauma‹«, *The Conversation*, 1. November 2018, theconversation.com/think-youre-bad-at-math-you-may-suffer-from-math-trauma-104209.
80 Van der Kolk, *Verkörperter Schrecken.*
81 Dweck, Carol S.: *Selbstbild: Wie unser Denken Erfolge oder Niederlagen bewirkt* (München: Piper Verlag, 2017)
82 Chanowitz, Benzion und Langer, Ellen J.: »Premature Cognitive Commitment«, *Journal of Personality and Social Psychology* 41, Nr. 6 (1981): 1051.
83 Dweck: *Selbstbild.*
84 Brault, Robert: *Round Up the Usual Subjects: Thoughts on Just About Everything* (CreateSpace, 2014).
85 Maté, Gabor: *Im Reich der hungrigen Geister: Auf Tuchfühlung mit der Sucht* (Kandern: Narayana Verlag, 2021).
86 Singer, Michael: *Die Seele will frei sein: Eine Reise zu sich selbst* (Berlin: Ullstein Taschenbuchverlag, 2016).
87 Bryant, Kobe: *Mamba Mentality: Mein Weg zum Erfolg* (München: Riva Verlag, 2019).
88 Dispenza, Joe: »How to Unlock the Full Potential of Your Mind | Dr. Joe Dispenza on Impact Theory«, YouTube, 12. Juni 2018 youtube.com/watch?v=La9oLLoI5Rc.
89 Levine, Peter A. und Frederick, Ann: *Trauma-Heilung: Das Erwachen des Tigers* (Essen: Synthesis Verlag, 1998).

90 National Sexual Violence Resource Center, »Statistics About Sexual Violence«, nsvrc.org/sites/default/files/publications_nsvrc_factsheet_media-packet_statistics-about-sexual-violence_0.pdf.

91 Zitiert in *Reader's Digest* 37, Nr. 221 (September 1940): 84.

92 Casey, Joan Frances und Wilson, Lynn I.: *Ich bin viele. Eine ungewöhnliche Heilungsgeschichte* (Hamburg: Rowohlt, 1992).

93 Ferriss, Tim: »Lisa Ling – Exploring Subcultures, Learning to Feel, and Changing Perception (#388)«, *Tim Ferriss Blog,* tim.blog/2019/09/26/lisa-ling/.

94 Eyring, Henry: »Try, Try, Try«, Kirche Jesu Christi der Heiligen der Letzten Tage, churchofjesuschrist.org/study/general-conference/2018/10/try-try-try.

95 Cooperrider, David L. und Kaplin Whitney, Diana: *Appreciative Inquiry: A Positive Revolution in Change* (San Francisco, Kalifornien: Berrett-Koehler, 2005).

96 Livingston, Gordon: *Zu früh alt und zu spät weise? 30 unbequeme Wahrheiten, um aus dem Leben klug zu werden* (München: Integral, 2006).

97 Aldrin, Buzz und Abraham, Ken: *Magnificent Desolation: The Long Journey Home from the Moon* (New York: Three Rivers Press, 2010).

98 »The Jump: Rachel Nichols Interviews Giannis Antetokounmpo«, YouTube, 22. Juli 2019, youtube.com/watch?v=e3yh284Fkok.

99 Sullivan, Dan und Nomura, Catherine: *No Limits! Die 10 Gesetze für Wachstum und Glück* (München: mvg, 2006).

100 Baumeister, Roy F.: *Meanings of Life* (New York: Guilford Press, 1991).

101 Park, Crystal L.: »Making Sense of the Meaning Literature: An Integrative Review of Meaning Making and Its Effects on Adjustment to Stressful Life Events«, *Psychological Bulletin* 136, Nr. 2 (2010): 257.

102 Covey, Stephen R.: *Die 7 Wege zur Effektivität: Prinzipien für persönlichen und beruflichen Erfolg* (Offenbach: Gabal Verlag, 57. Auflage 2018).

103 Grandey, Alicia A.: »Emotional Regulation in the Workplace: A New Way to Conceptualize Emotional Labor«, *Journal of Occupational Health Psychology* 5, Nr. 1 (2000): 95.

104 McAdams, Dan P. und McLean, Kate C.: »Narrative Identity«, *Current Directions in Psychological Science* 22, Nr. 3 (2013): 233–38.

105 Sullivan, Dan: *The Gap and the Gain,* Strategic Coach, now.strategiccoach.com/the-gap-and-the-gain-ebook.

106 Baker, Russell: *Growing Up* (New York: RosettaBooks, 2011; Erstveröffentlichung 1982).

107 Livingston: *Zu früh alt und zu spät weise?*
108 Bridge, D. J. und Paller, K. A.: »Neural Correlates of Reactivation and Retrieval-Induced Distortion«, *Journal of Neuroscience* 32, Nr. 35 (2012): 12144–51.
109 Ravikant, Kamal: *Liebe dich selbst, als hinge dein Leben davon ab* (Hamburg: HarperCollins, 2020).
110 Christensen, Clayton: *Wege statt Irrwege* (books4success, 2015.
111 Arden, Paul: *Es kommt nicht darauf an, wer du bist, sondern wer du sein willst* (Phaidon, 2005).
112 Miranda, Lin-Manuel, Lacamoire, Alex und Chernow, Ron: *Hamilton: An American Musical* (Atlantic Recording Corporation, 2015).
113 Sarno, John E.: *Befreit von Rückenschmerzen: Die Körper-Seele-Verbindung realisieren* (München: Goldmann Verlag, 2006).
114 van der Kolk, Bessel: *Verkörperter Schrecken: Traumaspuren in Gehirn, Geist und Körper und wie man sie heilen kann* (Lichtenau: G. P. Probst Verlag, 2021).
115 Zitat von Steven Cole in David Dobbs: »The Social Life of Genes«, *Pacific Standard*, 3. September 2013, psmag.com/social-justice/the-social-life-of-genes-64616.
116 Pert, Candace B.: *Moleküle der Gefühle: Körper, Geist und Emotionen* (Hamburg: Rowohlt Verlag, 2001).
117 Dispenza, Joe: *Ein neues Ich: Wie Sie Ihre gewohnte Persönlichkeit in vier Wochen wandeln können* (Dorfen: Koha Verlag, 2012).
118 Hendricks, Gay: *The Big Leap: Conquer Your Hidden Fear and Take Life to the Next Level* (New York: HarperCollins, 2009).
119 Pert, Candice: »Your Body Is Your Subconscious Mind« (Audio-CD) (Louisville, CO: Sounds True, 2004).
120 Sarno: *Befreit von Rückenschmerzen.*
121 Ozanich, Steven Ray: *Die große Schmerzlüge: Falscher ärztlicher Rat macht uns noch kränker.* (Silver Cord Records, 2017).
122 Van der Kolk: *Verkörperter Schrecken.*
123 Benjamin Franklin in Edwards, Tryon (Hrsg.): *A Dictionary of Thoughts* (Detroit, Michigan: F. B. Dickerson Co., 1907), 339.
124 »Dr. Cinque's Facts about Fasting«, abgerufen im Dezember 2019 unter drcinque.com/facts.html.
125 Chan, J. L., Mietus, J. E., Raciti, P. M., Goldberger, A. L. und Mantzoros, C. S.: »Short-term Fasting-induced Autonomic Activation and Changes in Catecholamine Levels Are Not Mediated by Changes in Leptin Levels in Healthy Humans«, *Clinical Endocrinology* 66, Nr. 1 (2006): 49–57.

126 Martin, B., Mattson, M. P., und Maudsley, S.: »Caloric Restriction and Intermittent Fasting: Two Potential Diets for Successful Brain Aging«, *Ageing Research Reviews* 5, Nr. 3 (2006): 332–53.

127 Horne, B. D., Bartholomew, C., Anderson, J. L., May, H. T., Knowlton, K. U., Bair, T. L. und Muhlestein, J. B.: »Intermittent Fasting Lifestyle and Human Longevity in Cardiac Catheterization Populations«, *Circulation* 140, Suppl. Nr. 1 (2019): A11123.

128 Singh, R., Manchanda, S., Kaur, T., Kumar, S., Lakhanpal, D., Lakhman, S. S., und Kaur, G.: »Middle Age Onset Short-Term Intermittent Fasting Dietary Restriction Prevents Brain Function Impairments in Male Wistar Rats«, *Biogerontology* 16, Nr. 6 (2015): 775–88.

129 Johnson, J. B., Summer, W., Cutler, R. G., Martin, B., Hyun, D.-H., Dixit, V. D., Pearson, M., Nassar, M., Tellejohan, R., Maudsley, S., Carlson, O., John, S., Laub, D. R., und Mattson, M. R.: »Alternate Day Calorie Restriction Improves Clinical Findings and Reduces Markers of Oxidative Stress and Inflammation in Overweight Adults with Moderate Asthma«, *Free Radical Biology and Medicine* 42, Nr. 5 (2007): 665–74.

130 Michalsen, A., Schlegel, F., Rodenbeck, A., Lüdtke, R., Huether, G., Teschler, H. und Dobos, G. J.: »Effects of Short-Term Modified Fasting on Sleep Patterns and Daytime Vigilance in Non-Obese Subjects: Results of a Pilot Study«, *Annals of Nutrition and Metabolism* 47, Nr. 5 (2003): 194–200.

131 Fontán-Lozano, Á., Sáez-Cassanelli, J. L., Inda, M. C., de los Santos-Arteaga, M., Sierra-Domínguez, S. A., López-Lluch, G. und Carrión, Á. M.: »Caloric Restriction Increases Learning Consolidation and Facilitates Synaptic Plasticity Through Mechanisms Dependent on NR2B Subunits of the NMDA Receptor«, *Journal of Neuroscience* 27, Nr. 38 (2007): 10185–95.

132 Horvath, T. L., und Diano, S.: »The Floating Blueprint of Hypothalamic Feeding Circuits«, *Nature Reviews Neuroscience* 5, Nr. 8 (2004): 662–67.

133 Gladwell, Malcom: *The Tim Ferriss Show Transcripts*: Malcolm Gladwell (#168). Abgerufen im Dezember 2019 unter tim.blog/2018/06/01/the-tim-ferriss-show-transcripts-malcolm-gladwell/.

134 Rabbi Lapin, Daniel: *Thou Shall Prosper: Ten Commandments for Making Money* (Hoboken, New Jersey: John Wiley & Sons, 2009).

135 Harbaugh, W. T., Mayr, U. und Burghart, D. R.: »Neural Responses to Taxation and Voluntary Giving Reveal Motives for Charitable Donations«, *Science* 316 (5831): 1622–25.

136 Dunn, E. W., Aknin, L. B. und Norton, M. I.: »Spending Money on Others Promotes Happiness«, *Science* 319, Nr. 5870 (2008): 1687–88.
137 Achor, Shawn: *Das Happyness-Prinzip: Wie Sie mit 7 Bausteinen der Positiven Psychologie erfolgreicher und leistungsfähiger werden* (Kandern: Unimedica, 2020).
138 Nelson, Wendy Watson: »Becoming the Person You Were Born to Be«, Kirche Jesu Christi der Heiligen der Letzten Tage, 10. Januar 2016, churchofjesuschrist.org/broadcasts/article/worldwide-devotionals/2016/01/becoming-the-person-you-were-born-to-be?lang=eng.
139 Hansen, Mark Victor und Allen, Robert G.: *The One Minute Millionaire: The Enlightened Way to Wealth* (New York: Three Rivers Press, 2009).
140 Lipton, Bruce H.: *Intelligente Zellen – Wie Erfahrungen unsere Gene steuern* (Dorfen: KOHA Verlag, 2016).
141 Langer, Ellen J.: *Die Uhr zurückdrehen? Gesund alt werden durch die heilsame Wirkung der Aufmerksamkeit* (Paderborn: Junfermann Verlag, 2011).
142 Shakespeare, William: *Wie es Euch gefällt,* Akt 2, Szene 7.
143 Ross, Lee, und Nisbett, Richard E.: *The Person and the Situation: Perspectives of Social Psychology* (London: Pinter & Martin, 2011; Erstveröffentlichung 1991).
144 Slife, Brent D. und Wiggins, Bradford J.: »Taking Relationship Seriously in Psychotherapy: Radical Relationality«, *Journal of Contemporary Psychotherapy* 39, Nr. 1 (2009): 17.
145 Slife, Brent D.: »Taking Practice Seriously: Toward a Relational Ontology«, *Journal of Theoretical and Philosophical Psychology* 24, Nr. 2 (2004): 157; Slife, Brent D. und Richardson, Frank C.: »Problematic Ontological Underpinnings of Positive Psychology: A Strong Relational Alternative«, *Theory and Psychology* 18, Nr. 5 (2008): 699–723.
146 Tomé, Gina, et al.: »How Can Peer Group Influence the Behavior of Adolescents: Explanatory Model«, *Global Journal of Health Science* 4, Nr. 2 (2012): 26.
147 Laajaj, Rachid, et al.: »Challenges to Capture the Big Five Personality Traits in Non-WEIRD Populations«, *Science Advances* 5, Nr. 7 (2019): eaaw5226.
148 Soto, Christopher : »The Famous Big 5 Personality Test Might Not Reveal the True You«, NPR, 10. Juli 2019, npr.org/sections/goatsandsoda/2019/07/10/740214086/the-famous-big-5-personality-test-might-not-reveal-the-true-you.
149 Zitat von James Whistler in Sill, Sterling W.: »Great Experiences«, Kirche Jesu Christi der Heiligen der Letzten Tage, churchofjesuschrist.org/study/general-conference/1971/04/great-experiences.

150 Willson, Meredith: *The Music Man* (1957).
151 Ziglar, Zig: *Goals* (New York: Simon & Schuster Audio, 1995).
152 Schwartz, Barry: *Anleitung zur Unzufriedenheit: Warum weniger glücklicher macht* (Berlin: Econ Verlag, 2004).
153 Ferriss, Tim: »Jason Fried – How to Live Life on Your Own Terms (#329)«, *Tim Ferriss Blog,* tim.blog/2018/07/23/jason-fried/.
154 Diamandis, Peter: »What the News Media Won't Tell You About Global Violence«, diamandis.com/blog/what-the-news-media-wont-tell-you-about-global-violence.
155 Durant, Will und Durant, Ariel: *Die Lehren der Geschichte* (München: FinanzBuch Verlag, 2020).
156 Tosi, Christina: *Chef's Table,* Netflix, www.netflix.com/title/80007945.
157 Damveld, Herman J., Beerens, Gijs C., Van Paassen, Marinus M. und Mulder, Max: »Design of Forcing Functions for the Identification of Human Control Behavior«, *Journal of Guidance, Control, and Dynamics* 33, Nr. 4 (2010): 1064–81.
158 Kotler, Steven: *The Rise of Superman: Decoding the Science of Ultimate Human Performance* (New York: Houghton Mifflin Harcourt, 2014).
159 Goldsmith, Marshall und Reiter, Mark: *Triggers: Creating Behavior That Lasts – Becoming the Person You Want to Be* (New York: Crown Business, 2015).
160 Byron Katie und Mitchell, Stephen: *Lieben was ist: Wie vier Fragen Ihr Leben verändern können* (München: Goldmann Verlag, 2002).

Register